KARL-MARX-STADT 1989 – CHEMNITZ 2009

KARL-MARX-STADT 1989 – CHEMNITZ 2009

Eine Stadt im Wandel
Chronik in Wort und Bild

Herausgegeben vom Stadtarchiv Chemnitz

Impressum

Sutton Verlag GmbH
Hochheimer Straße 59
99094 Erfurt
http://www.suttonverlag.de

Copyright © Sutton Verlag, 2009
ISBN: 978-3-86680-556-9
Gestaltung: Markus Drapatz
Druck: Druckhaus „Thomas Müntzer" | Bad Langensalza

Herausgeber:	Stadtarchiv Chemnitz
	Mit einem Beitrag von Steffen „Gullymoy" Geißler
Redaktion:	Monika Reum, Uwe Müller, Jutta Aurich, Dr. Gerlinde Erxleben,
	Dr. Stephan Pfalzer, Gabriele Viertel (Leiterin), Stephan Weingart, Karin Wutzler
Bildauswahl:	Stephan Weingart, Uwe Müller, Dr. Stephan Pfalzer, Nino Kämpf, Monika Reum,
	Gabriele Viertel

INHALTSVERZEICHNIS

GELEITWORT

Die DDR, im Herzen Europas, an der Nahtstelle zweier Machtblöcke, lag im Sommer des Jahres 1989 schon in Agonie. Vergleichbar mit der drückenden Schwüle eines heranziehenden schweren Gewitters, spürte ein ganzes Volk die Last, die von dem real existierenden und nun kollabierenden politischen und wirtschaftlichen System ausging. Die bis dahin scheinbar so allmächtige Partei- und Staatsführung war erstarrt. Sie hatte schon seit längerer Zeit keine schlüssigen Antworten mehr auf die Fragen der Menschen gegeben, wie es denn weitergehen solle im Lande. Sie schwieg auch, als Zehntausende das Land verließen. Ein Exodus, der schmerzte.

Anfang Oktober fuhren die Züge mit Prager Botschaftsflüchtlingen zu nächtlicher Stunde auch durch Karl-Marx-Stadt. Die starke Polizeipräsenz am Hauptbahnhof sorgte mit Nachdruck dafür, dass die Menschen, die zu Hunderten gekommen waren, ferngehalten wurden von den Gleisen. In dieser schon kritischen Situation manifestierten sich zugleich Macht und Ohnmacht des Staates.

Welch ein Widerspruch: Überall prangten Plakate und Banner zum bevorstehenden 40. Jubiläum der Staatsgründung. Doch der Wunsch der Führung, die Tagesprobleme mögen im Jubel der Feierlichkeiten untergehen, erfüllte sich auch in unserer Stadt nicht. Denn den wenigsten Karl-Marx-Städtern war feierlich zumute. Unsicherheit herrschte in diesen Oktobertagen, was die nächsten Tage wohl bringen werden. Und die Lage spitzte sich weiter zu.

Zum Glück war es vielen Menschen nicht gleichgültig, was aus diesem Land werden sollte. Sie wollten bleiben und hier leben. Jedoch waren sie nicht mehr bereit, so zu leben wie bisher. Aber was gab diesen Menschen die Kraft zum Widerstand? Spürten sie vielleicht das Vakuum, das immer dann in einem Land entsteht, wenn die Herrschenden nicht mehr können und die Beherrschten nicht mehr so wollen wie bisher? War die Lage im Herbst 1989 nicht das klassische Muster einer revolutionären Situation, wie sie einst im Fach Staatsbürgerkunde gelehrt wurde, nur mit umgekehrten Vorzeichen? Und wer sollte dieses Vakuum füllen?

Aus heutiger Perspektive erscheinen die Ereignisse des Herbstes '89 als klar umrissene Bilder. Und die Ergebnisse, die letztendlich auch zur staatlichen Einheit Deutschlands führten, scheinen folgerichtig, fast selbstverständlich. Doch damals wusste niemand, ob und in welchem Maße der Staat seine Machtinstrumente zum Einsatz bringen würde.

Den Initiatoren des Neuen Forums, die sich um Christoph Magirius vereinten, war in diesen ernsten Stunden klar, dass jegliche Form von Gewalt verhindert werden musste. Verantwortungsbewusstsein und Besonnenheit waren gefragt, um einen „Platz des Himmlischen Friedens" in Karl-Marx-Stadt zu vermeiden. Das war der

einzig mögliche Weg. Er führte dann wirklich zu einer friedlichen Revolution mit ihren grundsätzlichen gesellschaftlichen Veränderungen und letztendlich auch zur staatlichen Einheit Deutschlands.

Auch wenn der Verlauf der friedlichen Revolution vor allem in den Großstädten der DDR ähnlich war, nimmt unsere Stadt eine besondere Rolle ein. Die kriegsbedingten Zerstörungen des Stadtbildes, der verordnete Namenswechsel von Chemnitz in Karl-Marx-Stadt und der Versuch, mit der Umsetzung einer sozialistischen Stadtplanung dem „stolzen und verpflichtenden Stadtnamen", so Otto Grotewohl 1953, gerecht werden zu wollen, hatten zu starken Identitätsbrüchen geführt.

Allein die Rückkehr des historischen Stadtnamens hebt diese Brüche nicht auf. Wirklich nachempfinden können das nur diejenigen, die das selbst erlebt haben. Die Nachwirkungen sind auch noch in der Gegenwart spürbar. Unsere Stadt, ihre Bürgerinnen und Bürger haben damals in diesem so komplexen Prozess gesellschaftlicher Umwälzungen mental viel mehr leisten müssen als andere.

Zwei Jahrzehnte sind vergangen. Für jeden sichtbar, hat Chemnitz in den letzten Jahren eine beeindruckende Entwicklung geschafft. Die neu entstandene Innenstadt bringt urbane Lebendigkeit und entwickelt sich weiter. Wertvolle historische Gebäude bekommen mit neuen Inhalten ein „zweites Leben". Das Museum Gunzenhauser hat sich inzwischen einen guten Namen unter den europäischen Kunstmuseen gemacht. Das „Schocken" wird als Sächsisches Haus der Archäologie diesem guten Ruf folgen. DAStietz begeistert seit 2004 seine vielen Besucher.

Bemerkenswert ist auch die wirtschaftliche Entwicklung, die Chemnitz bisher nahm. Ein schmerzhafter, tief greifender Strukturwandel wurde erfolgreich umgesetzt. Chemnitz ist ein moderner Wirtschaftsstandort mit einer großartigen Industrietradition. Die Technische Universität und weitere Forschungseinrichtungen sind Garanten dafür, dass unsere Stadt in den nächsten Jahrzehnten zu den herausragenden deutschen Zentren von Wissenschaft, Lehre und der Entwicklung von Zukunftstechnologien gehören wird.

Zahlreiche nationale und internationale Preise bestätigen, dass Chemnitz eine gute Entwicklung genommen hat, über hohe Potenziale und vielseitige Kompetenzen verfügen kann.

Damit unsere Stadt und gemeinsam mit ihr die gesamte Region ihren Platz im neuen Europa behaupten können, bedarf es auch weiterhin guter Botschaften und Botschafter. Unser Slogan „Stadt der Moderne" wird von Leistungsträgern in Wirtschaft und Kultur mit- und über die Stadtgrenzen hinausgetragen. Sich nicht mit dem Erreichten zufriedengeben ist eine Tugend der Chemnitzer Bürgerschaft. Mit der Bewerbung um den Titel „Stadt der Wissenschaft 2011" setzt Chemnitz weitere Akzente.

Die vorliegende Chronik illustriert mit vielen Beispielen die erfolgreiche Entwicklung unserer Stadt. Sich erinnern heißt auch, das Vergangene zu bewahren. Gerade unter diesem Blickwinkel gewinnt der Erinnerungsbericht eines Protagonisten des Wendeherbstes 1989, Steffen Geißler, einen besonderen Stellenwert. Zeigt er doch, von welchen Gefühlen, Hoffnungen und Zielen er und seine Mitstreiter sich damals leiten ließen. Nehmen wir den Optimismus jener Zeit wieder auf, um die Herausforderungen unserer Tage zu meistern.

Ich möchte all denen herzlich danken, die an dieser Chronik mitgearbeitet haben. Und das sind vor allem die Bürger unserer Stadt.

Barbara Ludwig

Oberbürgermeisterin
der Stadt Chemnitz

VORBEMERKUNGEN DES HERAUSGEBERS

Das 20. Jubiläum der Friedlichen Revolution ist auch für das Stadtarchiv Chemnitz Anlass, auf die vergangenen zwei Jahrzehnte zurückzublicken und sie ganz in den Mittelpunkt einer Publikation zu rücken. Wir haben dabei die Chronik der Wende in Karl-Marx-Stadt/Chemnitz 1989/90 mit dem Titel „Auferstanden aus Ruinen und wie weiter?", die bereits 1991 erschienen ist, als Grundlage genommen und sie mit einer Vielzahl an Fakten bis in die Gegenwart fortgeschrieben.

Nicht zufällig bilden die letzten Kommunalwahlen in der DDR vom 7. Mai 1989 den Ausgangspunkt unserer Stadtchronik. Waren sie es doch, die den Unmut der Bevölkerung über die bestehenden gesellschaftlichen und politischen Verhältnisse auch im damaligen Karl-Marx-Stadt weiter steigerten, zugleich aber auch die Forderung nach öffentlicher kritischer Meinungsäußerung und letztlich nach Veränderung hervorbrachten. Aus diesem Grund wurden im vorliegenden Buch nicht nur die offiziellen Quellen und Medien, sondern auch Dokumente der Bürgerbewegungen und Informationen aus Akten der Stasiunterlagenbehörde einbezogen. Die entsprechenden Texte sind im Chronikteil kursiv gedruckt.

Der einleitende Text von Steffen „Gullymoy" Geißler wurde unverändert in der Fassung von 1991 der „Chronik der Wende" entnommen, um erneut auf das von der Mehrheit der Bevölkerung nicht offiziell wahrnehmbare engagierte Wirken vieler Mitglieder in den kirchlichen Gruppen schon weit vor 1989 aufmerksam zu machen.

Die Fülle an Daten und Fakten zum städtischen Geschehen, die im Verlauf der letzten 20 Jahre im Stadtarchiv gesammelt, elektronisch aufgenommen und für die Nachwelt bleibend aufbewahrt wurden, machte es erforderlich, eine Auswahl zu treffen. Wir haben uns bemüht, das Leben dieser Stadt in seiner Vielfalt wiederzugeben, jedoch kann zu jeder vom Leser vermissten Information im Stadtarchiv umfassender recherchiert werden. Zudem liegt hier eine Reihe ergänzender Literatur vor, in der städtische Ereignisse der letzten zwei Jahrzehnte vertiefend dargestellt oder auch mit Statistiken unterlegt werden. Dazu gehören u. a. zahlreiche Festschriften der seit 1990 nach Chemnitz eingemeindeten Vororte mit einer ausführlichen und zum Teil umfangreich illustrierten Ortsgeschichte.

Wir danken vielen engagierten Bürgern unserer Stadt für ihre sachlich kritischen Hinweise, insbesondere zur Chronologie der Jahre 1989/1990. Dazu zählen vor allem:

Hartwig Albiro, Ingo Andratschke, Dr. Günter Bartsch, Andreas Bochmann, Dr. Martin Böttger, Ilona Langer und Christoph Magirius.

Für die Übergabe von persönlichen Dokumenten und Fotos bedanken wir uns bei Dr. Dietmar Berghänel, Harry Fink, Harald Krause, Werner Noll, Lothar Reichelt, Frank Steindecker, Reinhart Wiegner und Volkmar Zschocke.

Darüber hinaus geht unser Dank an Herrn Laszlo Farkas für die Bereitschaft zur Veröffentlichung seiner Fotos.

Wir wünschen den Chemnitzern und allen anderen Lesern, dass diese Chronik Erinnerungen weckt, neue Erkenntnisse vermittelt und den Wandel dieser Stadt in den vergangenen 20 Jahren deutlich sichtbar macht.

Demonstration von Kulturschaffenden am Karl-Marx-Monument am 19. November 1989, es spricht Hartwig Albiro

VORGESCHICHTE

Von Steffen „Gullymoy" Geissler

Engagierte, Sympathisanten, Staatssicherheit

In den ersten Oktobertagen des Jahres 1989 wurde auch im damaligen Karl-Marx-Stadt sichtbar, was sich im Sommer desselben Jahres ankündigte und im September bei den Leipziger Montagsdemonstrationen offenbar wurde: Das Leben in der DDR konnte objektiv nicht mehr seinen gewohnten „sozialistischen Gang" gehen. Große Teile der Bevölkerung waren nicht mehr gewillt, andere darüber entscheiden zu lassen, was gut und nützlich für das Volk der DDR sei.

Die Ereignisse des Herbstes 1989 waren abzusehen für jene, die aufmerksam die politische, soziale, kulturelle und ökonomische Entwicklung im Lande und weltweit beobachteten. Wie vielen Menschen es damals schon klar war, wohin sich die Dinge mit großer Wahrscheinlichkeit entwickeln würden, lässt sich im Nachhinein nicht mehr feststellen. Viele unserer Mitbürger betonen jetzt, dass sie es schon lange vorausgesehen hatten, in welche Katastrophe der Staat DDR hineinschlittern würde, und dass sie gegenüber ihren Arbeitskollegen, Vorgesetzten, Parteifreunden und Genossen die Unabdingbarkeit einer Wandlung des Gesellschaftssystems vertreten hätten.

Fest steht aber, dass es in unserer Stadt wie auch in anderen Orten des Landes Menschen gab, die auf anstehende Veränderungen Einfluss nehmen wollten, die willens waren, das gesellschaftliche Leben im Lande aktiv mitzugestalten. Zu diesem Personenkreis gehörten nachweislich die Mitglieder der kirchlichen Gruppen, die auf gesellschaftlichem und politischem Gebiet arbeiteten, sowie einzelne Engagierte, die Kontakte zu diesen Gruppen unterhielten.

Wenn hier von kirchlichen Gruppen die Rede ist, so sind damit nicht die in jeder Kirchgemeinde vorhandenen Kreise gemeint, die vor allem nach Alter, Geschlecht und beruflicher Stellung strukturiert sind, gemeint sind jene Gruppierungen, die im umfassenden Sinn emanzipatorische Ziele hatten. Am Ende der 60er- und im Laufe der 70er-Jahre waren das vor allem Gruppen, die sich innerhalb der kirchlichen sozialdiakonischen bzw. sogenannten Offenen Arbeit bildeten. Es handelte sich vor allem um an gesellschaftliche Verhaltensmuster unangepasste, zumeist jugendliche Menschen. Ende der 70er- und Anfang der 80er-Jahre differenzierten sich diese Gruppen zunehmend. Es entstanden Friedens- und Ökologiegruppen, später auch Dritte Welt-, Frauen-, Menschenrechts- und Minderheitengruppen (Schwule/Lesben). Die Bezeichnungen lassen erkennen, zu welchen thematischen Schwerpunkten in den jeweiligen Gruppen gearbeitet wurde. Seit mehr als einem Jahrzehnt hatten solche Gruppen auch in Karl-Marx-Stadt versucht, über den kirchlichen Raum hinaus in die Gesellschaft zu wirken – mit wenig Resonanz der Bevölkerung. Nur ein Kreis von Sympathisanten und die Angehörigen des Ministeriums für Staatssicherheit verfolgten die Aktivitäten der Gruppen mit Aufmerksamkeit.

Die Bedingungen, unter denen die kirchlichen Gruppen arbeiteten, waren in mehrfacher Hinsicht kompliziert. Die Anbindung an die Institution Kirche steckte den Wirkungskreis ab. Eine breite Öffentlichkeitswirkung war z. B. dadurch nicht möglich, dass Veranstaltungen ausschließlich in Räumlichkeiten der Kirche stattfinden konnten. Viele potenziell interessierte Bürger hatten jedoch keine innere und äußere Bindung an die Kirche und besuchten grundsätzlich keine kirchlichen Veranstaltungen. Der Vertrieb von Publikationen war gleichfalls wesentlich an kirchliche Strukturen gebunden. Vervielfältigungen konnten nur mit Geräten kirchlicher Dienststellen und in relativ geringer Stückzahl erfolgen. Ein Auslegen oder Verteilen in der Öffentlichkeit war nicht möglich. Nur indem Privatpersonen aktiv wurden, konnten Schriften der kirchlichen Gruppen in Umlauf gebracht werden. Diese, den staatlichen Gesetzen und Verordnungen geschuldeten Gegebenheiten können nicht darüber hinwegtäuschen, dass es die Minderheit, die sich gesellschaftlich und politisch engagierte, mit einer übergroßen, sich unpolitisch gebenden Mehrheit zu tun hatte. Den kirchlichen Gruppen gelang es in den Jahren ihres Wirkens nicht, grundsätzlich die resignative Duldsamkeit des Volkes zu durchbrechen.

Das Selbstverständnis der kirchlichen Gruppen der Stadt war durchgängig ein christliches. Für die einzelnen Mitglieder war Christsein jedoch keine Bedingung. Wer sich als Atheist oder Anhänger anderer Weltanschauungen verstand, brauchte sich nicht ausgegrenzt zu fühlen.

Die Gruppen benutzten die Kirche nicht vordergründig als schützendes Dach, unter dem sie relativ ungestört arbeiten konnten. Diese Schutzfunktion war ein objektives Faktum. Vielmehr war es das Ziel der Gruppen, auch innerhalb der Kirche, die schließlich Teil der Gesellschaft ist, Veränderungen anzumahnen. Als unglaubwürdig hätten sie es empfunden, Demokratisierung nur vom Staat, nicht aber von der Kirche zu verlangen. Aufgrund der Auseinandersetzungen innerhalb der Kirche erkannten die Mitglieder der Gruppen ganz praktisch, dass die Behinderung des Herausbildens demokratischer Strukturen in der Gesellschaft nicht allein eine Ursache im realsozialistischen System hat, sondern dass die verschiedenen Formen von Herrschaft grundsätzlich ein Hemmnis der Demokratisierung sind.

Die teilweise auf unangenehme Weise spürbare Fluktuation in den einzelnen Gruppen erschwerte eine kontinuierliche Arbeit, zwang oft dazu, wieder beim Ausgangspunkt anzufangen. Eine sehr unterschiedliche Resonanz durch den Teil der Bevölkerung, der als Sympathisantenumfeld zu sehen ist, ließ regelmäßig Gefühle der Resignation aufkommen. Ein Wirken über den Freundes- oder Bekanntenkreis hinaus war für die Mitglieder der kirchlichen Gruppen vielfach nicht zu erkennen. Insofern wurde das Interesse des MfS von Teilen der Gruppen als Anerkennung ihrer Arbeit empfunden. Die Präsenz der Mitarbeiter der Staatssicherheit war eigentlich immer – mal

mehr, mal weniger deutlich – spürbar. Die Schlussfolgerung war einfach: Wenn sich das Ministerium so intensiv mit den Aktivitäten der kirchlichen Gruppen befasst, müssen die Gedanken, Pläne und Ideen, die in ihnen entstehen, als eine nicht unwesentliche Herausforderung gesehen werden. Wenn also das Ministerium, das am konsequentesten für den Erhalt des Bestehenden wirken musste, derartig aufmerksam wurde, waren die Gruppen mit ihrem Ziel, Veränderungen zu bewirken, offenbar auf dem richtigen Weg. Selbstverständlich haben die Maßnahmen des MfS bei den Gruppenmitgliedern auch Unsicherheit und Ängste hervorgerufen (was sicher beabsichtigt war); doch je länger die Mitglieder der Gruppen aktiv waren, umso größer war ihre Erfahrung in der politischen Arbeit, und die Staatssicherheit wurde relativ nüchtern als eine vorhandene Größe betrachtet, die bei allen Vorhaben berücksichtigt werden musste. Eine lähmende Wirkung auf die Arbeit hatte das MfS nicht. Im Nachhinein hat sich gezeigt, dass die Verankerung in einer der kirchlichen Gruppen einen relativ großen Schutz vor Repressalien bot. Wesentlich öfter wurden Menschen zugeführt, verhaftet, verurteilt etc., die nur sehr losen oder keinen Kontakt zu ihnen hatten.

Hoffnungen und Grenzen

Die kirchlichen Gruppen verstanden sich über Jahre nicht als direkte Opposition zum bestehenden System. Ihr Anliegen war es, auf Defizite der Gesellschaft hinzuweisen, eine Abschaffung von Unzulänglichkeiten anzumahnen – mit dem Angebot, dabei selbst Verantwortung zu übernehmen, Aktivitäten zu entwickeln. Nicht die Abschaffung, sondern die Reformierung des „Realsozialismus" war zunächst erklärte Absicht. Ziel war es, die verbal von der Partei- und Staatsführung immer wieder bis zur Unerträglichkeit beschworenen Vorteile des Sozialismus gegenüber dem Kapitalismus für die Menschen in der DDR, in Karl-Marx-Stadt, erfahrbar zu machen. Das Land so zu gestalten, vor allem aktiv mitgestalten zu können, dass sich die Bürger der DDR mit ihrem Land verbunden fühlen, war Anliegen der meisten kirchlichen Gruppen.

Durch die jahrelange thematische Auseinandersetzung mit verschiedensten Problemen war es innerhalb der Gruppen unbestritten, dass alle in der DDR ablaufenden Prozesse mittelbare und unmittelbare Bezüge zu den weltweiten Entwicklungen hatten. Deshalb thematisierten die Gruppen oft Vorgänge, die anscheinend nur außerhalb der DDR abliefen, wenig mit diesem Land zu tun zu haben schienen (Dritte-Welt-Arbeit, Solidaritätsaktionen). Eine Ablenkung von Problemen und Schwierigkeiten der Menschen im eigenen Land ließen sich die Gruppen aber mit Recht nicht unterstellen.

So unbequem die kirchlichen Gruppen für die Vertreter des Staates waren, so unbequem wurden sie auch von vielen Mitarbeitern und Amtsträgern der Institution Kirche in unserer Stadt empfunden. Aus der Sicht der Gruppen kann sogar gesagt werden, dass Konflikte innerhalb der Kirche quantitativ überwogen gegenüber den Auseinandersetzungen mit staatlichen Institutionen. Qualitativ hatten innerkirchliche Auseinandersetzungen natürlich ein geringeres Risiko für alle Beteiligten.

Es ist schwer zu beurteilen, welchen Anteil kirchliche Gruppen an den Unwälzungen des Herbstes 1989 hatten. Zu Recht kann vermutet werden, dass die Entwicklung ohnehin so verlaufen wäre, auch wenn es solche Gruppen nicht gegeben hätte. Die Handlungsunfähigkeiten der Führung und die wirtschaftliche Lage des Landes sowie die Grenzöffnung Ungarns zu seinem Nachbarn Österreich bestimmten maßgeblich die Ereignisse in der DDR. Möglicherweise hätte der totale Zusammenbruch der SED-Herrschaft noch einige Wochen länger auf sich warten lassen, wenn es jene Bürger nicht gegeben hätte, die bereits durch ihre engagierte Arbeit in den kirchlichen Gruppen gewisse Erfahrungen hatten im Aufbau von Strukturen schneller und effektiver Kommunikation, im demokratisch durchgeführten Meinungsstreit, in der Erarbeitung politischer Konzepte.

Dass der Einfluss der Gruppen auf die Gestaltung der Politik in der ehemaligen DDR wiederum sehr begrenzt war, ist erkennbar am Verlauf des Einigungsprozesses der DDR mit der BRD. Die meisten aktiven Mitglieder kirchlicher Gruppen empfanden diesen Prozess als überstürzt und erkannten frühzeitig die daraus für unsere Gesellschaft entstehenden Probleme. Die von breiten Volksschichten vertretene Forderung „Keine sozialistischen Experimente mehr!" stand im Gegensatz zu dem, was die kirchlichen Gruppen wollten. Die erstrebenswerte Alternative war, eine Gemeinschaft zu organisieren und zu gestalten, deren Mitglieder in freier Selbstbestimmung ihre Entscheidungen treffen, solidarisch und verantwortungsvoll.

Die Existenz vieler kirchlicher Gruppen war davon geprägt, dass die Mitglieder Konzepte eines alternativen Zusammenlebens entwarfen und diese praktisch umzusetzen versuchten. Es handelte sich nicht um weltabgewandte Flucht in die Privatsphäre eines Freundeskreises, sondern um solidarisches Zusammenleben, an dem durchaus viele Menschen hätten teilhaben sollen.

Arbeit vor Ort

In Karl-Marx-Stadt gab es mehr als ein Dutzend kirchlicher Gruppen. Ihre Anbindung hatten sie zumeist bei evangelischen Kirchgemeinden der Stadt, oder sie wirkten überparteilich (auf ephoraler Ebene), waren dann beispielsweise bei der evangelischen Superintendentur oder der Evangelischen Studentengemeinde (ESG) angebunden. Ein Zusammenschluss ohne Bezug zu einer kirchlichen Institution war ebenfalls möglich; die Mitgliedschaft kirchlicher Mitarbeiter in einer Gruppe war eine ausreichende Legitimation.

Eine Tendenz des Entstehens emanzipatorischer Gruppen im Bereich der katholischen Kirche war erst Ende der 80er-Jahre erkennbar. Einige katholische Amtsträger versuchten, diesen Prozess zu behindern. Deshalb arbeiteten in unserer Stadt in den bereits bestehenden Gruppen katholische Christen mit. Zahlreiche Aktivitäten wurden in Zusammenarbeit mehrerer kirchlicher Gruppen geplant und durchgeführt. Das hatte seinen Grund vor allem darin, dass mehrere engagierte Mitglieder in verschiedenen kirchlichen Arbeitsgruppen waren. Es entstand dadurch eine relativ gute Kooperation zwischen den einzelnen Gruppen.

Der Anfang 1984 entstandene „Friedenskern" unternahm die Aufgabe der Koordinierung und Planung der unterschiedlichen Vorhaben. Dieses Gremium, in das zunächst alle Friedensgruppen und später alle thematisch arbeitenden Gruppen VertreterInnen entsandten, traf sich in monatlichen Abständen.

Der aktive Kern einer Basisgruppe bestand meist aus nicht mehr als fünf Personen. So konnte thematische und organisatorische Arbeit kaum sinnvoll untereinander aufgeteilt werden. Immer wieder behinderten technisch-organisatorische Mängel effektive Diskussionen und Prozesse der Meinungsbildung in den Gruppen. Aufwand und Erfolg eines Vorhabens standen nicht selten in krassem Missverhältnis zueinander.

Jene kirchlichen Gruppen, die in Karl-Marx-Stadt die größte öffentliche Wirkung erzielten und wohl auch die interessantesten konzeptionellen Perspektiven entwickelten, sollen hier vorgestellt werden.

Der **Friedensarbeitskreis bei der Evangelischen Studentengemeinde** (ESG) wurde 1981 gegründet. Seine Aktivitäten der Jahre 1982/83 konzentrierten sich auf die Problematik der Aufstellung neuer atomarer Mittelstreckenraketen in Europa (NATO-Doppelbeschluss, Gegenmaßnahmen des Warschauer Vertrages).

Danach arbeitete die Gruppe an dem langfristigen Projekt „Frieden in Europa". Aus der Erkenntnis heraus, dass das grundsätzliche Problem von Krieg und Frieden nicht allein durch Rüstung oder Abrüstung beeinflusst werden kann, wurden Überlegungen angestellt, welche Bedingungen in ökonomischer, nationaler, politischer und ideologischer Hinsicht in Europa geschaffen werden müssen, um unseren Kontinent auf lange Sicht zu stabilisieren und den Frieden zu erhalten.

Wichtige Initiativen des Friedensarbeitskreises bei der ESG im Jahr 1989 waren die Anregungen bzw. Forderungen nach einem freiwilligen Sozialdienst, einer gesamtgesellschaftlichen Konsultativkonferenz und einer neuen Verfassung. Diese Vorschläge wurden zunächst beim DDR-weiten Treffen der Basisgruppen „Konkret für den Frieden VII" im Februar 1989 in Greifswald eingebracht. Im Sommer wurden die überarbeiteten Textvorlagen vom Friedensarbeitskreis nochmals an sächsische Basisgruppen, den Bund der Evangelischen Kirchen in der DDR, die Volkskammer, den Staatsrat und die Akademie für Staats- und Rechtswirtschaft verschickt.

(Die Texte der genannten Vorschläge sind auf den Seiten 15–17 nachzulesen.)

Die **Ökumenische Ökologiegruppe Karl-Marx-Stadt** entstand 1982 und arbeitete über Jahre hinweg kontinuierlich (jedoch mit großer Fluktuation) auf dem Gebiet des Naturschutzes (Betreuung des Indianerteiches in Glösa, Rekultivierungsmaßnahmen im Reichenbrander Wald) und der ökologischen Bewusstseinsbildung. Die Gruppe unterhielt seit Mitte der 80er-Jahre Kontakte zum Kulturbund der DDR (Fachgruppe Naturschutz), um die eigene Arbeit effektiver gestalten zu können. Der Status eines Naturschutzhelfers, den einige Mitglieder erwarben, ermöglichte überhaupt erst eine sinnvolle praktische Tätigkeit im Bereich des Naturschutzes.

Durch Vorträge in Kirchgemeinden, Exkursionen und Ausstellungen (z. B. über den Zustand des Erzgebirgswaldes) und der Beteiligung an Aktionen (z. B. „Eine Mark für Espenhain") wies die Gruppe permanent auf die bedrohliche Situation hin und versuchte, Menschen zu mobilisieren.

Die **Arbeitsgemeinschaft Offene Kirche** (AGOK) bemühte sich seit 1985 mit größeren Veranstaltungen, ein möglichst breites Publikum, also auch Menschen, die sonst keinen Kontakt zu kirchlichen Kreisen hatten, anzusprechen.

Jährlich wurde im Juni/Juli ein Sommerfest und im November, während der Friedensdekade der evangelischen Kirchen in der DDR, eine Friedenswerkstatt organisiert. Die an Samstagen stattfindenden Veranstaltungen begannen mittags und endeten erst am späten Abend. Das jeweilige Programm beinhaltete ein thematisches Aufarbeiten von Problemen (Ausstellungen, Gesprächsrunden, Podiumsdiskussionen), durchdrungen bzw. ergänzt von kulturellen Beiträgen (Musik, Film, Performance, Lesung). Die Veranstaltungen der AGOK nutzten das in Karl-Marx-Stadt vorhandene Potenzial an kreativen

Ideen. Vertreter der kirchlichen Basisgruppen und der nicht angepassten Kultur- und Kunstszene (teilweise in Personalunion) wirkten engagiert zusammen. Anlässlich einer jeden Veranstaltung gab die AGOK eine Publikation (in Heftform) mit Beiträgen und Informationen in Auflagen zwischen 250 und 400 Stück heraus.

Diese Sommerfeste und Friedenswerkstätten riefen in Karl-Marx-Stadt auch in nichtkirchlichen Kreisen großes Interesse hervor.

Zu erwähnen sind weiterhin folgende kirchliche Basisgruppen:

Lateinamerika-Arbeitskreis der Christlichen Friedenskonferenz
	gegründet 1979
Gemeindegruppe St. Andreas der Christlichen Friedenskonferenz (Arbeitsbereiche: Frieden, Dritte Welt, Ökologie)
	gegründet 1980
Friedensseminar Karl-Marx-Stadt
	gegründet 1981
Friedenskreis der Trinitatisgemeinde
	gegründet 1981
Friedenskreis der Dietrich-Bonhoeffer-Gemeinde
	gegründet 1982
INKOTA Brasilien-Gruppe
	gegründet 1984
Frauengruppe
	gegründet 1984
BASISgruppe Karl-Marx-Stadt
(Arbeitsbereiche. Theologie, Dritte Welt,
Ausländer, innergesellschaftliche Probleme)
	gegründet 1985
Lesbisch-schwuler Arbeitskreis
	gegründet 1986
Arbeitskreis Wehrdienstfragen/-verweigerung
	gegründet 1988

Das Jahr 1989

An dieser Stelle sollen die Aktivitäten kirchlicher Basisgruppen unserer Stadt im Jahr 1989 genannt werden, die unmittelbar in Beziehung zu den dramatischen Ereignissen des 89er Herbstes stehen.

Der wohl entscheidende Tag, der die zukünftige Entwicklung der DDR erahnen ließ (wenn auch nicht in der sich überstürzenden Abfolge und Dramatik), war der 7. Mai 1989, der Tag der Kommunalwahlen in der DDR.

Am 6. Mai, also am Vorabend der Kommunalwahlen, fand in der Johanniskirche eine gottesdienstliche Veranstaltung statt, die durch den Friedensarbeitskreis bei der Evangelischen Studentengemeinde in Zusammenarbeit mit der Arbeitsgemeinschaft Offene Kirche gestaltet wurde. Dieser Gottesdienst bestand aus mehreren Elementen, die die damalige Situation in der DDR aus unterschiedlichen Blickpunkten darstellten.

Ein aus Hölderlins Roman „Hyperion" verlesener Ausschnitt (Kapitelanfang: „So kam ich unter die Deutschen") führte vor Augen, dass sich deutsche Mentalität in fast 200 Jahren anscheinend in keiner Weise geändert hat.

Durch ein fiktives Protokoll wurde versucht darzustellen, wie die Wirtschaft in der DDR nur noch durch Improvisation und Übertreten gesetzlicher Verordnungen am Laufen gehalten wurde. Ein fiktives Interview mit einem Gesellschaftswissenschaftler der BRD sollte die Perspektiven der DDR (unter Berücksichtigung ihrer historischen Entwicklung) aus der Sicht der westdeutschen Intellektuellen zeigen.

Mit einem kurzen Anreißen der Veränderungen in anderen Staaten des Ostblocks (UdSSR, Polen, Ungarn) wurde deutlich gemacht, dass in der DDR Reformen längst überfällig waren. Vorschläge und Forderungen der kirchlichen Basisgruppenbewegung wurden unterbreitet. Ausführlich vorgestellt wurden die Ideen des Friedensarbeitskreises bei der ESG zu einem freiwilligen Sozialdienst, einer gesamtgesellschaftlichen Konsultativkonferenz sowie einer neuen Verfassung für die DDR.

Hier der Wortlaut dieser drei Vorschläge:

*I. Wir schlagen vor, die Staatsführung (Staatsrat, Präsidium der Volkskammer, Ministerrat) der DDR möge eine **gesamtgesell-***

schaftliche **Konsultativkonferenz** einberufen. In der internationalen Politik geschehen tiefgreifende Veränderungen. In unserer Gesellschaft treten immer deutlicher Widersprüche und Probleme zutage, die angepackt werden müssen. Wichtige Entscheidungen für die Zukunft stehen an. Eine breite Aussprache und Verständigung über alle wichtigen Fragen ist nötig. In Entscheidungen, die alle betreffen, sollten Vertreter aller gesellschaftlichen Kräfte einbezogen werden. Dem sollte die Konsultativkonferenz dienen.

Sie sollte sich aus Vertretern aller relevanten Schichten und Gruppen zusammensetzen. Entscheidend wäre dabei nicht ein Proporz der Gruppen, sondern die Achtung, die sich einzelne Persönlichkeiten erworben haben. Die Autorität der Konsultativkonferenz sollte eine moralisch intellektuelle sein. Die Konsultativkonferenz hat eine beratende Funktion und besitzt keine Beschlusskraft. Um ein Höchstmaß an Offenheit und Freiheit von allem äußeren Druck zu gewährleisten, sind die Sitzungen der Konsultativkonferenz – wenigstens in einer ersten Phase – nicht öffentlich. Sollte sie sich – was das Ziel ist – als eine längerfristige Einrichtung etablieren, kann dies geändert werden. Die Teilnehmer an der Konsultativkonferenz werden der Öffentlichkeit vorgestellt, aus der weitere Vorschläge gemacht werden können.

II. Wir schlagen vor, die Regierung der DDR möge einen **Freiwilligen Sozialdienst** einführen. Dieser FSD sollte 1 ½ Jahre dauern. Er sollte allen Bürgerinnen und Bürgern ab 18 Jahre offen stehen. Er sollte für wichtige Arbeiten im Interesse der Allgemeinheit genutzt werden, vor allem im Gesundheits- und Sozialwesen, im Umweltschutz und bei Katastrophen. Für Wehrpflichtige sollte der FSD als Wehrersatzdienst anerkannt werden.

Anmerkung: Der Vorschlag berücksichtigt folgende Gesichtspunkte:

Der Bedarf an Arbeitskräften in den angesprochenen Bereichen ist groß.

Desgleichen der Bedarf an Chancen für berufliche Umorientierung und das Sammeln von sozialen Erfahrungen, besonders bei jüngeren Menschen.

Die Einengung des Problems auf das, was bisher unter der Überschrift Sozialer Friedensdienst diskutiert worden ist, hat sich als nicht sinnvoll erwiesen.

Im Rahmen einer größeren Lösung könnte dann allerdings auch das Problem der Wehrdienstverweigerer, einschließlich der „Totalverweigerer", mit gelöst werden.

Die Abkopplung des FSD von der Wehrdienstproblematik würde auch Personen, die nicht wehrpflichtig sind, und solche, die ihren Wehrdienst leisten sollen oder geleistet haben, die Möglichkeit der Beteiligung geben und beides nicht zwangsläufig als sich wechselseitig ausschließende Alternativen erscheinen lassen.

III. Überlegungen zur Notwendigkeit einer neuen Verfassung

In den sozialistischen Staaten erweisen sich die politischen Strukturen zunehmend als zur Bewältigung der anstehenden Aufgaben nicht mehr geeignet. Auch in der DDR häufen sich Ereignisse sowie Hinweise auf Probleme, Widersprüche und Konflikte, die die bisherigen Methoden der gesellschaftlichen Organisationen und politischen Machtausübung als den Erfordernissen der Zeit nicht mehr voll entsprechend erscheinen lassen. Eine neue Verfassung scheint notwendig zu werden. In ihr sollte nach einer neuen Kombination von Basisdemokratie und Parlamentarismus gesucht werden. Dem Parlament sollte als Legislative die entscheidende Rolle im Staat zufallen.

Die Regierung übt im Rahmen der Gesetze ihre Macht aus; ihr steht ein Ministerpräsident vor. An der Spitze des Staates steht ein Staatspräsident mit vorwiegend moralischer Autorität und repräsentativer Funktion sowie der Verpflichtung, in besonderen Situationen auch politisch aktiv zu werden. Damit wird der Staatsrat als kollektives Staatsoberhaupt hinfällig. Es wird eine klare Trennung von Staat und Partei(en) vollzogen. Damit entfällt die Grundlage für parallele Strukturen von Staat und Partei(en), desgleichen für die Häufung und Verquickung von Ämtern und Funktionen. In der Verfassung soll nicht die Führungsrolle einer Partei festgeschrieben werden.

Die Hauptfrage bei der Schaffung eines neuen politischen Mechanismus ist die Frage der Organisierung der Aufgabenverteilung und Entwicklungsmöglichkeiten der verschiedenen Instanzen: Bürgerversammlungen, Komitees, informelle Vereinigungen, Verbände, Parteien, Parlament usw.

Zu entwickeln wäre ein Modell eines ökologischen und demokratischen Sozialismus. Wesentliche Teile der Wirtschaft sollen sich in staatlichem oder genossenschaftlichem Eigentum befinden. Die Wirtschaft soll der Kontrolle der Allgemeinheit unterstellt sein und sich sozialen Zielen unterordnen. Die Regierung hat über die wirtschaftliche Souveränität des Landes zu wachen (Begrenzung der Abhängigkeit von Weltmarkt und Weltfinanzsystem). Der Schutz der natürlichen Lebensgrund-

lagen und die Gestaltung einer gesunden Umwelt sollen ebenso Verfassungsziele sein wie die Verpflichtung auf das Ziel der Abrüstung und eines weltweiten Friedens in Gerechtigkeit.

Minderheiten genießen Schutz, besonders wenn sie in der Vergangenheit benachteiligt worden sind.

Presse-, Informations- und Meinungsfreiheit werden durch die Öffentlichkeit kontrolliert und garantiert. Weder dürfen sie als Monopol des Staates zur Durchsetzung seiner Absichten noch zum Gewinn privater Macht und privaten Reichtums missdeutet und missbraucht werden. Sie werden in einer Weise organisatorisch und materiell abgesichert, die ein Höchstmaß an Unabhängigkeit in der Verantwortung für die Gesellschaft garantiert.

Als bewaffnetes Organ für die Erhaltung der inneren Ordnung des Staates ist allein die Polizei zuständig.

Ein Verfassungsgericht hat über die Verfassungskonformität von Maßnahmen und Entscheidungen staatlicher und gesellschaftlicher Einrichtungen zu befinden.

Der Entwurf einer neuen Verfassung sollte bald vorgelegt und dem Volk zur Diskussion unterbreitet werden.

In seiner danach folgenden Predigt verwendete Studentenpfarrer Hans-Jochen Vogel als biblischen Ausgangspunkt einen Vers aus dem Brief des Apostels Paulus an die Epheser: „Darum legt die Lüge ab und redet die Wahrheit, ein jeder mit seinem Nächsten, weil wir untereinander Glieder sind."

Bezug nehmend auf den 200. Jahrestag der Französischen Revolution von 1789, die mit dem Versprechen „Freiheit, Gleichheit, Brüderlichkeit" angetreten war, konstatierte Pfarrer Vogel, dass diese Worte inzwischen weltweit zu inhaltsleeren Phrasen verkommen seien.

„Freiheit als die Freiheit der herrschenden Gruppen, ihre Mitmenschen und die Natur auszusaugen und niederzudrücken. Gleichheit als Gleichheit vor Gesetzen, die die Reichen und Mächtigen begünstigen.

Brüderlichkeit der Räuber, die die Beute unter sich teilen. So müssten wir die Formeln der Französischen Revolution wohl interpretieren, wenn wir sie mit der Welt zusammen sehen, die mit durch sie entstanden ist.

Und wir mittendrin, die kleine größte DDR der Welt, wir ihre Bürger, wir die Christen unter ihnen, wir heute Abend hier in dieser Kirche."

Pfarrer Vogel verwies auf viele neue Konflikte, die die Zukunft hervorbringen würde, und stellte auf unser Land bezogen folgende Fragen:

„Was wird, wenn die DDR nicht mehr als westliche Grenzbastion eines östlichen Militärbündnisses benötigt wird? Hat sie genug inneren Zusammenhalt, innere Festigkeit, um auf sich selbst gestellt leben zu können? Identifizieren sich die Menschen ohne äußeren Druck mit ihrem Staat? Erfahren sie die Lebensformen als ihnen gemäße? Betrachten sie die Institutionen als die ihrigen? Das alles sind keine Geschmacksfragen, sondern Fragen danach, ob unsere Zukunft friedlich sein wird."

Alle Anwesenden forderte Pfarrer Vogel mit folgenden Worten auf, sich für die Wahrheit in unserem Land konkret einzusetzen: „Du sollst aufhören, mitzulaufen, gedankenlos zu tun, was alle tun oder was verlangt wird – nur weil es alle tun oder es verlangt wird!

Das ist lebensnotwenig für deinen Glauben: Weil er sonst selbst eine Lüge wäre und kein Glaube.

Das ist aber auch lebensnotwendig für die Gesellschaft. Die Lage ist viel zu ernst, als dass noch weiter mit Heuchelei, halben Wahrheiten und ganzen Lügen, mit Unterdrückung von Analyse und Kritik weiterzukommen wäre. Die Welt braucht neue Vorstellungen, Vorschläge, Meinungen, damit das Leben weitergeht."

Und auf die Wahl bezogen, sagte er: „Wer morgen zur Wahl geht und seinen Stimmzettel ohne Streichungen in die Urne steckt, weil er diese Wahl unter den gegebenen Umständen für sinnvoll, die Kandidaten für gut und das Verfahren für geeignet hält, der tut recht. Wer es nur macht aus Anpassung und Gedankenlosigkeit, der nimmt seine Mitmenschen an diesem Punkt nicht ernst! Der verschleiert etwas, worüber endlich offen gesprochen werden müsste."

Während der gesamten Veranstaltung wurde weder zum direkten Wahlboykott noch zu Gegenstimmen zum Wahlvorschlag der Nationalen Front aufgerufen. Dennoch war wohl allen der zum Nachdenken bereiten ca. 200 Anwesenden klar, dass sie am darauf folgenden Tag eine persönliche politische Entscheidung mit ihrem Wahlverhalten zu treffen hatten.

In den Tagen nach der Kommunalwahl tauschten die Mitglieder der kirchlichen Basisgruppen ihre persönlichen Beobachtungen zu dieser Wahl aus.

Relativ viele Mitglieder der Gruppen und andere ihnen bekannte Personen (vor allem aus Jungen Gemeinden der Stadt) hatten die Auszählung der Stimmen in verschiedenen Wahllokalen beobachtet und sich die jeweiligen Ergebnisse notiert. Diese Ergebnisse deckten sich im Wesentlichen nicht mit den Veröffentlichungen der Wahlergebnisse in der Presse. Alle in wenigen Tagen erfassbaren Ergebnisse verschiedener Wahllokale (ca. 20) wurden zusammengefasst und ausgewertet.

Die Konsequenz war ein Einspruch zur Wahl durch den Friedensarbeitskreis bei der Evangelischen Studentengemeinde und die Arbeitsgemeinschaft Offene Kirche, gerichtet an die Stadtverordnetenversammlung von Karl-Marx-Stadt (mit Schreiben vom 16. 5. 1989).

Auf diesen Einspruch erfolgte wochenlang keinerlei Reaktion städtischer Behörden. Nach einer schriftlichen Erinnerung (13. 6. 1989) erhielt Studentenpfarrer Vogel als einer der Unterzeichner vom Sekretär des Rates der Stadt, Frau Ursula Ströher (in dieser Funktion zugleich Sekretär der Stadtwahlkommission), eine Einladung (datiert auf den 3. 7. 1989) zu einer persönlichen Aussprache. An dieser Unterredung nahm auf Bitten von Pfarrer Vogel auch Superintendent Magirius teil. Über das Gespräch verfasste Pfarrer Vogel das folgende Gedächtnisprotokoll:

Am 11. Juli 1989, in der Zeit von 15.00 Uhr bis 16.30 Uhr, fand im Rathaus von Karl-Marx-Stadt ein Gespräch betreffend die Wahleingabe des Friedens-Arbeitskreises bei der ESG und der AG Offene Kirche statt.

Anwesend waren Frau Ursula Ströher, Sekretär des Rates und der Stadtwahlkommission, seitens des Rates der Stadt sowie Superintendent Christoph Magirius und Studentenpfarrer Hans-Jochen Vogel, Letzterer einer der Unterzeichner der Eingabe.

Frau Ströher entschuldigte sich zu Beginn wegen der Verzögerung bei der Beantwortung der Eingabe. Sie erklärte, dass die Verfasser der Eingabe nicht berechtigt seien, einen Einspruch gegen die Wahl geltend zu machen, dies stünde nur Ausschüssen der Nationalen Front zu. Sie legte den beiden Herren das offizi-

elle Wahlergebnis der Stadt vor und betonte, dass es korrekt sei. Aus dem abweichenden Ergebnis eines Wahllokals könne kein anderer Schluss gezogen werden. Das endgültige Ergebnis enthalte sowohl die Resultate der regulären Wahllokale als auch die der Sonderwahllokale und der Spezialwahllokale in verschiedenen Einrichtungen, die nicht öffentlich ausgezählt werden. Es gäbe keinen Grund, zu zweifeln. Man wolle allerdings bei den nächsten Wahlen die Ergebnisse der Stadtbezirke gesondert veröffentlichen.

Herr Vogel erläuterte, man habe sich nicht im Voraus abgesprochen, um die Auszählung zu kontrollieren. Tatsächlich sei aber eine Reihe Leute von sich aus zu den Auszählungen gegangen und hätte anschließend die Ergebnisse verglichen. So seien den Verfassern des Einspruches die Ergebnisse von ca. 20 Wahllokalen aus verschiedenen Bereichen der Stadt bekannt geworden, die alle unter den offiziellen lagen. Nach ihren Erkenntnissen hatte sich die Wahlbeteiligung von 97 Prozent bis 80 Prozent bewegt. Frau Ströher versicherte, sie habe teilweise noch darunter gelegen. Herr Vogel: Nach seinen Erkenntnissen könnten die Sonderwahllokale das Ergebnis nicht so nach oben verändern.

Frau Ströher: Man habe die Wahl gründlich ausgewertet, einen 20 Seiten langen Bericht verfasst und die Ergebnisse auf einer Karte der Stadt eingetragen.

Das Wahlverfahren halte man für richtig, Kabinenpflicht für alle sei keine Lösung. Allerdings könne sich auch manches noch ändern. Das Entscheidende passiere bei unseren Wahlen, bei der Auswahl und Prüfung der Kandidaten durch die Kollektive und die Wähler.

Die kirchlichen Vertreter erklärten, dass zu Wahlveranstaltungen nicht ausreichend geworben worden sei, sie zum Teil eher versteckt abgehalten wurden und es Klagen über mangelnde Beteiligung von Kandidaten gegeben habe. Das Verfahren einer „Wahl" ohne Auswahl könne nicht als sinnvoll angesehen werden. Die „Wähler" gingen aus Gewohnheit und Opportunismus hin oder um ein pauschales Bekenntnis abzulegen. Das erziehe aber zu Passivität und Gleichgültigkeit. Erst wenn Wähler vor der Wahl unterschiedlicher Kandidaten stünden, sie erkennbar unterschiedliche Konzeptionen für die Lösung bestimmter Fragen hätten, könnten sie erfahren, dass es auf ihre eigene Entscheidung ankomme. Das setzt kein bürgerliches Mehrparteiensystem voraus. Dann wären sie jedoch selbst verantwortlich und können im Fall negativer Nebenwirkungen nicht einfach andere („den Staat") verantwortlich machen.

Frau Ströher zeigte sich solchen Argumenten gegenüber offen (ohne den Kirchenvertretern ausdrücklich recht zu geben) und bemängelte ihrerseits auch zu geringe Verantwortlichkeit bei vielen Bürgern, die mehr wollten als machbar sei und nicht einsähen, dass nicht alles gleichzeitig getan werden könne. Man habe auch noch nicht überall ausreichend mit den Bürgern gearbeitet, was sich dann teilweise in den Wahlergebnissen ausgedrückt habe. Man wolle in den Ausschüssen der Stadtverordnetenversammlung jetzt echte Mehrheitsentscheidungen einführen und von dorther allmählich auf eine Stärkung der Mündigkeit und Verantwortlichkeit auf allen Ebenen hinarbeiten.

Das Gespräch berührte noch eine Reihe weiterer Punkte, besonders städtische Fragen.

Es fand in einer durchweg offenen und freundlichen Atmosphäre statt. Meinungsunterschiede wurden sachlich festgestellt – wobei den kirchlichen Vertretern fraglich bleiben musste, wie weit diese Unterschiede wirklich reichten. Die staatliche Gesprächspartnerin machte einen informierten und problembewussten Eindruck.

Anmerkung: Weder in der Reihenfolge noch im Umfang und erst recht nicht in der Wortwahl ist das Obenstehende ein exakter Bericht. Es werden jedoch einzelne Punkte des Gesprächs wiedergegeben (die wichtigsten!) und die Gesamttendenz wird deutlich. Die Zweifel an der Korrektheit der veröffentlichten Wahlergebnisse konnten nicht beseitigt werden. Sowohl diese Zweifel als auch die Unzufriedenheit mit dem Wahlverfahren sind den staatlichen Verantwortlichen ebenso wirksam übermittelt worden wie die Absicht, die bisherigen Methoden nicht mehr einfach hinzunehmen. Es wäre gut, wenn wir in den Vertretern des Staates in dieser Frage nicht Gegner sehen müssten, sondern uns mit ihnen gemeinsam auf den Weg zu mehr Demokratie machen könnten. Von mehr konkreten Mitbestimmungs- und Wahlmöglichkeiten für die Bürger hängt letztlich die Identifizierung der Bürger mit der Gesellschaft ab, von dieser wiederum die Stabilität in unserem Land, von der jedoch auch der Frieden in der Mitte Europas.

Die von den Mitgliedern kirchlicher Gruppen festgestellten Wahlergebnisse, der Einspruch zur Wahl und das Protokoll Pfarrer Vogels wurden Ende Juni 1989 zu einer Dokumentation zusammengefasst und unter den kirchlichen Gruppen und deren Sympathisanten verbreitet.

Einen besonderen Tiefpunkt der Politik der DDR-Führung im Jahr 1989 markierte die Erklärung der Volkskammer der DDR vom 8. Juni. Darin wurde das Blutbad, welches die chinesische Volksbefreiungsarmee am 4. Juni auf dem Pekinger Tienanmen-Platz angerichtet hatte, gerechtfertigt. Der Friedensarbeitskreis bei der Evangelischen Studentengemeinde reagierte mit folgendem Protestbrief, der gleichfalls im Nachhinein durch Vervielfältigungen verbreitet wurde:

Friedensarbeitskreis
bei der Evangelischen Studentengemeinde
Josephinenplatz 8
Karl-Marx-Stadt, den 20. 6. 1989
9002

Volkskammer der DDR
Marx-Engels-Platz
Berlin
1020

Mit Bestürzung haben wir am 8. Juni 1989 die „Erklärung der Volkskammer der DDR zu den aktuellen Ereignissen in der VR China" zur Kenntnis genommen.

Wir halten es deshalb für unsere Pflicht, Sie davon in Kenntnis zu setzen, dass wir uns nicht mit dieser Erklärung identifizieren können und uns folglich nicht durch sie vertreten fühlen. Die Volkskammer übernimmt im Wesentlichen die Darstellung und Argumentation der chinesischen Regierung; eine detaillierte Darstellung der Vorgänge erfolgt nicht, unter Berufung auf die Verpflichtung der Nichteinmischung in die inneren Angelegenheiten anderer Staaten.

Bereits vor dem 8. 6. 1989 zeigte sich recht deutlich, dass die von der Regierung der VR China verbreitete Version des militärischen Eingreifens in Peking erheblich abwich von international bekannt gewordenen Darstellungen und Augenzeugenberichten. Selbst der Auslandsdienst des Pekinger Rundfunks berichtete nach dem Angriff des Militärs noch eine Stunde lang über das blutige Vorgehen von Angehörigen der „Volksbefreiungsarmee" gegen die wehrlosen Demonstranten und von zahlreichen Opfern auf dem Tienanmen-Platz, ehe dann plötzlich auf die bis heute verbreitete Version zurückgegriffen wurde.

Indem die Volkskammer (oder auch unsere Medien) keine Notiz nimmt vom Inhalt dieser weltweit verbreiteten Meldungen bzw. dazu auffordert, ihnen keinen Glauben zu schenken, und sich offiziell solidarisch mit der Verantwortung tragenden Regierung der VR China erklärt, isoliert sie sich weltweit und muss sich den Vorwurf gefallen lassen, die wahrscheinlich in die Hunderte gehenden Opfer des Überfalls zu rechtfertigen.

Wir nehmen an, dass Sie über die tatsächlichen Ereignisse besser informiert sind, als es in o. g. Erklärung zum Ausdruck kommt, möchten aber dennoch darauf hinweisen, dass dem grausamen Überfall der chinesischen Militärs, dem dann auch – wie vorauszusehen war – gewaltsame Reaktionen der Angegriffenen folgten, wochenlange, geduldige und vor allem friedliche Demonstrationen und Streiks vorausgingen. Die dort aufgeworfenen Probleme und die gewünschten Veränderungen hätten politischer Lösungen und Regelungen bedurft, nicht aber der Gewalt - eine Haltung, die sonst sowohl unserer Volkskammer als auch Regierung nicht fremd ist.

Es soll an dieser Stelle auch daran erinnert werden, dass die Volksbefreiungsarmee, deren Aktionen Sie jetzt so nachhaltig unterstützen, in den siebziger Jahren wiederholt blutige Grenzkonflikte an der Grenze zur Sowjetunion provoziert hat, dass es diese Armee war, die 1979 Krieg gegen die SR Vietnam führte, und erinnert sei auch an die chinesische Unterstützung für das Massenmorden unter Pol Pot in Kambodscha sowie für die afghanische Opposition.

All diese Wege der Gewalt fanden in der DDR keine Unterstützung und wurden von offizieller Seite abgelehnt.

Wir jedenfalls verurteilen auch die jüngsten Gewaltakte der chinesischen Volksbefreiungsarmee gegen die demonstrierenden Studenten und ihre Anhänger energisch. Wir meinen, dass eine Regierung, die innenpolitische Probleme nur auf derart brutale Weise zu lösen vermag, ihr Recht verwirkt hat, Macht auszuüben. Die hohe Zahl von Opfern unter der Zivilbevölkerung, aber auch unter den Soldaten ist in keiner Weise, auch nicht mit der vorangegangenen politischen Situation, zu rechtfertigen. Wie auch im Falle Chiles oder Südkoreas erklären wir uns mit den wehrlosen Opfern und Verfolgten solidarisch. Darüber hinaus sind wir der Meinung, dass der 4. Juni 1989 nunmehr einen der schwersten Schläge gegen das Ansehen und die Vision von

sozialistischen Gesellschaften als bewusste Alternative zu kapitalistischen Ausbeutungs- und Herrschaftsstrukturen bedeutet.

Um so unverständlicher erscheint uns deshalb die o. g. Erklärung der Volkskammer.

Wir stehen mit unserer Meinung nicht allein.

Eine weitere Reaktion zum Massaker auf dem Tienanmen-Platz war die am 14. Juli in der Johanniskirche durchgeführte Fürbittandacht – ein relativ spontanes Projekt, das aus der Zusammenarbeit der Gruppe Linke Initiative (des Vorläufers der im Spätherbst auch in Karl-Marx-Stadt gegründeten Vereinigten Linken) und dem Friedensarbeitskreis bei der ESG entstand. Den 150 Teilnehmern der Veranstaltung wurde akribisch genau der Unterschied in der Berichterstattung zwischen den Medien der DDR und relativ unabhängigen Nachrichtenagenturen über die Ereignisse in China vorgeführt. Verlesen wurde der Bericht eines 20-jährigen Studenten, der das Massaker überlebt hatte.

Aus den auch nach Karl-Marx-Stadt gelangten Aufzeichnungen von in China in kirchlichen Institutionen tätigen Europäern konnten zum großen Teil unbekannte Hintergrundinformationen vermittelt werden. Es war den Zuhörern so möglich, die politischen und gesellschaftlichen Ereignisse der zurückliegenden Jahre in China nachzuvollziehen. Wichtig war vor allem, die Ursachen der abgelaufenen Entwicklung zu erkennen.

Die im Sommer 1989 dramatisch ansteigende Massenabwanderung vorwiegend jüngerer DDR-Bürger über die ungarisch-österreichische Grenze, die Botschaften der BRD in Prag und Warschau sowie durch genehmigte Ausbürgerungsersuchen ließ auch bei den Mitgliedern kirchlicher Basisgruppen immer stärker die Frage laut werden, welche Folgen dieser Exodus haben würde. In spekulativen Diskussionen wurden Vermutungen geäußert, dass die DDR ihr 40-jähriges Bestehen vielleicht nicht mehr erleben würde. Außerdem wurden Veränderungen bei den montäglichen Friedensgebeten in der Leipziger Nikolaikirche mit Aufmerksamkeit registriert. Waren diese Veranstaltungen in der ersten Jahreshälfte vor allem ein Anlass für Antragsteller auf Ausreise, sich zu versammeln, so waren die Teilnehmer nun offensichtlich völlig gespalten. Zu dem von Hunderten skandierten Ruf „Wir wollen raus!" gesellte sich das von Montag zu Montag lauter werdende, sich gegen die Agonie aufbäumende „Wir bleiben hier".

Vor diesem Hintergrund entwickelte sich in der Arbeitsgemeinschaft Offene Kirche die Idee, anlässlich des 40. Jahrestages der DDR einen thematischen Abend zur Zukunft des Landes in Form einer Podiumsdiskussion vorzubereiten. Es bestand aus der Sicht der Gruppe die Chance, diesmal nicht nur das Stammpublikum derartiger Veranstaltungen zu erreichen. Vielleicht könnte – so hofften die Initiatoren – eine Veranstaltungsreihe beginnen, die den Dialog über alle wichtigen Fragen unserer Zukunft auch in Karl-Marx-Stadt eröffnet.

Als Termin für das Vorhaben wurde der 13. Oktober festgelegt. Doch im September begannen sich die Geschehnisse viel schneller als vorausgeahnt zu entwickeln.

Am 16. September gelangten detaillierte Informationen über die Leipziger Ereignisse vom 11. 9. 1989 nach Karl-Marx-Stadt. Am Rande eines Theologieseminars, das am 16./17. 9. 1989 in unserer Stadt stattfand, entstand folgender Protestbrief, den ca. 20 Personen unterzeichneten:

Karl-Marx-Stadt, den 16. 9. 1989
Staatsanwaltschaft Leipzig
Beethovenstraße 2
Leipzig
7010

Am 11. September 1989, im Anschluss an eine gottesdienstliche Veranstaltung in der Leipziger Nikolaikirche, wurden ca. 100 Personen bei einem Polizeieinsatz vorübergehend festgenommen. Hohe Ordnungsstrafen wurden gegen sie verhängt. Gegen 9 namentlich bekannte Personen wurden Haftbefehle erlassen und Ermittlungsverfahren nach § 217, 1 eingeleitet.

Da nach unseren Informationen keine Provokationen von der aus der Kirche kommenden Menschenmenge ausgingen, macht uns die dabei angewandte Gewalt der Sicherheitsorgane große Angst, vor allem im Blick auf die Zukunft unserer Gesellschaft. Wir sind über das Vorgehen der Polizei empört und protestieren dagegen.

Wir fordern die sofortige Freilassung der Inhaftierten, die Einstellung der Ermittlungsverfahren und die Aufhebung aller ausgesprochenen Ordnungsstrafen. Das Vorgehen von Polizei und Sicherheitskräften ist nach unserer Meinung nicht gerechtfertigt.

Probleme und Meinungsverschiedenheiten in unserer Gesellschaft sind nicht durch Polizeieinsätze und Gerichtsverfahren zu bewältigen, sondern durch Information und offene Diskussion. Andernfalls werden die friedenspolitischen Erfolge der DDR in Frage gestellt, und unser Land wird zum Sicherheitsrisiko.
Kontaktadresse: Hans-Jochen Vogel
Josephinenplatz 8
Karl-Marx-Stadt
9002

Die anwesenden Mitglieder kirchlicher Basisgruppen beschlossen weiterhin, am Dienstag, dem 19. September, eine Fürbittandacht für die Inhaftierten zu halten.

Die Andacht wurde von der gestaltenden Gruppe (Arbeitsgemeinschaft Offene Kirche unter Mitwirkung von Superintendent Magirius) zugleich mit Informationen und meinungsbildenden Analysen ergänzt.

Die etwa 70 Teilnehmer der Veranstaltung wurden über die Leipziger Friedensgebete im allgemeinen und über die Ereignisse am 11. September im besonderen informiert. Es folgten Bemerkungen über zunehmende Tendenzen des Staates, gesellschaftliche Konflikte nicht durch Dialog, sondern mittels Gewaltanwendung zu lösen, was wiederum zu vermehrter Rechtsunsicherheit der Bevölkerung führte.

Die Ereignisse von Leipzig wurden in einem Beitrag als eine logische Folge der innenpolitischen Situation in der DDR gewertet. Ein anderer Aspekt dieser Analyse beleuchtete die Tatsache, dass die DDR selbst nur Teil einer konfliktgeladenen, unfriedlichen Welt ist, somit die innenpolitischen Konflikte auch Ausdruck einer weltweiten politischen Krise sind.

Zum Ende der Fürbittandacht dokumentierte man, wie Menschen der DDR versuchten, Einfluss auf die Entwicklung des Landes zu nehmen. In diesem Zusammenhang konnte auf das schon über Jahre währende Wirken der kirchlichen emanzipatorischen Gruppen verwiesen werden, auf Artikel in Tageszeitungen der DDR, in denen Leser und Journalisten das Wort nahmen und nach realen Ursachen für die nicht abebbende Ausreisewelle suchten. Als neue Formen oppositionellen Denkens und Handelns wurde über die in jüngster Zeit gegründeten politischen Vereinigungen informiert. Während bei den Bürgerbewegungen Demokratie Jetzt und Demokratischer Aufbruch nur auf Berichte und Interviews westlicher Rundfunkanstalten zurückgegriffen werden konnte, lagen die Initiative der Gründung einer Sozialdemokratischen Partei und der Gründungsaufruf des Neuen Forums (Aufbruch '89) in vollem Wortlaut vor. Der Aufruf des Neuen Forums wurde verlesen und als Kontaktadresse für den Bezirk Karl-Marx-Stadt wurde die Anschrift des Mitbegründers Dr. Martin Böttger bekannt gegeben.

In den darauf folgenden Tagen (und schon in den Tagen vorher – der Aufruf wurde am 11. September z. B. durch den Sender RIAS verbreitet) brachten mehrere Dutzend Bürger unserer Stadt in Anrufen, Briefen und persönlichen Gesprächen gegenüber Dr. Böttger ihre inhaltliche Zustimmung zum Anliegen des Gründungsaufrufes und ihre Bereitschaft zum Mittun innerhalb des Neuen Forums zum Ausdruck.

In der letzten Septemberwoche erfuhren Sympathisanten des Neuen Forums, die intensiven Kontakt zu Dr. Böttger hielten, dass am 3. Oktober ein Gespräch beim Rat des Bezirkes anstünde, bei dem mögliche Verhaltensweisen des Staates im Umgang mit dem Neuen Forum deutlich werden könnten. Wie Dr. Böttger die Lage in jenen Tagen selbst einschätzte, kommt in seinem Brief an den Verfasser dieses Beitrages zum Ausdruck:

Martin Böttger
E.-Thälmann-Str. 1b
Cainsdorf
9505 C., 26.9.89

Lieber Gullymoy!

Bitte entschuldige die unpersönliche Antwort. Aber wegen des großen Zuspruchs zum Neuen Forum ist es mir nicht anders möglich.

Ich habe Dich als Interessent bzw. künftiges Mitglied notiert. Anbei zwei Gründungsaufrufe (einen zum Weitergeben). Die aktuelle Situation ist so, dass das Innenministerium nach einer anfangs schroffen Reaktion (ND 22. 9.) vom Vorwurf der Verfassungswidrigkeit und Staatsfeindlichkeit abgegangen ist und den Antragstellern nunmehr mitgeteilt hat, dass für die geplante Vereinigung „kein gesellschaftliches Bedürfnis" bestehe. Ich habe mit noch zwei Unterzeichnern zusammen am 3. 10. einen Termin (17.00 Uhr falls Du mitkommen willst) beim Rat des Bezirkes Karl-Marx-Stadt, wo man mir vermutlich dasselbe mitteilen wird. Mit dieser, vergleichsweise sachlichen Auskunft können wir schon besser umgehen, denn nun ist es an uns, zu zeigen, dass doch ein erhebliches Interesse an der Gründung und Zulassung des Neuen Forums besteht. Bedürfnisse können bekanntlich wachsen und die Entscheidung des MdI muss nicht die letzte in dieser Sache sein.

Ich ermutige also alle Interessenten, im Gespräch mit Freunden und Bekannten zu bleiben und gegebenenfalls auch deutlich das Interesse an einer Arbeit im Neuen Forum zu bekunden, damit ein intensiver Dialog über die gegenwärtigen Probleme unseres Landes und unsere Zukunftsvorstellungen möglich wird.

Mit freundlichen Grüßen
Martin Böttger

Mitglieder kirchlicher Basisgruppen hatten von dem anstehenden Termin ebenfalls in der letzten Septemberwoche erfahren, und es war selbstverständlich, dass die Gelegenheit genutzt werden musste, Informationen aus erster Hand über das Neue Forum an Interessierte weiterzugeben.

Superintendent Magirius gab sein Einverständnis, am 3. Oktober eine Informationsveranstaltung mit Dr. Böttger im Gemeindesaal der Innenstadtgemeinde in der Wilhelm-Pieck-Straße durchführen zu lassen. Die Nachricht über das Vorhaben verbreitete sich in der Stadt wie ein Lauffeuer.

6. Mai 1989

Auf einer gottesdienstlichen Veranstaltung in der Johanniskirche am Vorabend der Kommunalwahlen stellt der Friedensarbeitskreis bei der Evangelischen Studentengemeinde (ESG) den ca. 200 Teilnehmern Ideen zu einem freiwilligen Sozialdienst, zu einer gesamtgesellschaftlichen Konsultativkonferenz sowie zu einer neuen Verfassung der DDR vor. Studentenpfarrer Hans-Jochen Vogel fordert die Anwesenden auf, sich mit ihrer Wahlentscheidung auch für die Wahrheit im Land einzusetzen.

7. Mai 1989

In seiner Predigt in der Heilig-Geist-Kapelle Helbersdorf bezieht sich Pfarrer Eberhard Dittrich von der Bonhoeffer-Gemeinde sehr kritisch auf die Kommunalwahlen und die gesellschaftlichen Verhältnisse in der DDR. Ihm erscheine nach 40 Jahren nun die Zeit reif, eine Entscheidung zu treffen, die auch dem eigenen Gewissen entspräche. Er rät den Gemeindegliedern ab, sich an diesen Scheinwahlen zu beteiligen.

8. Mai 1989

Die Wahlkommission des Bezirkes trifft sich zu ihrer letzten Sitzung und nimmt das endgültige Ergebnis und die Gültigkeit der Wahlen zu den Kreistagen, Stadtverordnetenversammlungen, Stadtbezirksversammlungen und Gemeindevertretungen vom 7. Mai zur Kenntnis.

10. Mai 1989

Das Ergebnis der Wahlen zur Stadtverordnetenversammlung des Stadtkreises Karl-Marx-Stadt am 7. Mai wird offiziell bekannt gegeben: 238.672 Wahlberechtigte insgesamt; 234.089 abgegebene Stimmen insgesamt; 98,08 Prozent Wahlbeteiligung; 95 ungültige Stimmen (0,04 Prozent); 233.994 gültige Stimmen insgesamt (99,96 Prozent); 227.274 für den Wahlvorschlag (97,13 Prozent); 6.720 gegen den Wahlvorschlag (2,87 Prozent); 250 gewählte Abgeordnete; 86 gewählte Nachfolgekandidaten.

16. Mai 1989

Der Friedensarbeitskreis bei der ESG und die Arbeitsgemeinschaft Offene Kirche richten einen Einspruch zur Wahl an die Stadtverordnetenversammlung. Er resultiert aus dem Widerspruch zwischen offiziellen Wahlergebnissen und eigenen Beobachtungen bei der Auszählung der Stimmen in ca. 20 Wahllokalen der Stadt. Der Einspruch bleibt – trotz schriftlicher Erinnerung vom 13. Juni – bis Anfang Juli unbeantwortet.

26. Mai 1989

Der Minister für Forschung und Technologie der Bundesrepublik, Dr. Heinz Riesenhuber, besucht das Werkzeugmaschinenkombinat „Fritz Heckert" und die Technische Universität.

30. Mai 1989

Die Stadtverordnetenversammlung Karl-Marx-Stadt konstituiert sich. Dr. Eberhard Langer wird zum Oberbürgermeister wiedergewählt.

1. Juni 1989

In den ehemaligen Räumen der Reisebüro-Zweigstelle Straße der Nationen wird ein Leseeck eröffnet.

3. Juni 1989

Mit einem zweitägigen Fest feiern Tausende Karl-Marx-Städter das 25-jährige Bestehen des Tierparks.

8. Juni 1989

Die ersten Karl-Marx-Städter Urania-Tage werden eröffnet. Sie dauern bis zum 17. Juni an und halten eine Vielzahl von Veranstaltungen bereit, bei denen z. B. auch der in der DDR entwickelte Bildungscomputer vorgestellt wird.

Zwanzig Monate nach der Grundsteinlegung wird am Hauptgebäude des künftigen Produktionskomplexes des Kombinates Textima-Elektronik an der Otto-Grotewohl-Straße Richtfest gefeiert. Fast auf den Tag genau beginnt fünf Jahre später für diese „Investruine" der Abriss.

9. Juni 1989

Ein Café als neue Einrichtung der Mitropa wird im Hauptbahnhof eröffnet.

20. Juni 1989

Mit einem Protestbrief an die Volkskammer der DDR reagiert der Friedensarbeitskreis bei der ESG auf das Massaker auf dem Tienanmen-Platz in Peking. Er erklärt darin seine Bestürzung auf die Erklärung der Volkskammer vom 8. Juni, die das brutale Vorgehen der chinesischen Armee gegen die Bevölkerung am 4. Juni rechtfertigt.

21. Juni 1989

Mit dem Beirat für Stadtgestaltung erörtert Oberbürgermeister Dr. Langer im Rathaus Aufgaben des innerstädtischen Wohnungsbaus, insbesondere des Gebietes Augustusburger Straße/Otto-Grotewohl-Straße, und das Konzept zur künstlerischen Gestaltung des Opernhauses. In der Beratung geht es u. a. auch um die Nutzung der Nahverkehrsmittel als Werbeträger.

30. Juni 1989

Zehntausende Besucher erleben den Beginn des 34. Pressefestes der „Freien Presse" auf der Festwiese im Küchwald. Auf mehreren Bühnen und Podien wirken während der drei Tage Hunderte Künstler aus dem In- und Ausland in mehr als 100 Veranstaltungen mit.

1. Juli 1989

Im Sportforum „Ernst Thälmann" findet das zweitägige Leichtathletiksportfest um den „Erzgebirgskristall" statt. Für den Sportclub Karl-Marx-Stadt gibt es zwei Siege: Ralf Haber im Hammerwerfen und Sven Buder im Kugelstoßen.

5. Juli 1989

Christoph Heins „Schlötel oder Was soll's" erlebt in einer Inszenierung der Dramatischen Brigade – Absolventen der Theaterhochschule „Hans Otto" – in der Kleinen Spielstätte Elisenstraße seine Premiere. Im Mittelpunkt steht der Konflikt zwischen Aufbruch, Weitertragen und Wirken revolutionärer Ideen und Überzeugungen gegen Bequemlichkeit und Anpassung.

11. Juli 1989

Als Reaktion auf die Wahleingabe findet im Rathaus ein Gespräch zwischen Ursula Ströher vom Rat der Stadt, Superintendent Christoph Magirius und Studentenpfarrer Hans-Jochen Vogel statt. Der Meinungsaustausch kann jedoch den Zweifel an der Korrektheit der veröffentlichten Wahlergebnisse nicht beseitigen. Eine schriftliche Antwort auf die Wahleingabe erfolgt nicht.

13. Juli 1989

Auf dem Platz neben der Karl-Marx-Stadt-Information wird die neue Freiluftgaststätte „Sonnengarten" eröffnet.

18. August 1989

Für den Sportclub Karl-Marx-Stadt erkämpft Heike Friedrich einen Europameister-Titel mit der 4x100-Meter-Freistilstaffel der DDR und einen Silberplatz über 400 Meter Freistil bei den Schwimm-Europameisterschaften in Bonn. Bei den Radsport-Weltmeisterschaften in Lyon erringt Michael Hübner im Sprint der Männer den Vizeweltmeistertitel.

Die Puhdys geben im Küchwald den Auftakt für die „Rock-Poeten-Tour der FDJ".

31. August 1989

In einer Dienstbesprechung beim Minister für Staatssicherheit berichtet der Leiter der MfS-Bezirksverwaltung Karl-Marx-Stadt, Siegfried Gehlert, u. a. über feindliche Aktivitäten im Bezirk und Demonstrationen von Ausreisewilligen in den Kirchen. Er informiert, dass es allein unter dem medizinischen Personal der Stadt 200 Antragsteller gäbe und die Unzufriedenheit der im Gesundheitswesen Beschäftigten sehr hoch sei. Das beträfe sowohl die Arbeitsbedingungen als auch den baulichen Zustand der Einrichtungen. Gehlert kritisiert, dass die Mitarbeiter in der Abteilung Inneres pro Antragsteller durchschnittlich nur 15 Minuten Zeit für ein Gespräch und die erforderliche Beeinflussung hätten. Auf 50 Antragsteller käme nur ein politischer Mitarbeiter, und es wäre kaum jemand bereit, in dieser Abteilung zu arbeiten. Alle Ausreisewilligen, deren Anträge abgelehnt wurden, hätten dies nicht akzeptiert und spektakuläre Handlungen angedroht.

5. September 1989

1.740 Direktstudenten werden an der Technischen Universität feierlich immatrikuliert. Sie gehören von nun an zu den 8.400 Studenten, die an der zweitgrößten technischen Bildungseinrichtung der DDR in 32 Fachrichtungen ausgebildet werden. Unter den Studierenden sind 340 ausländische Kommilitonen aus 33 Ländern.

7. September 1989

Ein Gemeindehaus der Kirche Jesu Christi der Heiligen der Letzten Tage (Mormonen) wird an der Stelzendorfer Straße feierlich übergeben.

10. September 1989

Über 40.000 Bürger vereinen sich im Park der Opfer des Faschismus zu einer Großkundgebung aus Anlass des Gedenktages für die Opfer des faschistischen Terrors und Kampftages gegen Faschismus und Krieg.

13. September 1989

Im Veranstaltungszentrum „Forum" konstituiert sich der Stadtverband Karl-Marx-Stadt des Verbandes der Freidenker der DDR. Prof. Dr. Peter Schuttpelz, Wissenschaftsbereichsleiter Ethik der TU, wird zum Vorsitzenden gewählt.

14. September 1989

Die Stadthalle feiert bis 17. September mit „Gala 89" ihr 15-jähriges Bestehen. Insgesamt rund zehn Millionen Gäste erlebten bislang Veranstaltungen der verschiedensten Genres.

Die Handwerkskammer des Bezirkes und der Computerclub Karl-Marx-Stadt des Kulturbundes der DDR veranstalten in der Sporthalle am Schlossteich die erste Computeranwendermesse. Vorgestellt werden Computer der Typen KC 85/1, KC 85/3, Commodore, Atari und Schneider.

Zum ersten Mal nach 22 Jahren erleben die Fußballfans wieder ein Europapokalspiel. In der 1. Runde des UEFA-Cups trifft der gastgebende FC Karl-Marx-Stadt auf die portugiesische Mannschaft Boavista FC aus Porto und erringt einen knappen, aber verdienten 1:0-Sieg.

18. September 1989

Die 8. Karl-Marx-Städter Dokumentarfilmwoche wird mit „DEFA-Wurzeln" von Günter Jordan, „Den Wind auf der Haut spüren" von Gitta Nickel und dem Film „Geschichte eines Bildes" eröffnet. 90 Veranstaltungen stehen auf dem fünftägigen Programm.

Die erste Kinderbibliothek mit drei Leseräumen und einem Spielzimmer öffnet auf der Sonnenstraße.

19. September 1989

In der Johanniskirche treffen sich rund 70 Personen zu einer Fürbittandacht für rund 100 Teilnehmer eines Gottesdienstes in Leipzig, die am 11. September vorübergehend festgenommen wurden. Darüber hinaus wird über neu gegründete politische Vereinigungen informiert und der Gründungsaufruf des Neuen Forums „Aufbruch '89" verlesen. Als Kontaktadresse für den Bezirk Karl-Marx-Stadt wird die Anschrift des Mitbegründers Dr. Martin Böttger bekannt gegeben.

21. September 1989

„artgenossen" ist der Titel einer Ausstellung junger Künstler des Bezirkes, die im Museum am Theaterplatz eröffnet wird. In ihr stellen 61 Mitglieder des Bezirksverbandes Bildender Künstler rund 150 Werke vor.

25. September 1989

Eine Vereinbarung zwischen der Technischen Universität Karl-Marx-Stadt und der Universität Stuttgart über die Entwicklung der Zusammenarbeit im Bereich Forschung und Lehre sowie der wissenschaftlichen Aus- und Weiterbildung wird in der baden-württembergischen Hauptstadt von den Rektoren beider Hochschulen unterzeichnet.

27. September 1989

Der FC Karl-Marx-Stadt zieht im Estadio do Bessa von Porto mit einem 2:2 im Rückspiel gegen den Boavista FC in die nächste Europacup-Runde ein.

29. September 1989

Der Stammbetrieb des Werkzeugmaschinenkombinates „Fritz Heckert" erhält ein Ehrenbanner des ZK der SED, des Staatsrates, des Ministerrates und des Bundesvorstandes des FDGB.

30. September 1989

Die 3. Internationalen Festtage der Musik und des Theaters werden unter dem Motto „Begegnungen" eröffnet. Bis zum 15. Oktober 1989 stellen sich Solisten und Ensembles u. a. des Schauspiels, Musiktheaters und Puppenspiels aus mehr als 15 Ländern dem Publikum vor.

3. Oktober 1989

Die geplante Informationsveranstaltung mit Dr. Martin Böttger wird aufgrund des großen Interesses unter der Bevölkerung vom Gemeindesaal der Innenstadtgemeinde in die Johanniskirche verlegt. Dr. Böttger gibt hier das Ergebnis eines Gespräches beim Rat des Bezirkes bekannt: Das Neue Forum wird als Vereinigung im Bezirk Karl-Marx-Stadt nicht zugelassen. Für die Stadt stellen sich Ingo Andratschke, Ilona Langer und Karin Barthold als Kontaktadressen für das Neue Forum zur Verfügung. Die Bürgerbewegung erfährt großen Zuspruch aus allen Teilen der Bevölkerung. In der sich anschließenden Diskussion meldet sich auch der Schauspieler und Regisseur Hasko Weber zu Wort. Er informiert, dass zum traditionellen Tag der offenen Tür am 7. Oktober im Luxor-Palast das Schauspielensemble eine Lesung veranstaltet, in der alle verfügbaren Texte neuer Organisationen sowie Resolutionen vorgetragen werden sollen.

Ein Vertrag über die Aufnahme von Partnerschaftsbeziehungen zur griechischen Stadt Larisa wird von beiden Stadtoberhäuptern paraphiert. Diese Städtepartnerschaft kommt jedoch nicht mehr zustande.

Das „Café am Luxor" empfängt die ersten Gäste und im Naherholungszentrum Oberrabenstein geht eine eigenständige Trinkwasserversorgung für den Bereich des Stausees in Betrieb.

Polizeieinsatz am 4. Oktober 1989 am Karl-Marx-Städter Hauptbahnhof

Schweigemarsch am 7. Oktober 1989 an der Ecke Helmut-Just-Straße/Wilhelm-Pieck-Straße

4. Oktober 1989

Sonderzüge mit Tausenden „Botschaftsbesetzern" aus Prag in Richtung Westen durchqueren in den Nächten des 4. und 5. Oktober auch Karl-Marx-Stadt. In den Medien wird dieses Vorgehen als ein „humanitärer Akt" bezeichnet, um die „nicht von der Regierung der DDR herbeigeführte Situation in den Botschaften der BRD in Prag und Warschau zu beenden". Den Hauptbahnhof riegeln Polizeieinheiten ab und drängen die Menschen mit Hunden und Schlagstöcken aus dem Bahnhofsgelände.

6. Oktober 1989

Im Gemeindesaal der Innenstadtgemeinde in der Wilhelm-Pieck-Straße treffen sich Vertreter des Neuen Forums und kirchlicher Gruppen und beraten über die Veranstaltung am nächsten Tag im Luxor-Palast.

Am Nachmittag verbietet die SED-Bezirksleitung die geplante Lesung von Texten neuer Organisationen und von Resolutionen.

Mit dem Setzen der ersten Platte wird der Grundstein für ein neues Bauvorhaben an der Leipziger Straße gelegt. 1.620 Neubauwohnungen sollen hier entstehen.

Ein neuer Fußgängertunnel verbindet die Baugebiete I und II im Fritz-Heckert-Wohngebiet. Der Tunnel unterquert die Stollberger Straße nahe dem ehemaligen Flughafen auf einer Gesamtlänge von 176 Metern. Für Rollstuhlfahrer und Personen mit Kinderwagen entstand eine Auf- und Abfahrt.

Für einen botanischen Garten wird der Grundstein gelegt. Er entsteht auf einer 8,3 Hektar großen Fläche des Crimmitschauer Waldes und grenzt an die Station Junger Naturforscher.

Eine neue Selbstbedienungstankstelle wird an der Ecke Wladimir-Sagorski-Straße/Stollberger Straße (F 169) übergeben.

7. Oktober 1989

40. Jahrestag der DDR. Im Rathaus empfängt Oberbürgermeister Dr. Langer Delegationen aus Partnerstädten. Zur gleichen Zeit versammeln sich vor dem Luxor-Palast immer mehr Menschen und der Zuschauerraum ist bereits dicht gefüllt. Kampfgruppen und Sicherheitskräfte in Zivil haben seit den Morgenstunden das Gebäude umstellt. Während drinnen das Programm zum Tag der offenen Tür mit Operettenmelodien und öffentlichem Balletttraining beginnt, versucht Generalintendant Gerhard Meyer

Einsatzkräfte der Bereitschaftspolizei am 7. Oktober 1989 an der Zentralhaltestelle

vergeblich, die vor dem Luxor-Palast wartenden Menschen zu beruhigen. Durch eine plötzlich offene Tür strömen diese ins Haus, es entstehen Gedränge und Durcheinander, sodass das Programm abgebrochen wird. Alle warten auf das Schauspielensemble. Generalintendant Meyer erklärt die Veranstaltung für beendet, da wegen Überfüllung des Saales und der damit nicht gewährten Sicherheit das Ensemble nicht auftreten könne. Es folgen Proteste und Zwischenrufe, aber keiner geht. Hasko Weber informiert die Anwesenden, dass der Auftritt des Schauspiels verboten wurde. Ein Transparent mit der Aufschrift „Reisefreiheit statt Massenflucht" wird im Rang enthüllt und der Kinderarzt

Dr. Günter Bartsch bittet daraufhin, Ruhe und Besonnenheit zu bewahren. Er teilt mit, dass die angekündigte Lesung am 13. Oktober in der Johanniskirche stattfinden wird.

Schauspieldirektor Hartwig Albiro und Hasko Weber bitten die Zuschauer, in Ruhe das Haus zu verlassen. Diese versammeln sich gemeinsam mit Schauspielern auf dem Vorplatz und beginnen – ohne Aufruf und ohne vorherige Verständigung – spontan einen Schweigemarsch. Rund 700 Menschen bewegen sich so in Richtung Zentralhaltestelle, gefolgt von den in Kette laufenden Kampfgruppen. Über dem Demonstrationszug kreist ein Polizeihubschrauber, die Zentralhaltestelle ist

Vorrückende Bereitschaftspolizei am 7. Oktober 1989 an der Ecke Ernst-Thälmann-Straße/Annenstraße

bereits von Einheiten der Bereitschaftspolizei abgeriegelt. Sie fordert auf, den Platz zu räumen und setzt dazu später auch mit einem Wasserwerfer, Schiebeschildfahrzeugen und Schlagstöcken Gewalt gegenüber den gewaltlosen Demonstranten ein. Zahlreiche von ihnen werden verhaftet, z. B. in die Untersuchungshaftanstalt auf dem Kaßberg gebracht und – teilweise auch unter menschenunwürdigen Bedingungen – tagelang festgehalten.

Am Abend verliest Hartwig Albiro nach dem Gastspiel des Dresdner Staatsschauspiels mit „Nina, Nina, tam Kartina" die Protestresolution der Städtischen Theater, der sich die Kollegen aus Dresden anschließen. Das Publikum erhebt sich von den Plätzen und spendet minutenlangen Applaus. Auch in der kleinen Spielstätte Elisenstraße trägt Hasko Weber nach der Aufführung von „Schlötel oder was soll's" die Resolution vor.

8. Oktober 1989

An einem Fürbitt-Gottesdienst der Jungen Gemeinde mit Pfarrer Mathias Wild von St.-Pauli-Kreuz nehmen rund 300 Menschen teil. Es geht ihnen um den friedlichen Umgang miteinander, die Zulassung des Neuen Forums, um eine offene und

Einsatz von Schiebeschildfahrzeugen am 7. Oktober 1989 an der Ecke Ernst-Thälmann-Straße/Annenstraße

ehrliche Diskussion über den Zustand des Landes sowie um das Problem der ständig wachsenden Zahl Ausreisender.

Am Nachmittag erhält Schauspieldirektor Albiro während eines Gesprächs im Rathaus die Weisung, dass weder er noch irgendein anderer Mitarbeiter der Städtischen Theater in Zukunft Resolutionen, die den Verantwortlichen unbekannt sind, verlesen darf. Und so übernehmen dies die Schauspielkollegen aus Dresden am Abend nach Abschluss ihrer Vorstellung. Mit dieser solidarischen Haltung liefern sie den Beweis für die führende Rolle von Dresden und Karl-Marx-Stadt in der kritischen Theaterszene der DDR.

9. Oktober 1989

Eine Modeboutique und ein Geschäft für erzgebirgische Volkskunst öffnen in der Karl-Marx-Allee.

10. Oktober 1989

In einer Resolution, die 36 Unterschriften trägt, äußern Mitglieder des Verbandes Bildender Künstler der DDR im Bezirk Karl-Marx-Stadt ihre Betroffenheit und Besorgnis über die gesellschaftliche Situation im Lande. Sie fordern u. a. die Öffnung der Massenmedien für alle Äußerungen zur demokratischen Umgestaltung der sozialistischen Gesellschaft.

Ab diesem Tag bis Anfang November verlesen die Schauspieler des Theaters nach jeder Vorstellung die Protestresolution der Städtischen Theater, die von 300 Mitarbeitern unterschrieben wurde, und bitten die Zuschauer zum Gespräch.

11. Oktober 1989

„Wollt ihr etwa auch weggehen?" – zu dieser Veranstaltung laden Superintendent Magirius und Pfarrer Schminke in die Johanniskirche ein. Auf Tischen liegen Tapetenrollen aus, auf denen jeder Anwesende Gedanken, Gefühle, Hoffnungen und Wünsche zu Papier bringen kann. Es entsteht ein einmaliges Zeugnis der Gefühls- und Gedankenwelt vieler Karl-Marx-Städter, das heute im Stadtarchiv aufbewahrt wird.

Dr. Langer empfängt ca. 80 Vertreter des Theaters, die von ihm eine Stellungnahme zu den Ereignissen am 7. Oktober im Luxor-Palast und im Stadtzentrum erwarten. Er äußert seine Betroffenheit über das Geschehene und nimmt ein Papier mit Forderungen entgegen, wie z. B. die Richtigstellung der Ereignisse und deren öffentliche Darstellung in der Presse sowie die Legalisierung des Verlesens der Resolution der Theaterschaffenden nach jeder Vorstellung.

12. Oktober 1989

Siegfried Lorenz, 1. Sekretär der SED-Bezirksleitung, erhält einen Brief freischaffender Künstler und Mitglieder des Neuen Forums mit der Forderung nach dessen Zulassung gemäß der Verfassung der DDR. Als Reaktion kommt es zu einem Treffen mit dem Sekretär für Kultur in der SED-Bezirksleitung, Joachim Schlund. Die Forderung nach „gesellschaftlichen Bauten für ein gesellschaftliches Ereignis" steht dabei im Mittelpunkt. Erste öffentliche Räume für Mitgliedergespräche des Neuen Forums stehen kurz darauf zur Verfügung, wie beispielsweise das Veranstaltungszentrum „Forum".

Am Abend treffen sich etwa 200 Menschen in der Johanniskirche. Sie diskutieren darüber, ob das Gesprächsangebot des Oberbürgermeisters für den nächsten Tag angenommen werden soll. Nach Zustimmung der Mehrheit kommt es zu folgender Kompromisslösung: Die erste Forderung beim Treffen muss die

Information des Mitarbeiters für Kirchenfragen beim Rat der Stadt über ein Gespräch vom 12. Oktober 1989 mit dem Superindendenten Christoph Magirius

Freilassung aller am 7. Oktober Inhaftierten sein. Im Anschluss findet die Wahl von 25 Bürger-Vertretern für das Gespräch beim Oberbürgermeister statt.

13. Oktober 1989

Anlässlich des 100. Geburtstages von Max Hoelz wird auf dem Sonnenberg die bisherige Jakobstraße in Max-Hoelz-Straße umbenannt. Am 20. Dezember 1990 erfolgt die Rückbenennung in Jakobstraße.

```
1. Rathausgespräch, 13. 10. 89
Teilnehmer von Seiten des Rates
Oberbürgermeister
Bernd Hofmann - Leiter der Plankommission
Frau Litzmann - Leiterin der Pressestelle
Herr Lange - Stadtrat für Inneres
Herr Uschpilkat- Stadtrat für Kultur
Manfred Bialas - Referent für Kirchenfragen
OB verweist auf den Dialog im ganzen Land und stellt aus seiner
Sicht 5 Punkte zur Diskussion
1. Diesen Staat haben wir geschaffen, Erreichtes darf nicht ne-
   giert werden, aber das "gemeinsame Haus" ist nicht vollkommen
2. Gewalttaten dürfen nicht zerstören, was die Bürger aufgebaut
   haben
3. Änderungsnotwendigkeiten können nur im Dialog erkannt werden
   und umgesetzt werden; das Klima des Dialogs erfordert Mitarbeit
4. Arbeit der lokalen Volksvertretung wird vielgestaltige Formen
   annehmen, auch mit Medien zusammenarbeiten
5. Was packen wir jetzt an? Das Notwendigste hat Priorität, was
   nicht geht, muß verständlich gesagt werden
Anliegen der Bürger-Vertreter
1. Freilassung aller am 7. 10. Inhaftierten wurde gefordert
   Frau Blechschmidt aus Zwickau verweist auf die Motive der zu-
   meist friedlichen Demonstranten und darauf, daß ebenfalls un-
   beteiligte Passanten verhaftet wurden
   Stefan Ludwig, der zu dieser Personengruppe gehörte, berichtet
   über den Zeitraum seiner Zuführung bis zur Entlassung
   OB teilt mit, daß nach seiner Kenntnis seit heute früh alle In-
   haftierten frei seien
2. Berichterstattung zu diesen Vorgängen in der Presse
   Zustandsbeschreibung der Presse der DDR im allgemeinen
   (durch mich) und Kritik über die Berichterstattung zum 7. 10.
   durch Johannes Gerlach
3. Legalität von Vereinigungen
   Dr. Böttger (Cainsdorf bei Zwickau), Petra Blechschmidt und
   Karin Barthold machen die Notwendigkeit deutlich, daß den Bür-
   gern die Möglichkeit gegeben werden muß über ihre Probleme zu
   diskutieren und sich zu organisieren
```

Protokoll eines Rathausgespräches vom 13. Oktober 1989

Um 17 Uhr kommt es im Rathaus zur ersten Begegnung zwischen dem Oberbürgermeister, weiteren Vertretern des Rates der Stadt und den 25 am Tag zuvor gewählten Bürgervertretern. Dr. Langer stellt fünf Punkte zur Diskussion (u. a. Gewalttaten dürfen nicht zerstören, was die Bürger aufgebaut haben; Notwendige Veränderungen können nur im Dialog erkannt werden; Die Arbeit der Volksvertreter wird vielgestaltige Formen annehmen, wozu auch die Zusammenarbeit mit den Medien gehört), die Bürger-Vertreter legen konkrete Forderungen auf den Tisch (Freilassung aller am 7. Oktober Inhaftierten; Richtigstellung

der Vorgänge in der Presse; Legalisierung von Vereinigungen). Beide Seiten vereinbaren eine nächste Zusammenkunft für Ende Oktober, bei der die Bürgervertreter Vorschläge zu Sachfragen unterbreiten werden.

Eine Podiumsdiskussion findet am Abend in der Johanniskirche unter dem Motto „Auferstanden aus Ruinen – und wie weiter?" statt. Mehr als 2.000 Bürger haben sich in der Kirche und auf dem Vorplatz versammelt. Es geht um viele aktuelle Themen zur Weiterentwicklung in der DDR, um Fragen der Ökologie, umfassendere Möglichkeiten im Reiseverkehr u. v. a. Die Veranstalter informieren über das Gespräch im Rathaus. Eine noch größere Anzahl von Bürgern aus Karl-Marx-Stadt und Umgebung versammelt sich in der Lutherkirche, wo Dr. Bartsch, Ingo Andratschke und Andreas Bochmann Forderungen und Ziele des Neuen Forums vorstellen. Diese Veranstaltung wird auch auf dem Kirchenvorplatz übertragen und löst eine solche Resonanz aus, dass sich eine zweite Veranstaltung anschließt.

Am gleichen Tag formiert sich ein Sprecherrat des Neuen Forums für den Bezirk Karl-Marx-Stadt. Dessen Vertreter sind Dr. Günter Bartsch, Ingo Andratschke, Dr. Martin Böttger, Andreas Bochmann. Eugen Reitenbach und Hans Bahr, die ebenfalls dem Sprecherrat angehören, werden später als Inoffizielle Mitarbeiter (IM) des Ministeriums für Staatssicherheit (MfS) enttarnt.

16. Oktober 1989

An diesem Tag wird in der evangelisch-lutherischen Superintendentur in der Wilhelm-Pieck-Straße 25 das Kontaktbüro der Bürgerinitiativen eröffnet. Viele Menschen bieten ihre Hilfe an, bringen Büromaterial, übernehmen das Vervielfältigen der Dokumente, betätigen sich als Postboten oder spenden Geld. Die wichtigsten Impulse gehen von nun an von den sich konstituierenden neuen politischen Organisationen und von Vertretern der Opposition bei den Rathausgesprächen aus.

17. Oktober 1989

Am Nachmittag konstituiert sich in den Räumen der Evangelischen Studentengemeinde am Josephinenplatz die örtliche Initiativgruppe der Sozialdemokratischen Partei in der DDR

(SDP) und beschließt, Kontakte zur zentralen Initiativgruppe in Berlin aufzunehmen. In einem entsprechenden Brief wurden als Kontaktadressen die Anschriften von Volkmar Wohlgemuth und Mathias Wagner angegeben, als weitere Mitglieder Heinz Arnold, Silly Grumm, Dieter Häcker, René Kischkies, Kerstin Pannier, Roland Richter und Andrea Wagner genannt.

20. Oktober 1989

Brennende Kerzen vor dem Karl-Marx-Monument sind am Abend das Zeichen der ersten Demonstration nach dem 7. Oktober. Etwa 8.000 Menschen fordern auf ihrem Weg durch das Stadtzentrum die Zulassung des Neuen Forums, freie Wahlen und Pressefreiheit. Anschließend stellen sie die Kerzen vor die Eingangstür der SED-Bezirksleitung. Auch in Karl-Marx-Stadt beginnen damit – wie zuvor in Leipzig und Dresden – wöchentliche Demonstrationen, die kurze Zeit später einheitlich auf den Montag verlegt werden und bis Anfang März 1990 aus dem Leben der Stadt nicht mehr wegzudenken sind.

23. Oktober 1989

In der Johanniskirche wird von etwa 300 Interessierten der Themenkatalog für Sachgespräche bestätigt, den die Bürgervertreter am 27. Oktober bei ihrem nächsten Gespräch dem Oberbürgermeister vorlegen werden.

Mitarbeiter des Städtischen Theaters und des Puppentheaters erstellen einen Katalog mit der Forderung, dass die gesellschaftliche, politische und ökonomische Entwicklung der letzten 40 Jahre öffentlich und ohne Tabus analysiert wird.

Die „Freie Presse" veröffentlicht diesen Katalog am 8. November.

24. Oktober 1989

Die Sprecher des Neuen Forums im Bezirk Karl-Marx-Stadt äußern sich in einer Erklärung tief enttäuscht zu der an diesem Tag durch die Volkskammer vollzogenen Wahl von Egon Krenz zum Vorsitzenden des Staatsrates und des Nationalen Verteidigungsrates. Die Konzentration der Macht weiterhin in einer

Hand sei mit der eingeleiteten Wende nicht vereinbar. Zudem fragen sie die Blockparteien, ob es keinen würdigen Gegenkandidaten für diese Ämter gegeben habe. Sie fordern eine Wahl nach demokratischen Prinzipien.

Im Saal der Johanniskirche treffen sich erstmals jene Bürger, die durch ihre Unterschrift Interesse an einer Mitarbeit in der Arbeitsgruppe Wahlrecht bekundet haben. Entsprechende Listen lagen im Kontaktbüro der Bürgerinitiativen aus.

Das Bezirksinstitut für Blutspende- und Transfusionswesen wird 30 Jahre alt. Es war das erste seiner Art in der DDR. Die Zahl der jährlichen Blutspenden erhöhte sich von rund 8.000 im Jahre 1959 auf über 60.000 im vergangenen Jahr.

25. Oktober 1989

Zur 2. Tagung der Stadtverordnetenversammlung treffen sich die Abgeordneten im Kleinen Saal der Stadthalle. Oberbürgermeister Dr. Langer fordert von jedem, in engstem Kontakt und ständigem Dialog mit den Bürgern zu stehen, um mögliche Veränderungen und Verbesserungen sofort und auf Dauer durchzusetzen. In der Diskussion wird u. a. darüber informiert, dass durch die Ausreise von rund 1.500 Berufstätigen spürbare qualitative und quantitative Lücken entstanden seien. Die Stadtverordneten fassen folgenden Beschluss:

In allen 51 Wahlkreisen finden Beratungen mit dem Schwerpunkt Kommunalpolitik und Stand der Eigenarbeit statt.

Im IV. Quartal führt der Rat der Stadt „Rathausgespräche zu kommunalpolitischen Schwerpunkten", Podiumsgespräche und öffentliche Ratssitzungen durch.

Objektkonkret werden Übergabetermine für Bauvorhaben in der Stadt bis zum Jahresende 1989 genannt.

41 Bürger gründen an diesem Abend im Jakobi-Saal der Innenstadtgemeinde die Arbeitsgruppe Ökonomie. Sie versteht sich als Organisationsform interessierter Bürger der Stadt, die, unabhängig von der Parteizugehörigkeit, an der Initiierung und Gestaltung der Wirtschaftsreform teilnehmen wollen. Noch im Oktober stellen sie ihren eigenen Themenkatalog der Öffentlichkeit vor.

26. Oktober 1989

Der Vorsitzende des Rates des Bezirkes, Lothar Fichtner, lädt zu einem Gespräch mit 20 Vertretern der Opposition aus dem gesamten Bezirk ein. Sie werden aufgefordert, ihren Einfluss zur Verhinderung von Gewalttätigkeiten bei Demonstrationen geltend zu machen. Die Vertreter empfinden dies als Drohung, da sie für eine eventuelle Eskalation verantwortlich gemacht werden könnten.

Das Kabarett „Lachkartenstanzer" fordert in einer Erklärung eine Analyse und Offenlegung der Ursachen, die zur Krisensituation im Lande geführt haben. Die Künstler treten für die Bildung einer unabhängigen Kommission zur Untersuchung der Ereignisse um den 40. Jahrestag der DDR ein.

Im Rathaus der Partnerstadt Düsseldorf wird eine Ausstellung über Karl-Marx-Stadt eröffnet. 90 Fototafeln, Stadtmodelle sowie Erzeugnisse aus Betrieben und Sachzeugnisse aus der Geschichte veranschaulichen das Werden und Wachsen der Stadt als Zentrum der Industrie.

Mit der Aufführung des Streifens „Witwen" von Sergej Mikaeljan werden im Filmtheater Metropol das XVIII. Festival des sowjetischen Films und die Tage des Sowjetischen Buches für den Bezirk eröffnet.

27. Oktober 1989

Einen Themenkatalog für Sachgespräche zwischen Bürgern und Entscheidungsträgern unterbreitet die Bürgergruppe dem Oberbürgermeister während des 2. Rathausgespräches. Er umfasst folgende 14 Problemkreise: Zulassung von Vereinigungen, Wahlgesetzgebung, Medien, Rechts- und Staatswesen, Landesverteidigung, Ökonomie, Ökologie, Erziehung und Bildung, Kultur, Gesundheits- und Sozialwesen, Ausländer und Minderheiten, Reiseregelungen, Frauen in der DDR, Regionale Entwicklung.

Während des Gesprächs bewegt sich ein Demonstrationszug mit über 10.000 Bürgern durch das Stadtzentrum. Über die Ergebnisse der Beratung informieren die Teilnehmer im Anschluss in der Johanniskirche, der St.-Michaelis-Kirche und der St.-Pauli-Kreuz-Kirche.

Das „Sächsische Tageblatt" berichtet am 31. Oktober über die Diskussion in der Johanniskirche.

Am Abend spricht der Bischof der Evangelischen Kirche Brandenburg, Gottfried Forck, in der Lutherkirche über „Das politische Mandat der Kirche". In und vor der Kirche verfolgen 3.000 bis 4.000 Menschen die Worte des namhaften Geistlichen.

Etwa 200 an ökologischen Problemen interessierte Bürger der Stadt kommen an diesem Abend in der Johanniskirche zur Gründung der Arbeitsgruppe Ökologie zusammen. Sie beschließen, in elf verschiedenen Untergruppen, darunter Stadt-Ökologie, Wald und Boden sowie Naturschutz, ihre Arbeit fortzusetzen. In den folgenden Wochen gehören 120 Frauen und Männer zu den aktiven Mitstreitern.

28. Oktober 1989

Im Klubraum der Kreuzkirche findet eine Beratung zwischen Mitarbeitern des Kontaktbüros der Bürgerinitiativen und Vertretern des Neuen Forums statt, bei der die Idee geboren wird, beim Podiumsgespräch am nächsten Tag im Veranstaltungszentrum „Forum" zu einer Montagsdemonstration für den 30. Oktober aufzurufen. Sie einigen sich, künftig jeden Montag Demonstrationen zu veranstalten, die jeweils unter Losungen gestellt und mit Kundgebungen abgeschlossen werden.

29. Oktober 1989

Zum ersten Sonntagsgespräch im „Forum" sitzen erstmals Vertreter der Opposition gemeinsam mit Funktionären von Staat und Partei öffentlich an einem Tisch. Das Neue Forum ist noch nicht als Vereinigung offiziell anerkannt. Lebhaft diskutieren die rund 800 Teilnehmer (über Lautsprecher verfolgen Hunderte Menschen auf der Straße den Verlauf) vor allem aktuelle Fragen der Innenpolitik und über freie und geheime Wahlen. Dr. Martin Böttger ruft im Namen des Neuen Forums zur Demonstration am kommenden Montag vor dem Karl-Marx-Monument auf.

Im Schauspielhaus wird zur gleichen Zeit unter dem Motto „Hier leben" jene Lesung nachgeholt, die am 7. Oktober im Luxor-Palast geplant war. Schauspieler äußern ihre Gedanken und

Vorstellung über die Entwicklung der sozialistischen Gesellschaft im Lande und machen das Publikum mit Inhalt und Zielen des Neuen Forums vertraut. Die Resonanz ist jedoch, verglichen mit der vom 7. Oktober, weitaus geringer.

30. Oktober 1989

Der Bezirkstag schätzt auf seiner 15. Tagung die Lage als kompliziert ein. Seit Januar hätten 20.660 Menschen den Bezirk verlassen, darunter ca. 15.000 Berufstätige. In weiteren Informationen zu den Ereignissen am 7. Oktober ist erstmals die Rede von Verletzten.

Die erste organisierte und polizeilich angemeldete Montagsdemonstration bestimmt an diesem Abend mit rund 20.000 Teilnehmern das Bild der Stadt. Auf der anschließenden Kundgebung vor dem Rathaus gehen Dankesworte an den Oberbürgermeister für die Bereitstellung von Lautsprechern sowie an die Volkspolizei für die Regelung des Verkehrs während der Demonstration. Dr. Langer informiert über ein Gespräch mit Siegfried Lorenz, den er um die Anerkennung des Neuen Forums in Berlin gebeten habe. In weiteren Diskussionsbeiträgen, u. a. von Pfarrer Hans-Jochen Vogel, geht es um die in der Verfassung verankerte führende Rolle der SED und die Erarbeitung eines neuen Wahl- und Reisegesetzes. Es wird die Notwendigkeit weiterer Demonstrationen unterstrichen, bis substantielle Erfolge erzielt sind.

31. Oktober 1989

Die örtliche Initiativgruppe der SDP ist als erste sozialdemokratische Gruppe im Bezirk anerkannt. Ihr Ziel ist es, den Aufbau der SDP im gesamten Bezirk zu organisieren bzw. zu koordinieren.

1. November 1989

Auf Vorschlag von Dr. Langer beschließt der Rat der Stadt folgende Maßnahmen: Täglich werden zehn Mitarbeiter des Rates im Handel eingesetzt; Fahrzeuge aus Betrieben und der Armee unterstützen Handelstransporte; Baustopp für das Mehrzweckgebäude der Gesellschaft für Sport und Technik an der Kreisigstraße in Rabenstein.

Im Neubau des Bezirkskrankenhauses „Friedrich Wolf" findet eine öffentliche Aussprache mit Ärzten, Schwestern und weiteren Mitarbeitern des Krankenhauses zu Problemen des Gesundheitswesens statt.

Mit einer überragenden spielerischen Leistung zieht der FCK in das Achtelfinale des Fußball-UEFA-Cups ein. Vor über 20.000 Zuschauern im Sportforum „Ernst Thälmann" landen die Schützlinge von Trainer Hans Meyer gegen den FC Sion einen unerwartet klaren 4:1-Erfolg.

2. November 1989

Es erfolgt die offizielle Abberufung von Dietmar Griesheimer, Chefredakteur der „Freien Presse", und seines Stellvertreters Hans Kolbeck durch das Sekretariat der SED-Bezirksleitung.

Auf der Lokalseite der „Freien Presse" werden weitere Themen für Gespräche mit Bürgern im Rathaus bekannt gegeben, so zu Fragen der Energiepolitik und Kohleversorgung sowie zum Generalverkehrsplan der Stadt. Weiterhin erfolgt ein Hinweis auf die „Karl-Marx-Städter Sonntagsgespräche" am 5. November.

3. November 1989

Zu einem dritten Gespräch mit 25 Bürgern trifft sich Dr. Langer, um über aktuelle Sachthemen zu beraten. Vorrangig besprochen werden die Arbeitsmöglichkeiten für die Bürgerinitiativen, für die auf Entscheidung des Oberbürgermeisters in der Matthesstraße 13 ein Kontaktbüro eingerichtet wurde. Der selbstständige Handwerker Manfred Pfeil überreicht einen Reformkatalog zur Erhaltung des Handwerks in der DDR mit der Bitte um eine Veröffentlichung, die am 8. November in der „Freien Presse" zu lesen ist. Die Bürgervertreter fordern des Weiteren die Einsetzung einer Untersuchungskommission zu den Vorfällen am 7. Oktober, über die eine den Tatsachen entsprechende Darstellung in der Presse wiederholt angemahnt wird. Vor dem Rathaus beginnt am Abend eine Demonstration, an der sich rund 20.000 Menschen beteiligen.

5. November 1989

Zum 2. Sonntagsgespräch stellen sich führende Funktionäre der Stadt und des Bezirkes den Fragen der Einwohner; in der Mensa der Technischen Universität zu Problemen der Demokratie und der Entwicklung des Bezirkes, in der Stadthalle zu Fragen der Pädagogik und im Klubhaus „Fritz Heckert" zu den Aufgaben der FDJ.

6. November 1989

Die Umweltdaten des Bezirkes, bisher staatlich verordnete Tabuzone, erscheinen nun täglich in der „Freien Presse". Noch fehlt die Angabe des zulässigen Grenzwertes, doch ist ein erster Schritt zu einer Sicht auf Umweltbelastung und Umweltschutz durch staatliche Stellen getan.

Mehr als 50.000 Menschen versammeln sich am Montagabend zu einem Demonstrationszug. Bei ihrem Marsch durch die Innenstadt fordern sie ehrliche und radikale Lösungen für die herangereiften Probleme, kritisieren zu lange Reden ohne Taten. Immer wieder kommt es zu Rufen nach dem Neuen Forum, nach freien Wahlen und nach dem Rücktritt der Regierung. Im Anschluss an die etwa einstündige Demonstration findet eine Kundgebung vor dem Karl-Marx-Monument statt.

7. November 1989

Als erste regionale Tageszeitung veröffentlicht „Die Union" Fotos vom Polizeieinsatz im Stadtzentrum am 7. Oktober.

Zu seiner ersten Sitzung tritt der Unabhängige Untersuchungsausschuss des Bezirkes zusammen, der die Vorgänge um den 7. Oktober untersuchen soll. Dem 19-köpfigen Gremium gehören Abgeordnete aller Parteien, Vertreter des Neuen Forums, der evangelisch-lutherischen Landeskirche Sachsens sowie weitere interessierte Bürger an.

Etwa 60 Lehrer, Eltern und Schüler gründen die Arbeitsgruppe Pädagogik. Sie wollen in den Arbeitskreisen Kinderkrippe/Kindergarten, POS/EOS, BBS Berufsausbildung, Bildungsrecht und Schüler versuchen, Bildungsziele im demokratischen Sozialismus zu formulieren und damit zur Erneuerung des Bildungswesens beizutragen.

Unter dem Titel „Beruhigt Euch nicht!" erscheint ein Aufruf des Bezirksvorstandes Karl-Marx-Stadt des Verbandes Bildender Künstler. Darin werden alle Kolleginnen und Kollegen aufgefordert, sich durch ihre künstlerische Arbeit „als mündige Partner, in die erstmals sich entwickelnde Kultur einer wahrhaftigen, politischen Auseinandersetzung" einzubringen. Ab Januar 1990 sollen alle Arbeiten im Foyer des Schauspielhauses der Öffentlichkeit gezeigt werden. Initiator der Aktion ist der Grafiker und Bildhauer Armin Forbrig.

Im Saal der Evangelischen Studentengemeinde am Josephinenplatz findet die erste größere Veranstaltung der SDP statt. Einige Tage später entstehen Wohngebietsgruppen, Kontakte zu anderen Gruppen im Bezirk werden aufgenommen.

In den Räumen der Michaelisgemeinde treffen sich Vertreter der Opposition bei den Rathausgesprächen, wobei Forderungen nach einem Runden Tisch auf Stadtebene diskutiert werden. Die Gruppe der 25 Bürgervertreter wird so besetzt, dass alle politischen Gruppierungen und thematischen Gruppen vertreten sind. 13 Personen werden neu aufgenommen.

8. November 1989

Das Neue Forum ist zugelassen. Die Anmeldung wird in Karl-Marx-Stadt durch den Stellvertreter des Vorsitzenden des Rates des Bezirkes für Inneres, Günter Flach, bestätigt. Ein entsprechender Antrag war im Anschluss an die Kundgebung vom 6. November an den Vorsitzenden des Rates, Lothar Fichtner, übergeben worden. Dr. Günter Bartsch dankt für die Bestätigung und verweist nochmals darauf, dass sich das Neue Forum auf dem Boden der Verfassung bewegen werde, jedoch entspreche deren Artikel 1 nicht mehr der Entwicklung im Lande, da er zur Grundlage von Ungerechtigkeiten wurde.

9. November 1989

Das Neue Forum, der Demokratische Block und Mitglieder des Demokratischen Aufbruchs (DA) wenden sich in Aufrufen an jene Menschen, die sich mit dem Gedanken der ständigen Ausreise bereits tragen oder schon in Richtung Westen unterwegs sind. „Bleibt hier!" oder „Geben Sie dem Vertrauen eine Chance" ist in der Presse zu lesen.

An diesem Tag vollzieht sich ein historisch bedeutsames Ereignis: Die Grenze zur Bundesrepublik Deutschland wird geöffnet. Es gelten neue Reiseregelungen, nach denen ab sofort jeder Bürger eine kurzfristige Genehmigung zur Ausreise bei den VP-Meldestellen erhält. Damit können alle DDR-Bürger, sooft sie es wünschen, auf direktem Wege in westliche Staaten reisen.

Nach massiven Forderungen aus den Reihen der Belegschaft reicht der Ärztliche Direktor des Bezirkskrankenhauses, OMR Dr. Grohmann, seinen Rücktritt ein.

10. November 1989

Aufgrund der neuen Reiseregelungen bilden sich kilometerlange Schlangen vor den Meldestellen der Volkspolizei. Es werden verlängerte Öffnungszeiten, zum Teil bis 22.00 Uhr, eingeführt.

Im Pfarrhaus der St.-Nikolai-/St.-Thomas-Gemeinde kommt es zu einem ersten Treffen von ca. 40 Frauen, die sich zuvor in entsprechende Listen im Kontaktbüro der Bürgerinitiativen eingetragen hatten. Sie erklären sich solidarisch mit allen Menschen, die an der demokratischen Erneuerung der Gesellschaft mitarbeiten und setzen sich für die uneingeschränkte Verwirklichung der Gleichberechtigung von Mann und Frau ein.

Zur vierten Freitagsdemonstration versammeln sich mehrere tausend Menschen in der Innenstadt. Sprechchöre und mitgeführte Transparente fordern „Schließt euch an" und „Lorenz weg". Vertreter des Neuen Forums danken den Demonstranten für die Unterstützung ihrer Zulassung.

11. November 1989

Der Bezirksvorstand des DA konstituiert sich unter dem Vorsitz von Jürgen Eschrich, der später als IM enttarnt wird.

In der „Freien Presse" ist das neue Aktionsprogramm der SED mit dem Titel „Schritte zur Erneuerung" nachzulesen.

An die Stelle der geplanten Reservisten- oder Zivilverteidigungsausbildung der Studenten des 2. Studienjahres der TU tritt erstmals in der DDR ein Einsatz im Gesundheitswesen oder in der Volkswirtschaft.

12. November 1989

Tausende Parteimitglieder, aber auch interessierte Bürger der Stadt folgen am Vormittag einem Aufruf von SED-Grundorganisationen zu einer Kundgebung vor dem Karl-Marx-Monument. Sie fordern die unumkehrbare Erneuerung der Partei, eine schonungslose Analyse der Ursachen für die tiefe Krise im Land sowie unnachsichtige Konsequenzen für jene, die dafür Verantwortung tragen. Zu den Teilnehmern spricht auch der neugewählte 1. Sekretär der SED-Bezirksleitung, Norbert Kertscher.

13. November 1989

Das Kontaktbüro der Bürgerinitiativen verlegt seinen Sitz aus der Superintendentur in der Wilhelm-Pieck-Straße in die Matthesstraße 13.

Etwa 50.000 Einwohner vereinen sich zur dritten Montagsdemonstration und anschließenden Kundgebung vor dem Karl-Marx-Monument.

15. November 1989

Auf DDR-Ebene wird der Revolutionäre Autonome Jugendverband (RAJV) der linken Jugend gegründet. Kontaktperson für Karl-Marx-Stadt ist Falk Röhner.

Auf einem Ball der Jugend und Sportler im Klubhaus der FDJ „Fritz Heckert" werden die populärsten Sportlerinnen, Sportler und Mannschaften des Bezirkes geehrt. Die Schwimmerin Heike Friedrich, der Skispringer Jens Weißflog sowie die Mannschaft des Fußballclubs Karl-Marx-Stadt erhalten die meisten der rund 63.500 Stimmen in der Umfrage „Sportasse 89".

16. November 1989

Ab diesem Tag treten die oppositionellen Gruppierungen der Stadt, darunter auch die aus den thematischen Arbeitsgruppen entstandenen Bürgerinitiativen, geschlossen unter dem Namen Demokratische Oppositionelle Plattform (DOP) auf.

Vermittelt durch den Oberbürgermeister kommt es im Saal der Städtischen Museen zu einer Begegnung zwischen Vertreterinnen des DFD und der neu entstandenen Bürgerinneninitiative der Frauen. Es werden Meinungen und Ansichten ausgetauscht, wobei sich beide Frauenvereinigungen offiziell voneinander abgrenzen.

Im Stadtverordnetensaal des Rathauses treffen sich Vertreter des Neuen Forums und weiterer Bürgerinitiativen in der Arbeitsgruppe „Regionale Entwicklung" unter Leitung von Dr. Langer. Sie beraten z. B. über die Rekonstruktion des Kaßberges, das Trink- und Abwassernetz in den Stadtrandgebieten und über Naherholungseinrichtungen.

In der Stadt beginnt der 1. DDR-Monica-Kongress, an dem auch Wissenschaftler aus Finnland und der BRD teilnehmen. Monica ist ein Forschungsprojekt, das sich mit Beobachtungen der Häufigkeit und ursächlichen Faktoren von Herz-Kreislauf-Krankheiten beschäftigt.

17. November 1989

Zu einem vierten Gespräch trifft sich Oberbürgermeister Dr. Eberhard Langer mit Vertretern der DOP. In der Beratung werden Fragen und Probleme erörtert, die sich aus dem Themenkatalog ergeben. Die Arbeitsgruppen Ökonomie, Ökologie, Gesundheits- und Sozialwesen, Kultur, Frauen, Regionale Entwicklung sowie Ausländer und Minderheiten nehmen ihre Tätigkeiten auf. Alle Teilnehmer unterstützen den Aufruf zur Gewaltlosigkeit bei Demonstrationen, der am nächsten Tag in der „Freien Presse" auf Seite 1 veröffentlicht wird.

18. November 1989

Die Forderungen des Neuen Forums nach Zugang zu den Medien zeigen ersten Erfolg: Unter der Überschrift „Forum des Neuen Forums" präsentiert die „Freie Presse" erstmals eine Seite, die von der Bürgerbewegung in eigener Verantwortung inhaltlich gestaltet wird.

Dieter Müller wird in einer Sondersitzung des Plenums der SED-Stadtleitung als 1. Sekretär abberufen und aus dem Plenum ausgeschlossen. Es wird die Einleitung eines Parteiverfahrens gegen ihn veranlasst. Ralph Wolter war einen Tag zuvor zum Nachfolger bestimmt worden.

In Gesprächsrunden diskutieren Stadtverordnete und Mitglieder des Rates des Bezirkes mit Bürgern zu Fragen der Wohnungspolitik, des Umweltschutzes und der Energiewirtschaft sowie der Entwicklung von Handwerk und Gewerbe.

19. November 1989

Auf Initiative des Theaters vereinen sich am Vormittag Kulturschaffende aus dem Bezirk mit der Bevölkerung zu einer Demonstration vom Luxor-Palast zum Karl-Marx-Monument. Unter dem Leitmotiv „Trotz alledem!" fordern sie u. a. das Recht auf freie Meinungsäußerung, auf friedliche Versammlung und Vereinigung. Schauspieldirektor Hartwig Albiro mahnt, keine weißen Flecken bei der Aufarbeitung des Stalinismus in der DDR zuzulassen, und der Vorsitzende des Schriftstellerverbandes im Bezirk, Dr. Klaus Walther, schlägt vor, die Schriftsteller Stefan Heym, Stephan Hermlin und Walter Janka zu Ehrenbürgern der Stadt zu ernennen.

20. November 1989

Ralph Wolter wird zum neuen Vorsitzenden der SED-Stadtleitung gewählt, der 2. Sekretär Gerhard Claus und der Vorsitzende der Parteikontrollkommission Heinz Erler treten von ihren Funktionen zurück.

Die Räume des Kontaktbüros der Bürgerinitiativen in der Matthesstraße können ab sofort unentgeltlich genutzt werden, was in einem Vertrag mit dem Eigentümer PGH Industriebau geregelt wird.

Am Abend versammeln sich rund 50.000 Bürger auf der Karl-Marx-Allee zu einer Kundgebung und anschließendem Demonstrationszug durch die Stadt.

21. November 1989

Zu einem ersten Gespräch kommen Dr. Norbert Kertscher, 1. Sekretär der SED-Bezirksleitung, und die Sprecher des Neuen Forums im Bezirk Karl-Marx-Stadt, Dr. Günter Bartsch, Eugen Reitenbach und Andreas Bochmann zusammen. Sachthemen, wie eine neue Verfassung, ein neues Wahlgesetz sowie neue gesellschaftliche Strukturen stehen im Mittelpunkt des Gespräches.

Die Robert-Schumann-Philharmonie gibt ein Gastspiel in Salzburg. An zwei Abenden dirigiert Dieter-Gerhardt Worm im Festspielhaus Schumanns „Szenen aus Goethes Faust".

Das Ballett der IG Wismut feiert sein 30. Jubiläum. Mit der Show „Varieté, Varieté" begeistert es die Zuschauer im Großen Saal der Stadthalle.

22. November 1989

Unter dem Vorsitz von Klaus Bartl, Leiter der Abteilung Staats- und Rechtsfragen der SED-Bezirksleitung, wird eine zeitweilige Arbeitsgruppe der Ständigen Kommission für Ordnung und Sicherheit des Bezirkstages gebildet. Sie befasst sich mit der Untersuchung von Fällen des Amtsmissbrauchs und der Korruption, die aus dem Bezirk gemeldet wurden. Sie vereinigt sich später mit dem bereits am 7. November gebildeten Unabhängigen Untersuchungsausschuss.

Die „Freie Presse" veröffentlicht einen Themenkatalog der Arbeitsgruppe Ökonomie der Bürgerinitiativen, der zuvor in mehreren Veranstaltungen mit rund 1.000 Bürgern der Stadt diskutiert und anerkannt wurde. Die Arbeitsgruppe Ökonomie umfasst 70 Mitglieder.

23. November 1989

In der Sitzung des Demokratischen Blocks kündigt der LDPD-Kreisvorstand die weitere Mitarbeit auf. Grund ist sein Antrag, einen „Runden Tisch der Stadt" einzuführen, an dem alle etablierten und sich neu konstituierenden Parteien sowie die Bürgerbewegungen teilnehmen sollen. Dies lehnt der Demokratische Block ab.

25. November 1989

Die Friseurmeisterin Kerstin Morgenstern und der Maler Frank Werner Heine gründen die Initiative FUER CHEMNITZ. Sie sammeln später bei den Montagsdemonstrationen Tausende Unterschriften für den alten Stadtnamen und verteilen insgesamt ca. 150.000 Flugblätter. Die Flut der eingehenden Post ist nur mit Gleichgesinnten zu bewältigen, zu denen der Türmer der Schlosskirche Stefan Weber, der Schriftsetzer Olaf Höfler, der Lehrer Günter Klaus, der Ingenieur Heiner Matthes und der Fernmeldemechaniker Claus Modaleck gehören. Bis Ende Januar 1990 kann die Gruppe auf rund 43.000 Unterschriften und schriftliche Meinungsäußerungen von Bürgern für den Stadtnamen Chemnitz verweisen.

27. November 1989

Die Bürgerinitiative Kultur verabschiedet einen „Katalog von Sofort- und mittelfristigen Maßnahmen auf kulturell-künstlerischem Gebiet in Karl-Marx-Stadt", in dem u. a. die öffentliche Ausschreibung von Leitungsfunktionen und Aufträgen sowie die Rettung der Villa Esche gefordert werden.

Am Abend versammeln sich rund 3.000 Menschen vor dem Karl-Marx-Monument, wo Vertreter verschiedener basisdemokratischer Gruppen zu ihnen sprechen. Sie missbilligen die Absage der Kundgebung durch das Neue Forum, was sich später als ein Alleingang einer Gruppe von Mitgliedern der Bürgerbewegung herausstellt.

28. November 1989

Die Adelsberger Bürgerinitiative verschafft sich Einlass in das Dienstobjekt des Amtes für Nationale Sicherheit (ANS) in der Kleinolbersdorfer Straße. Damit erhalten erstmals Bürger der Stadt auf ihre Forderung hin Einlass in ein Gelände der Staatssicherheit. Die Modrow-Regierung hatte Ende des Monats die Umbenennung des Ministeriums für Staatssicherheit veranlasst und damit dessen Umwandlung beabsichtigt.

30. November 1989

Die Abteilung Handel und Versorgung des Rates der Stadt befragt die Bürger nach ihrer Meinung zur Schließung der Kaufhallen an den Sonnabenden. Wegen neuer Reiseregelungen und schulfreier Sonnabende ab 5. März 1990 wird angenommen, dass die Kundenzahl noch weiter zurückgeht.

1. Dezember 1989

Medizinalrat Dr. Reiner Hellich wird zum neuen Ärztlichen Direktor des Bezirkskrankenhauses „Friedrich Wolf" berufen.

3. Dezember 1989

Dem Aufruf der Aktion Sühnezeichen zur Bildung einer Menschenkette durch das gesamte Land folgen an diesem 1. Advent auch Tausende Karl-Marx-Städter. Hand in Hand stehen sie in der Zeit von 12.00 Uhr bis 12.15 Uhr an den Fernverkehrsstraßen nach Plauen, Dresden, Leipzig und Annaberg-Buchholz und demonstrieren mit brennenden Kerzen in den Händen den friedlichen Charakter dieser Aktion.

4. Dezember 1989

Mitglieder des Neuen Forums beginnen mit der Belagerung des Dienstobjektes Jagdschänkenstraße des ANS, um die Vernichtung von Akten zu verhindern. Nach einer ersten Begehung

informieren sie Presse und Staatsanwaltschaft und setzen die Kontrolle von Fahrzeugen und an den Toren fort. Sie lehnen es ab, die Volkspolizei als Wache zu akzeptieren und bewachen das Objekt – mit Unterstützung von zeitweise bis zu 200 Bürgern – die Nacht hindurch bis zum Abend des folgenden Tages.

Zur sechsten Montagsdemonstration kommen rund 60.000 Menschen im Stadtzentrum zusammen. Sie fordern u. a. die Auflösung der Kampfgruppen und der SED-Organisationen in den Betrieben sowie den Beginn des Dialoges am Runden Tisch. Das äußere Bild dieses Abends bestimmen erstmals auch Transparente für eine gemeinsame deutsche Zukunft und zahlreiche Deutschland-Fahnen.

5. Dezember 1989

Bei einer zweiten Begehung am späten Nachmittag versiegelt Staatsanwalt Rümmler auf Verlangen der Bürger und im Beisein von Vertretern der Presse die Räume des Dienstobjektes Jagdschänkenstraße des ANS und setzt ein Protokoll auf. Gleiches vollzieht sich u. a. auch in den Objekten Dr.-Richard-Sorge-Straße sowie im Bunker bei Hartenstein.

Diese Aktionen waren der Beginn zur Beseitigung des MfS/ANS. Die endgültige Auflösung und zugleich die Rettung von Unterlagen vollzogen sich ab Mitte Januar unter Kontrolle der Bürgerkomitees.

6. Dezember 1989

Die Tageszeitung der SED für den Bezirk Karl-Marx-Stadt erscheint in neuer Aufmachung und schreibt ihren Namen nun mit kleinen Anfangsbuchstaben („freie presse").

Der Rat der Stadt befragt die Karl-Marx-Städter nach ihrer Meinung zu einem historischen Markt anlässlich des 825. Jubiläums der Stadt im Jahre 1990. Dafür gibt es einen Briefkasten im Gebäude der Hauptpost, wo die Gestaltungskonzeption öffentlich vorgestellt wird.

Eine knappe 0:1-Niederlage muss der FCK im Rückspiel der 3. Runde des UEFA-Cups gegen Juventus Turin vor heimischem Publikum hinnehmen und ist damit aus dem Wettbewerb ausgeschieden.

8. Dezember 1989

In einer Erklärung äußern sich die Mitglieder des Verbandes der Journalisten im Bezirk empört über die Machenschaften des ehemaligen Bezirksvorsitzenden Griesheimer und seines 1. Stellvertreters Kolbeck im Umgang mit Solidaritätsgeldern.

Als Regierungsbeauftragter für alle Fragen im Zusammenhang mit dem ANS wird Rudhard Riedel für den Bezirk Karl-Marx-Stadt eingesetzt.

9. Dezember 1989

Mit einem Aufruf zum Schutz des Archivgutes und zum Schreiben einer Chronik wendet sich der Direktor des Stadtarchivs, Dr. Gert Richter, an alle bisherigen und neuen Bewegungen, Organisationen, Parteien sowie an Betriebe, Institutionen und an alle Bürger der Stadt. Dabei betont er, dass die wertvollen Zeitdokumente als unersetzbare Grundlage für die historische Forschung erhalten bleiben müssen.

11. Dezember

Die Teilnehmer des fünften Rathausgespräches einigen sich, die Gespräche künftig als Runder Tisch weiterzuführen und legen den ersten Termin auf den 3. Januar 1990, 19.00 Uhr, im Rathaus fest. Darüber hinaus werden dem Oberbürgermeister u. a. die Themenkataloge „Komplexe Stadtentwicklung" und „Umgestaltung des Bildungswesens" übergeben.

Zur siebenten Montagsdemonstration fordert die Mehrheit der etwa 40.000 Teilnehmer die Wiedervereinigung Deutschlands, die Unterstützung des Zehn-Punkte-Programms von Bundeskanzler Helmut Kohl und eine Volksabstimmung zur deutschen Einheit. Erstmals sind Sprechchöre mit dem Ruf „Wir sind ein Volk" zu hören.

13. Dezember 1989

Zu einer außerordentlichen Stadtverordnetenversammlung kommen die Abgeordneten im Veranstaltungszen-

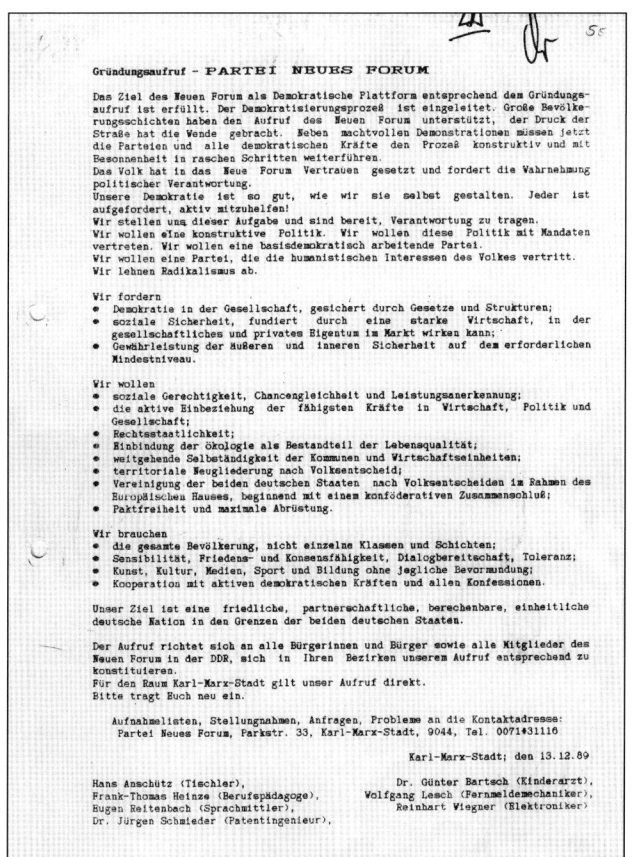

Aufruf vom 13. Dezember 1989 zur Gründung einer Partei Neues Forum im Bezirk Karl-Marx-Stadt

trum „Forum" zusammen. Vertreter von Bürgerinitiativen nehmen als Gäste teil. Dr. Langer informiert über den Termin der 1. Beratung des Runden Tisches, über die Bildung einer Kommission im I. Quartal 1990 zur Prüfung der Rückbenennung von Karl-Marx-Stadt in Chemnitz sowie über die eingeleiteten Sofortmaßnahmen zur Stabilisierung des kommunalen Lebens. In der Diskussion geht es u. a. um die Bildung eines Verbandes für Behinderte und deren Familien und um die Schaffung eines Umweltzentrums. Einstimmig wird der historische

Markt zum Stadtjubiläum abgelehnt. Zum neuen Kreisarzt und Mitglied des Rates wird Dr. Liebhart Monzer berufen, nachdem sein Vorgänger als Ärztlicher Direktor an das Bezirkskrankenhaus gewechselt war.

Eine Gruppe von sieben Mitgliedern des Neuen Forums im Bezirk übergibt der Nachrichtenagentur ADN einen Aufruf zur Gründung der Partei Neues Forum. Sie wollen damit politische Verantwortung übernehmen, da das Ziel des Neuen Forums als Demokratische Plattform entsprechend dem Gründungsaufruf erfüllt sei.

14. Dezember 1989

Die 1. Beratung des Runden Tisches des Bezirkes Karl-Marx-Stadt findet im Veranstaltungszentrum „Forum" statt. Der FDGB-Bezirksvorstand protestiert, da er ausgeschlossen wurde.

15. Dezember 1989

In einem Interview mit der „freien presse" informiert Rudhard Riedel darüber, dass die Kreisämter für Nationale Sicherheit aufgelöst seien und auch das Bezirksamt seine Arbeit eingestellt habe. Alles Archivgut sei hundertprozentig gesichert.

16. Dezember 1989

Auf der ersten Bezirksdelegiertenkonferenz des Neuen Forums stimmen die Teilnehmer mehrheitlich für die Weiterarbeit als Vereinigung mit Übernahme politischer Verantwortung, einschließlich der Übernahme von Mandaten in Volksvertretungen. Die Versammlung wählt einen neunköpfigen Sprecherrat, der die Interessen des Neuen Forums auf Bezirksebene vertreten soll. Hans Bahr, Dr. Martin Böttger, Lothar Lehmann, Dr. Hannelore Martin, Johannes Roscher, Elisabeth Stange, Dr. Ernst Straube, Wolfram Weiß und Jürgen Winkler gehören ihm an. Zur DDR-weiten Versammlung am 6. und 7. Januar 1990 in Leipzig werden die Sprecher und Dr. Günter Bartsch delegiert.

18. Dezember 1989

Zu einer stillen Demonstration vereinigen sich am Abend Tausende Bürger im Zentrum der Stadt. Die Anregung der Kirchen und Vertreter der demokratischen Gruppierungen in Leipzig zu einer stillen Demonstration wird damit auch in Karl-Marx-Stadt aufgegriffen.

20. Dezember 1989

Der FDGB-Bezirksvorstand eröffnet in der Augustusburger Straße 33 eine Bezirksvermittlungsstelle seines Feriendienstes. Angeboten werden Erholungsreisen in Ferienheime und Privatunterkünfte sowie Gewerkschaftstouristikreisen ins Ausland.

21. Dezember 1989

Das Volkspolizei-Kreisamt (VPKA) schlägt eine Sicherheitspartnerschaft zwischen DOP, Rat der Stadt und Deutscher Volkspolizei vor.

25. Dezember 1989

Etwa 1.500 Menschen kommen zur Montagsdemonstration zusammen und folgen damit einem Aufruf der SDP, die sich gegen eine Pause der Demonstrationen ausspricht und auch die Fortsetzung am Neujahrstag befürwortet.

31. Dezember 1989

Die Stadt zählt 301.918 Einwohner.

1. Januar 1990

Die SPD veranstaltet ihre erste Kundgebung zur Vorbereitung der Wahlen 1990. Sprecher erklären, die Partei werde sich im Wahlkampf auf die Traditionen der deutschen Sozialdemokratie stützen. Sie wolle erreichen, dass Karl-Marx-Stadt im Jahre 1990 wieder den Namen Chemnitz erhält.

Das „Hotel Trabant" wird erstmals nach 30 Jahren über mehrere Monate umfangreich rekonstruiert.

2. Januar 1990

Der VEB Stadtwirtschaft beginnt in den Stadtteilen Siegmar und Rabenstein die teilweise Umstellung des Abfuhrsystems von 110-Liter-Mülltonnen auf 220-Liter-Mülltonnen.

3. Januar 1990

Der 1. Runde Tisch der Stadt findet am Abend im Abgeordnetenkabinett des Rathauses statt. Daran nehmen Vertreter der in der Stadtverordnetenversammlung vertretenen Parteien und Massenorganisationen, des Rates der Stadt, der in der DOP zusammengefassten Parteien und Initiativen sowie der Kirche teil. Geladen sind u. a. auch der Leiter des VPKA und die Medien. Dr. Langer verliest als Tagungsleiter zu Beginn eine Erklärung, in der es heißt, mit dem Runden Tisch würden die im Oktober 1989 begonnenen Rathausgespräche fortgesetzt und erweitert. Im Mittelpunkt stehen gesamtgesellschaftliche Probleme und deren konkrete Umsetzung in Karl-Marx-Stadt, die Erörterung wichtiger kommunalpolitischer Fragen des Jahres 1990, die Vorbereitung der Wahlen sowie gegenseitige Informationen. Nach mehreren Kompromissvorschlägen wird vereinbart, dass die Teilnehmer durch ihre aktive Mitarbeit auf die qualitative und komplexe Vorbereitung der Beschlussvorlagen für den Rat bzw. die Stadtverordnetenversammlung Einfluss nehmen. Diese Forderung aus der Erklärung der DOP zum Runden Tisch wird in die Geschäftsordnung aufgenommen.

5. Januar 1990

Die erste Ausgabe der unabhängigen Bezirkszeitung „Wochenblatt – Erzgebirge, Vogtland, Muldental" erscheint in einer Auflage von 24.000 Exemplaren im Wochenblatt-Verlag.

Der erste große landesweite Winterschlussverkauf seit zehn Jahren beginnt mit Preissenkungen bis zu 60 Prozent. Künftig sollen zwei Mal jährlich Schlussverkäufe durchgeführt werden.

7. Januar 1990

Der Arbeitskreis „Aufarbeitung der DDR", der später als Bürgerinitiative in Erscheinung tritt und auch Vorläufer des Bundes stalinistisch Verfolgter e. V. ist, stellt seine Arbeitsweise und Ziele der Öffentlichkeit vor.

8. Januar 1990

Unter dem Motto „Beruhigt Euch nicht!" steht eine Ausstellung, die im Schauspielhaus auf Initiative von Grafiker Armin Forbrig (Aufruf am 7. November 1989) gezeigt wird. Sie enthält Arbeiten aller Genres von über 50 Künstlern des Bezirkes, darunter auch von Einwohnern der Stadt zur Verfügung gestellte Plakate und Transparente der wöchentlichen Demonstrationen.

Im Stadtzentrum findet die 11. Montagsdemonstration statt, zu der die DOP aufgerufen hat. Die nahezu 150.000 Teilnehmer demonstrieren für unabhängige Gewerkschaften und für das Streikrecht. Am Rande der Demonstration werden über 50 junge Leute beschimpft und tätlich angegriffen, weil sie Fahnen mit DDR-Emblem zeigen.

Der neu gewählte Vorstand der Flescherinnung der Stadt bekommt die Zustimmung zur Mitwirkung beim Aufbau eines Landesinnungsverbandes Sachsen sowie des Dachverbandes des Fleischerhandwerks der DDR.

9. Januar 1990

Im Kontaktbüro der Bürgerinitiativen kommt es zu einer Begegnung zwischen Vertretern der DOP und ehemaligen hauptamtlichen Mitarbeitern des Ministeriums für Staatssicherheit (MfS), die dabei die Arbeitsweise des MfS offen legen und sich an dessen Auflösung beteiligen wollen. Trotz unterschiedlicher Auffassungen sollen Kontakte fortgesetzt werden.

Im Jugendklubhaus „Fritz Heckert" gründen 25 Bürger die Ortsgruppe der Grünen Partei. Sie wählen Andreas Müller zu ihrem 1. Sprecher, zu Stellvertretern Rainer Amme und Jens Eckleben.

10. Januar 1990

Der Verband der privaten Groß- und Einzelhändler für den Bezirk Karl-Marx-Stadt wird gegründet.

11. Januar 1990

Im Speisesaal der ehemaligen Bezirksverwaltung des MfS/AfNS auf dem Kaßberg konstituiert sich der Ausschuss zur demokratischen Kontrolle der Auflösung des Amtes für Nationale Sicherheit des Bezirkes.

12. Januar 1990

Das Veranstaltungszentrum „Forum" bietet der Öffentlichkeit seine Räumlichkeiten zu Konferenzen, Tagungen und Kongressen an.

14. Januar 1990

Anlässlich des 71. Jahrestages der Ermordung von Rosa Luxemburg und Karl Liebknecht versammeln sich Tausende Bürger nach einem Aufruf der SED-PDS vor dem Karl-Marx-Monument. Zur gleichen Zeit findet eine Kundgebung der SPD auf dem Markt statt. Nach deren Abschluss setzen sich einige Teilnehmer in Richtung Marx-Monument in Bewegung, wo sie schwarz-rot-goldene Fahnen schwenken und „Nieder mit der SED!" rufen. Nach Auseinandersetzungen zwischen beiden Gruppen wird die Veranstaltung vorzeitig abgebrochen.

15. Januar 1990

Zu der vom Neuen Forum unter dem Motto „Gegen die Restaurationspolitik der SED und ihres Sicherheitsapparates" aufgerufenen Demonstration erscheinen rund 150.000 Menschen. Sie ist damit – neben der am 8. Januar – wohl die größte öffentliche Willensbekundung der Karl-Marx-Städter im Jahre 1990. Ein Sprecher der SPD bezeichnet es als vorrangiges Ziel seiner Partei, die Einheit Deutschlands wiederherzustellen. Weitere Redner fordern u. a. ein gerechtes Parteienfinanzierungsgesetz, Entschädigungen für Stasi-Opfer und sind gegen jegliche weitere Sozialismus-Experimente. Frank W. Heine von der Initiative FUER CHEMNITZ verlangt, mit der Wahl am 6. Mai einen Volksentscheid über den künftigen Namen der Stadt durchzuführen.

Insgesamt sehen die Teilnehmer der Demonstration und Kundgebung ihre Zukunft nicht mehr in einem reformierten sozialistischen Gesellschaftssystem, sondern in einem geeinten Deutschland. Viele Engagierte des Herbstes 1989 gehören nun nicht mehr zu den Demonstranten.

17. Januar 1990

Der 2. Runde Tisch unter Vorsitz der CDU findet am Abend im Abgeordnetensaal des Rathauses statt. Nach Abstimmung werden zu Beginn zwei Vertreter der Deutschen Forumpartei sowie ein weiterer Vertreter der Grünen Liga als stimmberechtigte Teilnehmer zugelassen, wogegen die Bewerbung der Nationalen Bürgerbewegung (Nachfolgerin der Nationalen Front) mehrheitlich abgelehnt wird. Nach einer Erklärung zum „marktwirtschaftlichen Sektor" von Tagungsleiter Michael Schlevoigt folgen weitere Erklärungen der Arbeitsgruppen Ökonomie und Handwerk. Die Arbeitsgruppe Gesundheitswesen stellt ihren Forderungskatalog vor, darüber hinaus werden Vorschläge u. a. zur Schaffung von Gewerberäumen in Neubaugebieten und zur Beachtung der Ökologie bei der Standortwahl für Industrieanlagen unterbreitet. Superintendent Christoph Magirius spricht den Wunsch von Strafgefangenen nach einer Kontaktperson des Runden Tisches an, dem durch die Wahl eines Vertreters entsprochen wird. Nach einem Bericht des Stadtrates für Inneres zur Verwirklichung des Amnestiebeschlusses in der Stadt stellt der Stadtbaudirektor den Plan zur künftigen Gestaltung des Körnerplatzes vor. Zum Abschluss stimmt die Mehrheit der Teilnehmer der Erklärung „Maßnahmen, die auf Stadtebene bessere Bedingungen für den marktwirtschaftlichen Sektor schaffen" zu. Die Teilnehmer einigen sich auf die Tagesordnung des 3. Runden Tisches am 31. Januar, der ab diesem Zeitpunkt im Speiseraum des Rates der Stadt im Gebäude der Bezirksapotheke stattfindet.

Holger Groth und Manfred Hastedt übergeben dem Rat der Stadt einen Vorstellungskatalog für ein Umweltzentrum, den sie im Namen der Bürgerinitiative Ökologie erstellt haben. Vorgesehen ist dafür das Gebäude Henriettenstraße 5, das dem ehemaligen Bezirksamt für Nationale Sicherheit gehörte.

Ein „Telefon des Vertrauens" wird beim VPKA geschaltet, um Bürgern die Möglichkeit für Hinweise und Mitteilungen zu rechts- und linksradikalen Erscheinungen zu geben.

Die Stiftung „Industrielles Kulturerbe" wird gegründet. Sie soll alle Interessen und Initiativen fördern, die der Stadt ihre Identität zurückgeben. Kulturelle Bauten werden dabei ein spezielles Anliegen der Stiftung sein.

Eine neue Kaufhalle auf der Julian-Marchlewski-Straße 203 öffnet ihre Pforten.

18. Januar 1990

Seit diesem Tag ist die „freie presse" unabhängig. Sie trennt sich von ihrem bisherigen Herausgeber, der SED-PDS. Das Redaktionskollegium fordert in einem Brief an Gregor Gysi die unverzügliche Überführung des Verlages „freie presse" in Volkseigentum.

19. Januar 1990

Der Arbeitsausschuss zur Auflösung des ANS erweitert sich auf seiner zweiten Beratung auf rund 80 Personen und wählt Dr. Martin Böttger zu seinem Vorsitzenden.

20. Januar 1990

Zum 1. Verbandstreffen für Behinderte und deren Angehörige und Freunde lädt die Initiativgruppe Behindertenverband in das Feierabend- und Pflegeheim Max-Schäller-Straße 3 ein. Der Verband will offen sein für alle Behinderungsarten und soll demokratisch basisnah und unabhängig von allen Einrichtungen, Parteien und Organisationen gebildet werden.

22. Januar 1990

Rund 80.000 Teilnehmer demonstrieren in der 13. Montagsdemonstration für die Erneuerung der Wirtschaft. Aufgerufen hat die DOP. Mehrere Redner sprechen sich für eine schnelle Einführung der sozialen Marktwirtschaft und privates Unternehmertum aus und fordern, behinderte Menschen in dieser Zeit nicht zu vergessen. Weiterhin wird informiert, dass alle Objekte des ANS bis zum 28. Februar an den Rat der Stadt übergeben werden und dass das Netz der flächendeckenden Überwachung nicht mehr existiert. Dominiert wird die Kundgebung von einem Fahnenmeer in den Farben schwarz-rot-gold und weiß-grün.

24. Januar 1990

Die neue Chemnitzer Kunsthütte wird als gemeinnütziger, von Parteien und Institutionen unabhängiger Verein zur Förderung der Kunst durch den Kunstwissenschaftler Dr. Werner Ballarin ins Leben gerufen. Die Mitglieder orientieren auf eine progressive Weiterentwicklung im Bereich der angewandten und bildenden Kunst durch Stiftungen und Spenden.

Als unabhängige Wochenzeitung für Karl-Marx-Stadt und Umgebung erscheint der „blick" ab diesem Tag. Er hat sich damit vom bisherigen Herausgeber, der SED-PDS, getrennt.

27. Januar 1990

In Anwesenheit von Bundestagspräsidentin Rita Süßmuth wird die Deutsche Forumpartei (DFP) in Karl-Marx-Stadt gegründet. Sie sieht sich als eine Volkspartei der politischen Mitte und ist offen für Menschen verschiedener Weltanschauungen. Dr. Jürgen Schmieder wird mehrheitlich zum Vorsitzenden gewählt.

29. Januar 1990

An der 14. Montagsdemonstration nehmen ca. 85.000 Menschen teil. Das Neue Forum informiert, dass mit den bei der Kundgebung vor einer Woche gespendeten rund 12.800 Mark die Kosten für die Beschallung der Montagskundgebungen erstattet werden könnten. Weitere Themen des Abends sind u. a. die Forderung nach Offenlegung von Machenschaften durch den Rat der Stadt bei der Vertuschung von Umweltsünden, die Forderung an den Oberbürgermeister nach Entlassung seiner Stadträte und Probleme bei der Eingliederung ehemaliger Stasi-Mitarbeiter in die Produktion.

31. Januar 1990

Unter Leitung der SPD tagt der 3. Runde Tisch. Nach einem Bericht des Leiters des Fernmeldeamtes über die Möglichkeiten der Nutzung von Fernsprechanschlüssen des ehemaligen ANS entwickelt sich eine kontroverse Diskussion. Das Thema wird auf die nächste Beratung vertagt. Eine gemeinsame Erklärung der Heimatfreunde Chemnitz/Initiative FUER CHEMNITZ und des

Oberbürgermeisters wird verlesen. Die DOP stellt einen Antrag nach sofortigen Koalitionsgesprächen zur Bildung eines Rates der Stadt. Bis zu den Kommunalwahlen sollen befristet von den Parteien und Bürgerinitiativen vorgeschlagene Persönlichkeiten kooptiert werden.

Baden-Württembergs Ministerpräsident Lothar Späth trifft an der Spitze einer Regierungsdelegation seines Bundeslandes in Karl-Marx-Stadt ein. Anliegen dieses Besuches ist die wirtschaftliche, wissenschaftlich-technische und politische Zusammenarbeit mit dem geplanten Land Sachsen und die Vorbereitung einer Regionalpartnerschaft.

Die Erklärung der Heimatfreunde Chemnitz/Initiative FUER CHEMNITZ und des Oberbürgermeisters an den Runden Tisch wird in der Presse veröffentlicht. Darin wird der gemeinsame Standpunkt zum Anliegen der Rückbenennung der Stadt und der damit verbundenen Verfahrensweise dargelegt.

Nach achtjähriger Pause tritt der Sänger Holger Biege, der die DDR verlassen hatte, im Kleinen Saal der Stadthalle auf.

5. Februar 1990

Für ein vereintes Deutschland treten die Teilnehmer der 15. Montagsdemonstration ein, an der sich rund 100.000 Menschen beteiligen. Redner von SPD, DA, Neues Forum, Deutscher Forumpartei, DSU und CDU sprechen sich u. a. für die ersatzlose Rückgabe des Parteivermögens der PDS an den Staatshaushalt aus. Weitere Forderungen betreffen die Abschaffung der Wehrpflicht und den Kampf gegen alle Anzeichen von Ausländerfeindlichkeit.

Das Kontaktbüro der Bürgerinitiativen öffnet sein neues Domizil im Haus der Parteien, Bewegungen und Organisationen auf der Karl-Marx-Allee 12, in dem sich zuvor die SED-Bezirksleitung befand.

6. Februar 1990

Das Komitee für Volkskontrolle, das auf Beschluss der Stadtverordnetenversammlung im Dezember 1989 gebildet wurde und über die Untersuchung dringender kommunaler Anliegen rechenschaftspflichtig ist, beginnt seine

Arbeit. Für das erste Halbjahr 1990 sind Kontrollen zur Vergabe dringender Wohnungsanträge speziell für kinderreiche Familien vorgesehen.

Die Polytechnische Oberschule „Fritz Schmenkel" auf der Guerickestraße erhält auf Beschluss der Lehrer ihren alten Namen Oberschule Schönau wieder zurück.

7. Februar 1990

In der Stadt wird der Mittelstandsverband der CDU/DSU Sachsen gegründet. Die Vereinigung stellt sich die Aufgabe, auf parlamentarischem Wege Forderungen ihrer Mitglieder zu vertreten und auf die Gesetzgebung Einfluss zu nehmen.

10. Februar 1990

Die SPD führt ihre 1. Bezirksdelegiertenkonferenz durch. An historischer Stätte – im ehemaligen SPD-Bezirksparteisitz Dresdner Straße 38 – haben sich Vertreter der über 100 Ortsvereine im Bezirk zusammengefunden. Sie überarbeiten das Statut der Partei und beraten Fragen zum Wahlkampf. Zum Vorsitzenden wird Volkmar Wohlgemuth gewählt.

Auf dem Parkplatz Jagdschänkenstraße/Otto-Schmerbach-Straße gibt es einen freien Automarkt.

12. Februar 1990

Mit einem zweistündigen Warnstreik fordern Bauarbeiter des ITVK eine Lohnerhöhung von 200 Mark. In einem Brief an den Minister für Bauwesen wird die Angleichung der Bauindustrie an das Lohnniveau anderer Industriezweige gefordert.

Im ehemaligen Objekt des MfS auf der Jagdschänkenstraße haben künftig das VPKA Karl-Marx-Stadt/Land, die motorisierte Volkspolizei und das Kommando 2 der Feuerwehr ihren Sitz. Auch das Bezirksversorgungslager der BdVP wird hier untergebracht.

Auf Einladung der Arbeitsgruppe Sozialdemokratischer Frauen reisen Vertreterinnen der Bürgerinitiative „Frauen im Aufbruch" nach Düsseldorf. Sie holen sich dort Anregungen zur Schaffung eines Frauenbüros als parteiübergreifende kommunale Einrichtung.

Zur traditionellen Montagsdemonstration vereinen sich rund 80.000 Menschen vor dem Karl-Marx-Monument. In einem Positionspapier ruft das Neue Forum im Bezirk alle Bürger auf, mit Mut und Zuversicht die neue Entwicklung selbst mitzugestalten. Anschließende Redner sprechen sich gegen die Auszahlung von Überbrückungsgeld an ehemalige Stasi-Angehörige sowie gegen ein Ausländerwahlrecht aus.

13. Februar 1990

Die weitere Zugehörigkeit der Kindergärten zum Bildungswesen fordern am Abend Tausende Teilnehmer einer Kundgebung auf dem Marktplatz. Sie wenden sich gegen eine Vereinnahmung durch das Gesundheitswesen und setzen sich für die soziale Sicherheit der Kindergärtnerinnen ein.

14. Februar 1990

Rund 2.000 Volkspolizisten aus allen Dienststellen des Bezirkes vereinen sich zu einer Demonstration und folgen damit einem Aufruf der VP-Gewerkschaft von Halle. Sie verlangen Mitspracherecht bei Festlegungen zu Dienst- und Lebensbedingungen und wollen zur Sicherheitspartnerschaft mit allen demokratischen Parteien und Vereinigungen sowie zur Aufklärung von Amtsmissbrauch und Korruption beitragen.

Oberbürgermeister Dr. Langer äußert sich in einem Presseinterview zur Situation im städtischen Gesundheitswesen. Als Beispiele für Veränderungen nennt er die Übergabe des ehemaligen Gebäudes der PDS-Stadtbezirksleitung West an den Kreisarzt, die Bildung eines eigenständigen Gesundheits- und Sozialamtes und die Förderung von frei praktizierenden Ärzten in eigener Niederlassung. Im Gebäude des ehemaligen Unfallkrankenhauses an der Juri-Gagarin-Straße soll das Hygieneinstitut untergebracht werden.

Zwei Schwerlastkräne und drei Lastzüge mit Bautechnik aus der Bundesrepublik erhält die Stadt als Geschenk des Nationalpreisträgers für Wissenschaft und Technik, Christian Zschocke. Das zugleich von ihm gegründete städtische Bauunternehmen konzentriert sich ab sofort auf die Sanierung von Straßen und Altbauten.

In der 4. Beratung des von der LDP geleiteten Runden Tisches geht es um einen Bericht zur Verwendung von Telefonanschlüssen ehemaliger Stasi-Mitarbeiter. Von 932 privaten Anschlüssen wurden bis jetzt 161 widerrufen, weitere folgen in den nächsten Tagen. Dem Antrag der DOP zur Bildung eines Grünen Tisches wird zugestimmt, ebenso den vorgeschlagenen Maßnahmen des Oberbürgermeisters zur Vorbereitung der Volkskammerwahlen am 18. März und der Kommunalwahlen am 6. Mai. Es wird Übereinkunft erzielt, dass alle Parteien und Organisationen auf öffentlichen Plätzen Wahlkundgebungen durchführen können. Dem Druck der Stimmkarten für den Bürgerentscheid zur Rückbenennung der Stadt wird zugestimmt. Bestätigung erhalten auch die Anträge zur Bildung eines Ressorts „Frauenarbeit" im Rat der Stadt, zum Neuaufbau einer Industrie- und Handelskammer sowie zur Nachnutzung der Objekte des aufgelösten ANS im Bereich Kaßberg. Während die Einrichtung eines Umweltzentrums auf der Henriettenstraße 5 beschlossen wird, erhält der Antrag der Bürgerinitiative Kultur zur Nutzung des Objektes Dr.-Richard-Sorge-Str. 31–35 eine Ablehnung. Dr. Langer informiert, dass die Berufung der in den Rat der Stadt zu kooptierenden Vertreter der DOP auf der Tagung der Stadtverordneten am 5. März erfolgt.

Ein Vortrag zum Thema „Der Verein für Chemnitzer Geschichte. Leistung – Verdrängung – Erbe" im Stadtverordnetensaal des Rathauses bereitet die Neugründung des Chemnitzer Geschichtsvereins vor. Vor rund 200 Teilnehmern spricht der Direktor des Stadtarchivs.

15. Februar 1990

Erstmals erscheint eine Wochenzeitung der Partei des Demokratischen Sozialismus (PDS) für den Bezirk Karl-Marx-Stadt mit dem Namen „Die Neue". Herausgeber ist der Bezirksvorstand der PDS.

Ein Gründungskomitee zur Stiftung „Industrielles Kulturerbe" versammelt sich in Karl-Marx-Stadt. Zum Präsidenten wird der Rektor der TU, Prof. Dr. Friedmar Erfurt, gewählt.

Am Runden Tisch des Bezirkes erstattet der Regierungsbeauftragte Rudhard Riedel einen Bericht über den Stand der Auflösung des Bezirksamtes für Nationale Sicherheit, die sich seit dem 12. Januar vollzieht und bis zum 28. Februar abgeschlossen sein soll.

16. Februar 1990

Die in der DOP vertretenen Parteien und Organisationen beschließen bei ihrer jeweils freitags stattfindenden Vollversammlung, letztmalig am Montag, dem 19. Februar, Demonstration und Kundgebung gemeinsam zu organisieren und zu verantworten. Die meisten Vertreter von Parteien und Organisationen sehen keine Möglichkeit mehr, die Qualität der Kundgebungen in ihrem Sinne zu beeinflussen. Sie teilen dies in einer Pressemitteilung mit.

17. Februar 1990

Die „Allianz für Deutschland" – seit dem 5. Februar ein landesweites Wahlbündnis von CDU, DSU und DA – startet in der Stadthalle ihren öffentlichen Wahlkampf. Werbematerial wird in großer Menge aus der Bundesrepublik geliefert.

19. Februar 1990

Für Marktwirtschaft und baldige Einheit Deutschlands treten Tausende Teilnehmer der 17. Montagsdemonstration ein, die unter der Leitung der Deutschen Forumpartei steht. Bundestagsabgeordneter Karl-Dieter Spranger überbringt Grüße von Bundeskanzler Helmut Kohl und stellt ein Wirtschaftswunder auch in der DDR in Aussicht. Die Menschen sollten das Land nicht mehr verlassen. Über Vorstellungen zur künftigen Entwicklung auf dem Lande äußert sich der Redner der Deutschen Forumpartei, der CDU-Sprecher fordert auf, am

Montagsdemonstration am 19. Februar 1990 am Karl-Marx-Monument

18. März die richtige Wahl zu treffen. Die D-Mark käme dann über Nacht. Darüber hinaus erfolgt die Bekanntgabe von Terminen für weitere Wahlveranstaltungen, für die führende Politiker der Bundesrepublik ihre Teilnahme angekündigt haben.

20. Februar 1990

Der Rat der Stadt befasst sich mit technisch-organisatorischen Maßnahmen zur Vorbereitung der Volkskammerwahlen am 18. März 1990. Auf Vorschlag des Runden Tisches soll an diesem Tag auch gleichzeitig der Volksentscheid zur Rückbenennung der Stadt durchgeführt werden. Als Nachnutzer der Objekte des aufgelösten Amtes für Nationale Sicherheit auf dem Kaßberg werden für zwei Jahre das Arbeits- und das Finanzamt bestimmt. Danach soll der Komplex an der Dr.-Richard-Sorge-Straße als kultureller Bereich für die Stadt nutzbar gemacht werden. Für die Zeisigwaldschänke, das Ballhaus Neuhilbersdorf und das Ballhaus Zweiniger erfolgen Ausschreibungen.

21. Februar 1990

Auf Initiative von Andreas Harlaß und Steffen Neuhäuser wird die Ortsgruppe der Freien Demokratischen Partei (FDP) mit sechs Mitgliedern gegründet.

23. Februar 1990

Die „Allianz für Deutschland" gründet sich auf Stadtebene.

Der erste Chemnitzer Modeladen für Jeans- und Freizeitbekleidung, Ledermoden, Damenunterwäsche und Modeschmuck öffnet seine Pforten am Platz des 8. Mai. Er ist ein Gemeinschaftsunternehmen einer privaten Gewerbetreibenden und westdeutscher Großhandelsbetriebe.

Die Bürgerinneninitiative „Frauen im Aufbruch" lädt am Abend zu einer Wahlveranstaltung in den Klub der Intelligenz „Pablo Neruda" ein.

24. Februar 1990

Hans-Dietrich Genscher, Außenminister der BRD und stellvertretender FDP-Vorsitzender, spricht auf einer Kundgebung auf dem Markt zu rund 70.000 Teilnehmern. Zu dieser Veranstaltung hatte der Bund Freier Demokraten aufgerufen, ein Wahlbündnis aus LDP, FDP und DFP.

26. Februar 1990

Dem Aufruf der „Allianz für Deutschland" zu einer Wahlkundgebung vor dem Karl-Marx-Monument folgen etwa 2.000 Einwohner der Stadt. Die Redner fordern einen fairen Wahlkampf, bekennen sich zur schnellstmöglichen Vereinigung Deutschlands und wenden sich gegen jegliche neuen Sozialismus-Experimente. Die Anwesenden werden aufgefordert, sich am 18. März für den gleichen Entwicklungsweg wie in der Bundesrepublik zu entscheiden.

Mit sofortiger Wirkung wird die Beratung und Arbeitsplatzvermittlung für alle Bürger der Stadt zentral beim Rat der Stadt durchgeführt. Damit entfallen die Beratungsdienste in den drei Stadtbezirken.

28. Februar 1990

Die Arbeitsgruppe 4 (zuständig für die Offenlegung der Befehlslage und Strukturen des MfS) des Ausschusses zur Auflösung des ANS sichtet im Gebäude Karl-Marx-Allee 12 in Gegenwart eines Mitarbeiters und eines Staatsanwaltes die Akten der ehemaligen Abteilung Sicherheit der SED-Bezirksleitung. Später werden die Unterlagen durch den Auflösungsausschuss übernommen.

Die Bezirksorganisation der Kommunistischen Partei Deutschlands (KPD) wird in Karl-Marx-Stadt gegründet.

Auf der Tagesordnung des 5. Runden Tisches unter Leitung des Neuen Forums steht der Generalverkehrsplan für die Stadt in den nächsten 20 Jahren. Mit einer Gegenstimme wird dem Antrag der AG Kultur zugestimmt, Gebäude und Gelände der ehemaligen Staatssicherheit auf der Dr.-Richard-Sorge-Straße 35 in ein Kulturzentrum umzugestalten. Damit wird der Beschluss vom 14. Februar zurückgenommen, was in der Geschichte des Runden Tisches einmalig ist. Das Kulturzentrum soll der Stadtbibliothek erstmals nach 1945 ein den Anforderungen entsprechendes Domizil geben und neben anderen kulturellen Einrichtungen auch die Neue Sächsische Galerie aufnehmen. Darüber hinaus wird das „Selbsthilfe Wohnprojekt Further Straße" als gemeinnütziger Verein anerkannt.

1. März 1990

Auf einer Wahlkundgebung der „Allianz für Deutschland" auf dem Parkplatz des Interhotels „Kongress" spricht Bundeskanzler Helmut Kohl vor rund 200.000 Bürgern. An der Veranstaltung nehmen die Parteivorsitzenden Wolfgang Schnur (DA, später als IM enttarnt), Lothar de Maizière (CDU) und Hans-Wilhelm Ebeling (DSU) teil. Kohl betont vor allem die gemeinsame Geschichte und Zukunft des deutschen Volkes und bezeichnet die Volkskammerwahl am 18. März als

Schicksalswahl. Am Rande der Veranstaltung kommt es zu tätlichen Auseinandersetzungen mit jugendlichen Gegendemonstranten.

Der 6. Runde Tisch unter Leitung des Oberbürgermeisters berät ausschließlich über Fragen der Wahlvorbereitung und darüber, Bürger für die Mitarbeit in den Wahlvorständen zu gewinnen. Alle politischen Kräfte müssten sich dafür engagieren. Für die 276 Stimmbezirke der Stadt würden 2.500 bis 3.000 Personen benötigt.

In Veranstaltungszentrum „Forum" konstituiert sich der Landesverband Sachsen des Neuen Forums. Als prominenter Gast wird Mitbegründer Prof. Jens Reich aus Berlin begrüßt.

Zum neuen Generalintendanten der Städtischen Theater beruft der Oberbürgermeister den ehemaligen Leiter des Deutsch-Sorbischen Volkstheaters Bautzen, Jörg Liljeberg.

2. März 1990

In der Stadt gründet sich auf Bezirksebene der Jugendverband der SPD, die Jungen Sozialdemokraten.

4. März 1990

Auf Einladung des Oberbürgermeisters von Düsseldorf weilen 50 Vertreter der DOP bis zum 7. März in der Partnerstadt zu einem Arbeitsbesuch.

Am Abend gerät der Saal des ehemaligen Ballhauses Zweiniger in Brand, in dessen Verlauf der Dachstuhl des Gebäudes zusammenbricht. Nach späteren Informationen der Polizei war der Brand durch spielende Kinder verursacht worden.

5. März 1990

Die 4. Tagung der Stadtverordnetenversammlung findet im Veranstaltungszentrum „Forum" statt. Die aus den Reihen der DOP gewählten acht neuen Mitglieder des Rates der Stadt ohne Geschäftsbereich werden bestätigt. Darüber hinaus erfolgt nach kontroverser Diskussion die Bestätigung der Entwürfe zum Finanzplan sowie des Programms der wirtschaftlichen, ökologischen und sozialen Entwicklung der Stadt.

Das von den Bürgerinitiativen geforderte Frauenbüro unter Leitung von Gerlinde Müller nimmt im Rathaus seine Arbeit auf. Frauen haben hier die Möglichkeit, ihre Probleme und Interessen vorzutragen, die der Rat der Stadt in seiner Arbeit berücksichtigen wird.

Ein Gewerbeamt beginnt seine Arbeit im Haus Markt 4. Damit wird die bisherige gewerberechtliche Tätigkeit der einzelnen Fachorgane des Rates der Stadt und der Stadtbezirke eingestellt. Anstelle der bisher üblichen Gewerbegenehmigung bedarf es jetzt nur noch der Gewerbeanzeige.

An diesem Abend versammeln sich Hunderte Menschen vor dem Karl-Marx-Monument, um an der traditionellen Montagsdemonstration teilzunehmen. Nachdem kein Redner ans Mikrofon tritt und auch keine Informationen gegeben werden, löst sich die Versammlung nach einer halben Stunde wieder auf. Damit finden die seit Oktober 1989 regelmäßig stattfindenden Montagsdemonstationen und Kundgebungen in Karl-Marx-Stadt ihr Ende. Mit dem Ruf „Wir sind das Volk" hatten sie begonnen, mit „Wir sind ein Volk" enden sie. Obwohl der Kampf der alten und neuen Parteien sowie der politischen Vereinigungen nun in vollem Gange ist, bleiben die Demonstrationen ein Symbol der gewaltlosen gesellschaftlichen Veränderungen in diesem Land.

6. März 1990

Der Ehrenvorsitzende der SPD in der BRD und in der DDR, Willy Brandt, wird auf einer Wahlkundgebung der SPD von ca. 150.000 Menschen vor dem Karl-Marx-Monument begeistert empfangen. Er beklagt, dass anstatt der versprochenen Milliarden erst einmal alle Unsitten des westlichen Wahlkampfes ins Land gebracht würden. Die Karl-Marx-Städter sollten am 18. März zur Wahl gehen und mit Selbstvertrauen in die Zukunft sehen. Zu Beginn der Veranstaltung stellt sich Rolf Schwanitz als SPD-Spitzenkandidat des Bezirkes vor.

Der 7. Runde Tisch unter Leitung des Oberbürgermeisters berät über die Besetzung der Wahlvorstände und dabei noch vorhandene Probleme. Dr. Langer informiert, dass die zentrale Wahlkommission der Republik eine Befragung der Bürger zum künftigen Namen der Stadt in Verbindung mit den Wahlen am 18. März und am 6. Mai abgelehnt hat. Über eine neue Verfahrensweise werde am 14. März beraten.

7. März 1990

Mit einer medizinischen Geschenksendung trifft eine Delegation des Gesundheitswesens aus Düsseldorf vor dem Rathaus ein. Es handelt sich dabei um Verbrauchsmaterialien, Geräte und Kleininstrumente im Wert von 25.000 DM.

8. März 1990

Zur Vorbereitung der Volkskammerwahl kommen die Teilnehmer des Runden Tisches zu ihrer 8. Beratung unter Leitung des Oberbürgermeisters zusammen. In allen Stimmbezirken existieren noch keine arbeitsfähigen Wahlvorstände, sodass die Vertreter der Parteien und Organisationen erneut um Unterstützung gebeten werden.

9. März 1990

Der Verein „Heimatfreunde Chemnitz" wird gegründet. Er ist aus der im November 1989 entstandenen Initiative FUER CHEMNITZ hervorgegangen und versteht sich als Interessenvertreter heimatkundlicher und stadthistorisch engagierter Bürger. Sein Hauptanliegen ist zunächst die Wiedereinführung des historischen Stadtnamens Chemnitz.

10. März 1990

Der Vorsitzende der CSU und Finanzminister der Bundesrepublik, Theo Waigel, spricht auf einer Wahlkundgebung der DSU auf dem Parkplatz des Interhotels „Kongress" vor Tausenden Karl-Marx-Städtern. Er fordert sie auf, in ihrer Heimat zu bleiben und am 18. März zwischen Freiheit und Sozialismus zu wählen.

Hunderte Radfahrer treffen sich trotz strömenden Regens vor dem Rathaus, um in einer anschließenden Demo auf ihr „Mauerblümchendasein" aufmerksam zu machen. Redner verweisen auf die über viele Jahre verfehlte Verkehrspolitik der Stadt, wovon nur wenige Radwege in einem erbärmlichen Zustand zeugten.

11. März 1990

Verschiedene Wahlveranstaltungen bestimmen an diesem Tag das politische Geschehen in der Stadt. So spricht auf dem Brühl der Vorsitzende der DDR-SPD, Ibrahim Böhme (später als IM enttarnt), in den Messehallen am Schlossteich lädt die LDP zu einem „Liberalen Frühschoppen" ein und vor dem Karl-Marx-Monument versammeln sich Einwohner der Stadt zu einer Wahlkundgebung der Linken.

12. März 1990

Entsprechend den Beschlüssen des außerordentlichen Gewerkschaftskongresses konstituiert sich die Geschäftsstelle des FDGB Karl-Marx-Stadt. Sie tritt an die Stelle der bisher existierenden vier Vorstände und ist als Dachverband umgestaltet worden. Die Anzahl der hauptamtlichen Mitarbeiter hat sich damit von 42 auf acht reduziert.

13. März 1990

Eine Wahlveranstaltung der PDS findet im Foyer der Stadthalle statt. Zu den rund 6.000 Teilnehmern sprechen der Vorsitzende Gregor Gysi und Christa Luft, Wirtschaftsministerin und Spitzenkandidatin der Partei im Bezirk Karl-Marx-Stadt für die Volkskammer. Im anschließenden Gespräch geht es im Wesentlichen um Probleme beim Übergang zur sozialen Marktwirtschaft.

Die erste Beratung des „Runden Tisches Kultur" unter Teilnahme von Vertretern der Parteien und wichtigen kulturellen Einrichtungen findet statt. Es werden Arbeitsgruppen gebildet, die ein Positionspapier für das künftige Stadtparlament erarbeiten sollen.

Die jahrelange Sammlung von Küchenabfällen durch den Stadtwirtschaftsbetrieb wird in allen Stadtbezirken, außer in den Neubaugebieten, eingestellt. Begründet wird diese plötzliche Festlegung mit nicht gelösten Gülleproblemen.

14. März 1990

Der Ministerpräsident von Baden-Württemberg, Lothar Späth, besucht das IFA-Kombinat Personenkraftwagen. Er informiert sich über die seit 1984 bestehenden Geschäftsbeziehungen zur Volkswagen AG und die weitere Zusammenarbeit mit diesem Unternehmen.

Zum 9. Mal beraten die Teilnehmer des Runden Tisches der Stadt, diesmal unter Leitung der PDS. Sie bestätigen die Aufnahmeanträge von KPD und Bürgerinitiative Minderheiten. Der Oberbürgermeister dankt den Parteien und Organisationen für ihre intensive Arbeit zur Vorbereitung der Wahlen, für die Gewinnung von Bürgern zur Mitarbeit in den Wahlvorständen. Zudem wird u. a. beschlossen, den gesamten Gebäudekomplex Dr.-Richard-Sorge-Straße 31–35 sowie den Kultursaal Kaßbergstraße und die Freifläche als Kulturzentrum zu nutzen. Die Bürgerbefragung zur Umbenennung der Stadt wird als Brief- und Direktwahl vom 18. bis 22. April durchgeführt, wofür Rat der Stadt und Initiative FUER CHEMNITZ gemeinsam den Auftrag zur Vorbereitung erhalten. Ebenso werden u. a. folgende Themen beraten: Einordnung eines Bereiches „Ausländische Einwohner" in das Gesundheits- und Sozialamt, weitere Nutzung des ehemaligen Pionier-Cafés, Überprüfung des Haushaltsplanes zu Baumaßnahmen für den Radverkehr der Stadt.

15. März 1990

Auf ihrer 5. Tagung beschließt die Stadtverordnetenversammlung, dass im Wahlgebiet der Stadt keine Stadtbezirksversammlungen gewählt werden und die Zahl der Abgeordneten auf 80 reduziert wird. Darüber hinaus wird bekannt gegeben, dass in den nächsten Jahren der

Plakat zu den Wahlen 1990

vordere Teil des Kaßberges mit den ehemaligen Stasi-Gebäuden zu einem kulturellen Zentrum umgestaltet wird.

17. März 1990

Der erste zentrale Kongress des Verbandes der mittelständischen privaten Betriebe im Unternehmensverband der DDR tagt in der Stadt. Dabei wird auch die Rückgabe der 1972 verstaatlichten Betriebe an die Eigentümer gefordert.

Plakat zu den Wahlen 1990

20. März 1990

Die Karl-Marx-Städter werden über die Verfahrensweise der Bürgerbefragung zur Rückbenennung der Stadt informiert. Bis zum 15. April erhält jeder Bürger, der seinen Wohnsitz in der Stadt hat und in diesem Jahr das 18. Lebensjahr vollendet, auf dem Postweg die Abstimmungskarte zugestellt. Auf ihr kann durch Ankreuzen die persönliche Entscheidung für den Stadtnamen getroffen werden. Diese Karte ist dem Rat der Stadt in einem unfrankierten Umschlag ohne Absenderangabe unter dem Kennwort „Bürgerbefragung Rathaus" bis zum 22. April zuzustellen (Datum des Poststempels). Auch persönliche Abgaben im Rathaus sind möglich. Alle bisherigen Zuschriften, Unterschriftensammlungen usw. sind nicht wahlgültig.

Die erste Videothek in der Stadt öffnet im „Café Alexander", Albert-Schweitzer-Straße 56. Ausgeliehen wird gegen Mark der DDR, nur bei Verlust oder Beschädigung ist D-Mark zu zahlen.

21. März 1990

Der 10. Runde Tisch, eine außerordentliche Veranstaltung unter Leitung von Dr. Langer, beschäftigt sich vordergründig mit der Vorbereitung der Kommunalwahlen. Es wird über die Bildung von drei Arbeitsgruppen informiert sowie darüber, dass auch alle 12.000 in der Stadt lebenden Ausländer vom Wahlrecht Gebrauch machen können. Für die Rückbenennung der Stadt sind alle notwendigen Vorbereitungen getroffen.

24. März 1990

Mit gemeinsamer Konzeption vollziehen künftig Firmen aus der Region und bayerische Unternehmen den weiteren Umbau des Opernhauses. So soll unter dem Theaterplatz eine zweigeschossige Tiefgarage mit 360 Autostellplätzen entstehen. Großen Aufwand erfordert der Um- und Ausbau des Vorstellungshauses, in dem künftig auch Aufzüge u. a. behinderten Personen den Besuch erleichtern werden. Das rekonstruierte Opernhaus wird nur noch über 750 Plätze verfügen.

18. März 1990

Als erste freie und geheime Wahlen in der DDR finden die Volkskammerwahlen statt. In der Stadt liegt die Wahlbeteiligung bei 93,11 Prozent. Die Bürger entscheiden wie folgt: 47,35 Prozent für die Allianz für Deutschland, 18,80 Prozent für die SPD und 17,54 Prozent für die PDS.

25. März 1990

Auf Einladung des Oberbürgermeisters weilt eine Delegation der Industrie- und Handelskammer Düsseldorf in der Stadt. Es geht dabei vor allem um Kontakte mit der mittelständischen Industrie sowie mit Verkehrs- und Handelsbetrieben. Darüber hinaus werden die Vorstellungen für eine kommunale Selbstverwaltung unterstützt.

27. März 1990

Als erster Technischer Überwachungsverein auf dem Gebiet der DDR wird der TÜV Chemnitz von 48 Betrieben der Bezirke Dresden, Leipzig und Karl-Marx-Stadt wieder gegründet.

Vertreter der internationalen Organisation Greenpeace besichtigen die Mülldeponie am Weißen Weg. Für deren Sanierung erarbeiten die Grüne Liga und die Stadtwirtschaft eine Konzeption.

28. März 1990

Auf ihrer 11. Beratung am Runden Tisch unter Leitung der Vereinigten Linken widmen sich die Teilnehmer der Vorbereitung der Kommunalwahlen am 6. Mai sowie den Vorstellungen zur Grundstruktur des Rates der Stadt nach der Verwaltungsreform. Es wird davon ausgegangen, dass die Leitung der Stadt völlig neu aufgebaut wird und eine strikte Trennung von Organen der Legislative und Exekutive erfolgen muss. Die jetzigen 18 Ratsbereiche werden auf acht Dezernate reduziert.

29. März 1990

Tausende Einwohner der Stadt nehmen an einer Kundgebung im Stadtzentrum teil, zu der das Neue Forum aufgerufen hatte. Sie wollen damit die Forderung unterstützen, dass alle gewählten Abgeordneten und Nachfolgekandidaten der Volkskammer auf Stasi- und Bundesnachrichtendienst-Tätigkeit überprüft werden.

Wahlaufkleber der Liberalen 1990

30. März 1990

Eine Beratungsstelle zu Fragen und Problemen sowie zur allgemeinen Information über den Zivildienst wird von Mitarbeitern des Amtes für Arbeit in der Kantstraße 2 eröffnet.

31. März 1990

Auf der Stadtdelegiertenkonferenz der CDU wird ein neuer Vorstand mit Christoph Schüler an der Spitze gewählt.

3. April 1990

Karl-Marx-Stadt gehört seit diesem Tag zu den durch das Wirtschaftskomitee der DDR ausgewählten Regionen, die durch das Bonner Wirtschaftsministerium beim kurzfristigen Aufbau einer akzeptablen, entwicklungsfördernden Infrastruktur unterstützt werden.

4. April 1990

Die Beratungen am 12. Runden Tisch, die vom Oberbürgermeister geleitet werden, dienen ausschließlich der

ZUM BÜRGERENTSCHEID IM APRIL

Dein
Ja
für ein neues
Chemnitz

Wir fordern die Freigabe des traditionsreichen und weltbekannten Namens, welcher unserer Heimatstadt 1953 durch stalinistische Machthaber genommen wurde.
Wir fordern nicht eine kostenaufwendige Sofortmaßnahme, sondern einen zeitlich vertretbaren allmählichen Rückbenennungsvorgang, der in Verbindung mit der Länderreform sowie wirtschaftlichen Umstrukturierungen nur geringste finanzielle Aufwendungen erfordert.

Verband der Heimatfreunde Chemnitz e. V.

Aufruf des Verbandes der Heimatfreunde Chemnitz e. V. zum Bürgerentscheid

Wahlvorbereitung in der Stadt. Die personelle Besetzung der Wahlvorstände wird als ungenügend eingeschätzt, sodass die Parteien und politischen Organisationen erneut um Unterstützung gebeten werden.

5. April 1990

Tausende Werktätige demonstrieren – wie in allen Bezirksstädten der DDR – gegen die von BRD-Politikern geäußerte Absicht, die DDR-Mark im Verhältnis 1:2 umzutauschen.

7. April 1990

Mehrere Hundert Behinderte aus dem gesamten Bezirk demonstrieren für ihre Rechte. Sie erwarten vom neu gewählten Parlament die Einbeziehung in Gespräche und Beratungen sowie eindringlich das Recht auf Arbeit.

11. April 1990

Zum 13. Mal treffen sich die Teilnehmer am Runden Tisch und beraten unter Leitung von Dr. Langer über die Wahlvorbereitung. Sie bestätigen darüber hinaus die Zuweisung des Objektes Kaßberstraße 22 zur Nutzung als Frauenbegegnungszentrum.

15. April 1990

Hunderte Einwohner vereinen sich zum ersten Ostermarsch, um für eine DDR ohne Wehrpflicht zu demonstrieren. Am sowjetischen Panzerdenkmal werden Plakate angebracht und Kerzen aufgestellt.

17. April 1990

Die erste Ausgabe einer Zeitung des Rates der Stadt mit dem Titel „Amtsblatt" erscheint. Ihr Anliegen ist es, die Bürger über alle Vorhaben der Stadt und insbesondere über die Tätigkeit der Abgeordneten sowie das Einbeziehen des Bürgerwillens in die kommunalen Entscheidungen zu informieren.

18. April 1990

Auch beim 14. Runden Tisch, der von Dr. Langer geleitet wird, geht es ausschließlich um die anstehende Kommunalwahl. Es wird informiert, dass alle 135.000 Haushalte der Stadt eine Postwurfsendung mit den Namen der aufgestellten Kandidaten erhalten werden.

19. April 1990

Der Chemnitzer Geschichtsverein wird nach 45 Jahren wieder gegründet. Er sieht in der Erforschung und wissenschaftlichen wie auch allgemeinverständlichen Darstellung der Geschichte der Stadt Chemnitz und deren Umgebung seine Hauptaufgabe.

22. April 1990

Das Umweltzentrum auf der Henriettenstraße 5 macht zum ersten „Tag der Erde" in der DDR mit einem Straßenfest auf die Sorgen vieler Menschen um ihre Umwelt aufmerksam. Am Vormittag treffen sich interessierte Bürger zu einem Arbeitseinsatz im Zeisigwald sowie zu einer Kinder- und Friedensdemonstration vor dem Rathaus.

23. April 1990

Die öffentliche Auszählung der abgegebenen Stimmen zur Rückbenennung von Karl-Marx-Stadt in Chemnitz erfolgt im Speisesaal der ehemaligen Bezirksverwaltung des MfS auf der Kaßbergstraße. Der Leiter der Arbeitsgruppe Bürgerbefragung beim Rat der Stadt gibt am späten Nachmittag das Ergebnis bekannt: Von den 251.962 Stimmberechtigten nahmen 191.139 teil, davon entschieden sich: 145.527 (= 76,14 Prozent) für den Namen Chemnitz, 44.540 (= 23,30 Prozent) für Karl-Marx-Stadt, 1.072 Stimmen (= 0,56 Prozent) waren ungültig. Am Abend wird dieses Ergebnis über verschiedene Fernsehsender verbreitet, zwei Tage später nimmt der Oberbürgermeister das notariell bestätigte Ergebnis entgegen. Die Stadtverordnetenversammlung stellt danach einen Antrag an die Regierung, die administrative Entscheidung vom 10. Mai 1953 rückgängig zu machen.

Der Ortsverband des Arbeiter-Samariter-Bundes e. V. wird neu gegründet.

25. April 1990

Der 15. und damit letzte Runde Tisch unter Leitung der Grünen Liga berät vor allem über die Vorbereitung der

Autoaufkleber von Harry Fink, Bielefeld, zur Wiedereinführung des alten Stadtnamens

Kommunalwahlen am 6. Mai. Zudem erfolgt die Information, dass über 700 Fernsprechanschlüsse ehemaliger Mitarbeiter des MfS widerrufen und seit Jahresbeginn 674 neue Anschlüsse vergeben worden sind. Des Weiteren wird der Vorschlag der Bürgerinitiative Stadtentwicklung zur Benennung eines „Düsseldorfer Platzes" bestätigt und dem neu zu wählenden Rat zur Prüfung und Realisierung übergeben.

Mit der Wahl der Stadtparlamente stellen die Runden Tische überall im Land ihre Arbeit ein.

28. April 1990

Auf dem Bezirkshandwerkertag wird in geheimer Wahl der Ehrenobermeister des Konditorenhandwerks, Walter Hartwig, zum Präsidenten der Handwerkskammer und damit zum Nachfolger von Rolf Gundermann gewählt. Der Handwerkertag bestätigt bzw. beschließt den Geschäftsbericht, die Geschäftsordnung für die Kreishandwerkerschaft und die Satzung der Handwerkskammer des Bezirkes.

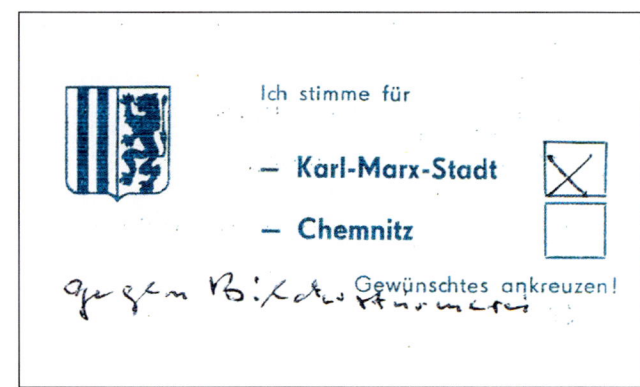

Stimmkarten zum Bürgerentscheid

30. April 1990

Die Bürgerinitiative Kultur veranstaltet im Foyer des Schauspielhauses ein Forum zur künftigen Kulturpolitik der Stadt.

1. Mai 1990

Zu einer Kundgebung versammeln sich Gewerkschafter auf dem Markt, die eine Verhinderung von Massenarbeitslosigkeit, die 40-Stunden-Arbeitswoche, die Sicherung der Ausbildungsplätze sowie den Schutz sozial Schwacher fordern. Der 1. Mai wird in diesem Jahr zum 100. Mal begangen.

2. Mai 1990

Der Oberbürgermeister informiert den Ministerpräsidenten der DDR, Lothar de Maizière, über das Endergebnis der Bürgerbefragung. Er verweist auf das weitere Vorgehen zur Rückbenennung der Stadt, die zur 825-Jahr-Feier der Stadt im September vorgesehen ist. Bis dahin sollten beide Namen für die Stadt verwendet werden.

Mitglieder der Grünen Partei, der Grünen Liga und des Umweltzentrums machen auf die katastrophale Situation des Chemnitzflusses aufmerksam, in dem sie an der Brücke Kurt-Fischer-Straße „frisch geschöpftes" Wasser der Chemnitz anbieten. Ein Probeangeln in Schutzausrüstung, ein quer über die Chemnitz gespanntes Transparent sowie Informations- und Werbematerial sollen die spektakuläre Aktion unterstützen.

5. Mai 1990

Auf der Stadtvorstandssitzung des Demokratischen Frauenbundes Deutschlands (DFD) wird Elke Leonhardt zur ehrenamtlichen Vorsitzenden der bis dahin hauptamtlich geleiteten Frauenorganisation gewählt. Ursula Beyer ist neue Geschäftsführerin.

6. Mai 1990

In der Stadt gelingt es der CDU, die Kommunalwahl zu gewinnen und ihr Ergebnis von der Volkskammerwahl noch um rund 6,4 Prozentpunkte zu übertreffen. Sie beginnt in der darauf folgenden Woche die Koalitionsgespräche mit allen Fraktionen, außer mit der PDS. Weitestgehende Übereinstimmung hinsichtlich des künftigen Programms gibt es mit der SPD. Die Mandate verteilen sich wie folgt auf die 80 Abgeordnetensitze:

CDU	29 Mandate	36,59 Prozent
SPD	14 Mandate	17,73 Prozent
PDS	13 Mandate	16,48 Prozent
DSU	5 Mandate	6,62 Prozent
BFD	4 Mandate	4,55 Prozent
Grüne Liste	4 Mandate	4,86 Prozent
Neues Forum	4 Mandate	5,07 Prozent
FDP	2 Mandate	2,75 Prozent
DA	1 Mandat	1,10 Prozent
DFD	1 Mandat	1,13 Prozent
DFP	1 Mandat	0,67 Prozent
UFV	1 Mandat	0,68 Prozent
BEH. V.	1 Mandat	0,60 Prozent

8. Mai 1990

Der Stadtverband Chemnitz des sächsischen Lehrerverbandes e. V. wird gegründet.

10. Mai 1990

Für eine Stunde beteiligen sich Betriebe der Stadt und des Bezirkes der Textil-, Bekleidungs- und Lederindustrie an einem Warnstreik für den Erhalt der Arbeitsplätze, für soziale Absicherung und gegen Handelsboykott. Auch viele Mitglieder der Gewerkschaft Unterricht und Erziehung im Bezirk stehen für eine Unterrichtsstunde im Warnstreik für höheren Lohn und soziale Sicherheit.

17. Mai 1990

Der Ortsverein Chemnitz des Bundes der Selbständigen, Deutscher Gewerbeverband, wird gegründet. Er umfasst Selbständige aus Handel, Handwerk, freien Berufen sowie den kleinen und mittleren Industriebetrieben.

23. Mai 1990

Der neu gegründete Mieterverein für Chemnitz und Umgebung stellt sich die Sicherung des Grundrechts auf Wohnraum sowie die Einflussnahme auf eine sozial gerechte Mietpreispolitik als wichtigstes Ziel.

26. Mai 1990

Im Veranstaltungszentrum „Forum" wird der Landesverband Sachsen der SPD gegründet und Dr. Michael Lersow zum Vorsitzenden gewählt.

28. Mai 1990

Der erste Domäne-Einrichtungsmarkt in der DDR wird an der Annaberger Straße 85 eröffnet. In dem Einrichtungsmarkt erhalten 50 Chemnitzer einen Arbeitsplatz.

Mai 1990

Ein Förderverein Industriemuseum Chemnitz e. V. bildet sich in der Stadt. Sein Ziel besteht darin, gemeinsam mit dem Bau- und Kulturdezernat erhaltenswerte Gebäude, Werkzeuge und Maschinen aufzuspüren, zu erfassen und sich um deren Erhalt zu kümmern.

Die Barmer Ersatzkasse eröffnet ein Büro auf der Dresdner Straße 36.

1. Juni 1990

Der Kandidat der CDU Dr. Dieter Noll wird zum neuen Oberbürgermeister der Stadt gewählt. Auf der konstituierenden Tagung der Stadtverordnetenversammlung erhält er 53 Stimmen, der Gegenkandidat Dr. Eberhard Langer (PDS) erhält 22 Stimmen. Noll dankt dem bisherigen Oberbürgermeister für seine Arbeit in schwerer Zeit und versichert, Chemnitz zu einer attraktiven Großstadt zu entwickeln. Der promovierte Betriebswirt und Bauingenieur Noll war hier zuletzt als Unternehmensberater tätig und hatte die Staatsbürgerschaft der DDR angenommen.

Die Stadtverordneten beschließen mit großer Mehrheit die Wiedereinführung des historischen Stadtnamens Chemnitz mit sofortiger Wirkung. Der Beschluss beruft sich auf die neue Kommunalverfassung der DDR, Paragraf 9, Abs. 1. Darin wird den Kommunen das Recht eingeräumt, nach vorangegangener Bürgerbefragung eigenverantwortlich über eine Namensänderung zu ent-

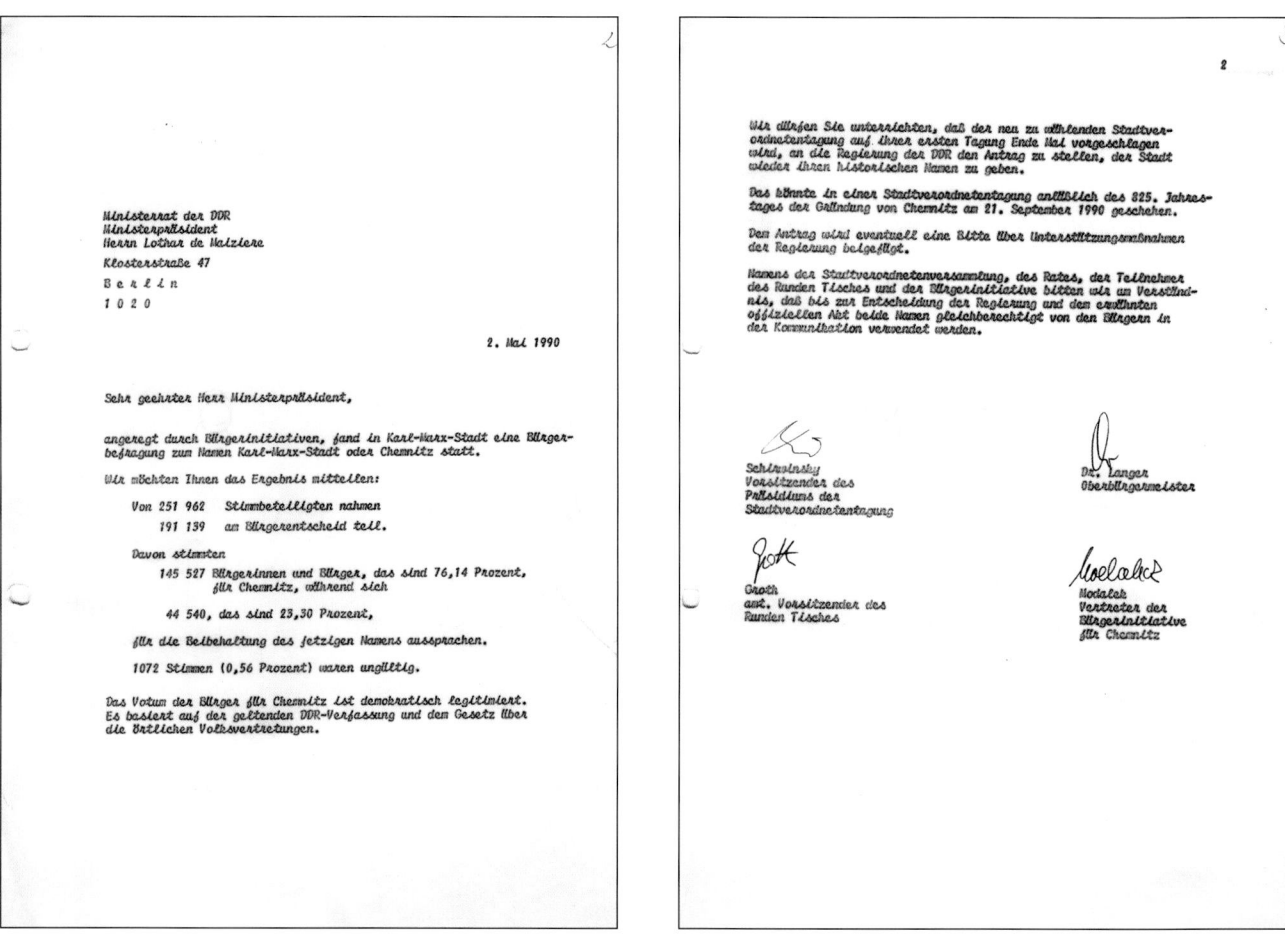

Schreiben an den Ministerpräsidenten der DDR über das Ergebnis des Bürgerentscheids

scheiden. Für eine Übergangszeit von einem Jahr können beide Namen verwendet werden.

6. Juni 1990

Die Dresdner Bank eröffnet ihre Filiale in der Wilhelm-Pieck-Straße 4. Für alle bundesdeutschen Finanzunternehmen fällt der Startschuss jedoch erst einheitlich am 2. Juli.

13. Juni 1990

Die sächsischen Archivarinnen und Archivare gründen ihren Landesverband. Zur Vorsitzenden wird Gabriele Viertel vom Stadtarchiv Chemnitz gewählt.

14. Juni 1990

Ein Anzeigenblatt für Chemnitz und Sachsen mit dem Titel „Stadt-Anzeiger" erhalten erstmals kostenlos 120.000 Haushalte der Stadt. Es erscheint 14-tägig.

Im Museum am Theaterplatz wird die Ausstellung „Erwachen am Augenblick" – Sprachblätter von Carlfriedrich Claus eröffnet. Die Exposition wird gemeinsam mit dem Westfälischen Landesmuseum für Kunst und Kulturgeschichte Münster veranstaltet und ist bis zum 19. August zu sehen.

18. Juni 1990

Die Stadtverordneten wählen auf ihrer 2. Beratung die Leiter von zehn Dezernaten, beraten über eine neue Geschäftsordnung und die Zusammensetzung der vier Ausschüsse. Es wird festgelegt, die Stellen der Schuldirektoren, Stellvertreter, Leiter von Kindergärten, Ärztlichen Direktoren, Chefärzte und Direktoren städtischer Betriebe bis zum 30. Juli neu auszuschreiben. Einstimmig angenommen wird der Antrag, aus dem Nahverkehrsbetrieb per 1. Juli eine Aktiengesellschaft zu entwickeln.

22. Juni 1990

Die erste Ausstellung der Neuen Chemnitzer Kunsthütte unter dem Titel „Knotenpunkt" wird in Anwesenheit der beteiligten Künstler im Kulturzentrum Kaßberg eröffnet. Mit ihr wird der Austausch von künstlerischen Arbeiten zwischen Chemnitz und der Partnerstadt Düsseldorf fortgesetzt.

23. Juni 1990

Auf der Henriettenstraße 5 wird das Umweltzentrum eröffnet. In dem Gebäude des ehemaligen Ministeriums für Staatssicherheit etabliert sich damit ein überparteiliches Informations- und Kommunikationszentrum, das jedem Bürger zugänglich ist.

In der Karl-Marx-Allee 12 öffnet die Bayerische Vereinsbank eine Filiale.

Juni 1990

In einer in der Karl-Marx-Allee 4 eröffneten Hypo-Bank-Filiale können bereits vor der Währungsunion am 1. Juli DM-Konten eröffnet, Beratungen durchgeführt und Kreditanträge gestellt werden.

Das Volkeigene Gut (VEG) Gartenbau Chemnitz eröffnet an der Steinwiese ein 900 Quadratmeter großes Gartencenter.

1. Juli 1990

Die Deutsche Mark ist ab 0.00 Uhr alleiniges Zahlungsmittel auch in der DDR. Zu diesem Zeitpunkt tritt der Staatsvertrag über die Währungs-, Wirtschafts- und Sozialunion zwischen DDR und Bundesrepublik in Kraft. Schon am frühen Morgen bilden sich bis zu mehrere hundert Meter lange Schlangen vor den Sparkassenfilialen, Postämtern sowie zusätzlichen Auszahlungsstellen.

Das erste westdeutsche Möbelhaus mit dem Namen „Multipolster" öffnet auf dem Gelände der LPG Oberlichtenau seine Pforten.

13. Juli 1990

Für sicherere Arbeitsplätze, gegen Entlassungen und Preismissbrauch demonstrieren rund tausend Werktätige von Handel und Gastronomie vor dem Rathaus.

25. Juli 1990

Die Abgeordneten des Stadtparlaments stimmen dem PDS-Antrag zur Schaffung eines Industriemuseums grundsätzlich zu und diskutieren um das Gebäude für das erste Chemnitzer Schulmodell.

3. August 1990

Die TU ist die erste Hochschule in der DDR, in der ein PC-Ausbildungs- und Beratungszentrum eröffnet wird, für das das Unternehmen IBM Deutschland die modernsten Hightech-Maschinen zur Verfügung stellte.

```
Stadtverordnetenversammlung
Karl-Marx-Stadt                         o1. o6. 199o

Beschluß Nr.  oo2

Rückbenennung der Stadt Karl-Marx-Stadt in Chemnitz

Auf der Grundlage des Gesetzes über die Selbstverwaltung
der Gemeinden und Landkreise in der DDR ( Kommunalverfassung )
§ 9, Abs. 1 und in Übereinstimmung mit dem Ergebnis des
Bürgerentscheides vom April 199o beschließt die Stadtverordneten-
versammlung die Rückbenennung von Karl-Marx-Stadt in


                    "  C H E M N I T Z  "

mit sofortiger Wirkung.

Für eine Übergangzeit von einem Jahr kann der alte Name
noch weiterverwendet werden.

Aus der Umstellung resultierende Kosten sollen von den
Einrichtungen getragen werden, bei denen sie entstehen.
Mit dem 825-jährigen Stadtjubiläum wird die Festlichkeit
der Rückbenennung begangen.
```

Beschluss der Stadtverordnetenversammlung zur Rückbenennung der Stadt

22. August 1990

Zur monatlichen Tagung der Stadtverordneten im Rathaus geht es hauptsächlich um ein neues Konzept innerstädtischer Bebauung mit dem Ziel, das alte Stadtbild von Chemnitz wieder herzustellen. Beraten wird außerdem über den Bau einer zweigeschossigen Tiefgarage am Theaterplatz. Berthold Brehm aus Mannheim wird zum neuen Dezernenten für Recht, Sicherheit und Ordnung gewählt. Informiert wird des Weiteren über die Gründung der Stadtwerke Chemnitz.

25. August 1990

Der erste Regionalkreis des Bundesverbandes Junger Unternehmer (BJU) auf DDR-Gebiet wird in Chemnitz gegründet.

1. September 1990

Die Chemnitzer SPD gründet ihren Unterbezirk, der den provisorischen Stadtvorstand ablöst. Er umfasst die Stadt und den Kreis Chemnitz sowie die Kreise Hainichen und Rochlitz.

Mit einer neuen inhaltlichen Gestaltung präsentiert sich die „freie presse", die mit über 600.000 gedruckten Exemplaren täglich mehr als eine Million Leser erreicht.

Die Commerzbank eröffnet ihre Filiale in Chemnitz.

5. September 1990

Die Deutsche Angestelltengewerkschaft (DAG) eröffnet ein eigenes Büro in der Otto-Grotewohl-Straße 20.

6. September 1990

Zu einem bewaffneten Überfall kommt es in der Filiale der Deutschen Bank am Fritz-Heckert-Platz. Die Täter, die im Schalterraum einen Kunden als Geisel genommen und etwa 200.000 DM erbeutet hatten, werden auf der Flucht von einem Polizisten gestellt. Beim Schusswechsel wird einer von beiden verletzt und stirbt im Krankenhaus, der andere wird später festgenommen.

12. September 1990

Die Stadtverordnetenversammlung trifft mit knapper Mehrheit die Entscheidung, das Kulturzentrum auf der Dr.-Richard-Sorge-Straße zu streichen. Es gäbe Überlegungen, in diesem Gebäudekomplex zwei komplette Dezernatsverwaltungen unterzubringen. Protest kommt von der Bürgerinitiative Kunst und Kultur, zumal die Bereitschaft von deutschen Banken zur großzügigen Unterstützung vorliegt.

14. September 1990

Ein festliches Konzert im Großen Saal der Stadthalle bildet den Auftakt zur 825-Jahr-Feier von Chemnitz.

Dabei führen die Robert-Schumann-Philharmonie, die Singakademie und der Städtische Opernchor gemeinsam die 9. Sinfonie von Beethoven auf. Bis zum 16. September feiern Tausende Chemnitzer und ihre Gäste das Jubiläum der Stadt.

Erstmals nach fast 50 Jahren erscheint wieder ein Kalender mit historischen Ansichten von Chemnitz. Herausgeber des von der Dresdner Bank geförderten Projektes ist der neu entstandene Verlag Heimatland Sachsen.

18. September 1990

Der Kanzlerkandidat der SPD, der saarländische Ministerpräsident Oskar Lafontaine, besucht die Barkas GmbH und spricht mit Arbeitnehmern über die Sicherung der Arbeitsplätze und die komplizierte wirtschaftliche Situation dieses Chemnitzer Betriebes.

20. September 1990

Die Besitzer von Ein- und Zweifamilienhäusern können das dazugehörige Land käuflich erwerben. Von der Stadtverwaltung wurde festgelegt, dass die Grundstücksverkäufe zu den Grund- und Bodenpreisen vorgenommen werden, die bis zum 30. Juni 1990 für die Stadtgebiete gültig waren.

21. September 1990

Der Spitzenkandidat der CDU für das Amt des sächsischen Ministerpräsidenten, Prof. Dr. Kurt Biedenkopf, spricht auf einer Wahlveranstaltung in der Stadthalle. Nach seiner Meinung werde Sachsen das ostdeutsche Land sein, das sich am schnellsten erholen und in den nächsten Jahren die höchsten Wachstumsraten verzeichnen werde.

25. September 1990

In der ersten Etage des Rathauses eröffnet die Polizei ein Kontaktbüro. Das in der DDR einmalige Pilotprojekt entstand auf Anregung der Stadtverwaltung, um die Zusammenarbeit zwischen Polizei und Ordnungsamt besser zu koordinieren.

26. September 1990

Die Stadtverordneten beschäftigen sich in ihrer Beratung vor allem mit der Tätigkeit der Grundstücks- und Gebäudewirtschaftsgesellschaft mbH (GGG). Ein parlamentarischer Untersuchungsausschuss soll die Arbeit der ehemaligen Gebäudewirtschaft kontrollieren. Weiterhin geht es um die Kommunalisierung ehemaligen Volkseigentums und der Liegenschaften der SDAG Wismut, von Jugendklubs, Sporteinrichtungen und einiger Kliniken sowie der Einrichtungen des früheren MfS, der Roten Armee, der FDJ und weiterer Organisationen.

September 1990

Die Kunst- und Kulturschaffenden von Chemnitz richten einen Offenen Brief an die Stadtverwaltung. Sie befürchten, dass kulturelle Prozesse zu sehr dem Selbstlauf überlassen würden und verweisen auf die Konzeption des Runden Tisches Kultur vom Mai. Die Künstler fordern definitive Entscheidungen zu Gunsten der Kultur, u. a. die Nutzung des Kulturzentrums Kaßberg nur für kulturelle Zwecke sowie eine Projektfinanzierung von gemeinnützigen Vereinen.

Das Technologie-Centrum Chemnitz (TCC) entsteht mit dem Ziel, das vorhandene technisch-technologische Wissen der verschiedenen Disziplinen der TU, des Instituts für Mechanik und regionaler Einrichtungen und Institute für neu gegründete oder bestehende Unternehmen nutzbar zu machen.

Der Vizepräsident des Stadtparlaments, Helmut-Joachim Nestler (DSU), wird vorerst seiner Ämter enthoben, da er IM für das ehemalige MfS gewesen sein soll. Er wird am 18. September aus der DSU ausgeschlossen.

Ende September sind im Bezirk Chemnitz rund 41.000 Menschen als arbeitslos registriert.

Feier zum Tag der Wiedervereinigung am 3. Oktober 1990

1. Oktober 1990

Die Albrecht-Dürer-Schule an der Charlottenstraße wird offiziell durch das Chemnitzer Schulmodell übernommen.

3. Oktober 1990

Zum Tag der deutschen Einheit verleiht das Stadtparlament von Chemnitz während einer feierlichen Sitzung an Pfarrer Christoph Magirius die Ehrenbürgerwürde für seinen besonderen Einsatz beim friedlichen Verlauf der Ereignisse um den 7. Oktober 1989.

5. Oktober 1990

Auf einer Wahlkampfveranstaltung der DSU und der CSU erklärt Bundesfinanzminister Theo Waigel, dass aus dem Fond Deutsche Einheit 115 Milliarden Mark zum Aufbau und zur Wiederherstellung der ehemaligen

DDR bereitgestellt würden. Zu den Teilnehmern spricht auch der Spitzenkandidat der DSU in Sachsen, Jürgen Schwarz.

Mit einem symbolischen Knopfdruck wird im Margarinewerk mit der Rama-Produktion durch die Union Deutsche Lebensmittelwerke GmbH Hamburg begonnen.

7. Oktober 1990

Das Hotel „Chemnitzer Hof" wird 60 Jahre alt. Die Geburtstagsgala fällt wegen Geldmangels aus, die künftigen Besitzverhältnisse sind noch unklar.

Unter dem Motto „Wieder-Begegnung mit Chemnitz" findet vor der Stadthalle eine Multimedia-Veranstaltung mit dem Rundfunkorchester Berlin und zahlreichen Solisten statt. Die gesamtdeutsche Produktion „Händel-Hits Pop-Classics" begeistert Tausende Besucher.

8. Oktober 1990

Die Dresdner Bank übergibt der Stadt zwei neue Mercedes-Busse. Sie werden für Krankenhäuser sowie Alten- und Pflegeheime eingesetzt.

9. Oktober 1990

Die Stadtwerke Chemnitz AG wird gegründet. Sie versorgt die Stadt mit Elektroenergie, Gas, Wasser und Wärme. Außerdem ist sie für die Abwasserableitung mit Abwasserbehandlung sowie für Umweltschutzdienstleistungen zuständig.

11. Oktober 1990

Der nordrhein-westfälische Ministerpräsident Johannes Rau spricht auf einer Wahlveranstaltung der SPD auf dem Markt. Er bezeichnet seinen Auftritt nicht nur als Wahlkampfhilfe, sondern auch als Dank an jene, die seine Familie und ihn während der Kriegsjahre in Chemnitz beherbergten.

Eine Wahlkampfveranstaltung der Linken Liste/PDS findet in der Eissporthalle statt. Neben dem Vorsitzenden der PDS, Gregor Gysi, nimmt daran auch der Spitzenkandidat für den Landtag Sachsens, Dr. Eberhard Langer, teil. Das Wahlbündnis bekennt sich zu einem Sachsen, das demokratisch und rechtsstaatlich ist.

12. Oktober 1990

Als erste privat geführte Kunsthandelsgalerie der Stadt wird auf der Glockenstraße 5 die „Galerie Weise" eröffnet.

14. Oktober 1990

Mehr als 3,6 Millionen Einwohner Sachsens sind aufgerufen, sich an der Wahl zum Sächsischen Landtag zu beteiligen. Das Wahlergebnis sieht folgendermaßen aus: 50,77 Prozent für die CDU, 17,61 Prozent für die SPD, 11 Prozent für die Linke Liste/PDS, 7,04 Prozent für das Neue Forum und 6,67 Prozent für die FDP. Fünf Direktkandidaten für die CDU werden in Chemnitz gewählt: Dr. Heinz Böttrich, Hans-Jörg Kannegießer, Klaus-Dieter Kühnrich, Dieter Beyer, Dr. Wolfgang Weber. Über die Landeslisten ziehen außerdem zehn weitere Abgeordnete in den neuen Sächsischen Landtag ein: SPD – 4, PDS – 4, FDP – 2. Der Listenvereinigung Forum/Bündnis 90/Grüne gelingt es nicht, Vertreter in den Landtag zu entsenden.

18. Oktober 1990

Die erste Ausgabe einer neuen Zeitung mit dem Namen „Wochenspiegel" wird kostenlos an 132.000 Haushalte verteilt. Herausgeber ist die Wochenspiegel Verlagsgesellschaft mbH i. G.

An der Theresenstraße öffnet der zweite Lidl-Discount-Markt in der Stadt. Der erste befindet sich im Fritz-Heckert-Gebiet an der Burkhardtsdorfer Straße.

Straßenschilder 1990 umbenannter Straßen

23. Oktober 1990

Angehörige einer Antiterroreinheit räumen das Haus Leipziger Straße 94, das seit zehn Tagen von Jugendlichen der linken autonomen Szene besetzt worden war. Sie wollten hier ein autonomes Zentrum errichten und hatten dieses Haus vom Jugendamt und dem Dezernat für Recht, Sicherheit und Ordnung zugesprochen bekommen. Von der Bauaufsicht wurde es jedoch kurzfristig gesperrt.

27. Oktober 1990

Die letzte im Bleisatz hergestellte Seite der „freien presse" erscheint mit der Wirtschaftsseite. Von nun an wird der Textteil ausschließlich im Fotosatz produziert.

30. Oktober 1990

Die ersten eurocheque-Karten und die dazugehörigen Schecks werden von der Stadtsparkasse an die Kunden ausgegeben.

13. November 1990

Eine moderne Messstation für Luftverschmutzung wird in einem Container hinter der Ratsapotheke aufgestellt. Techniker einer japanischen Firma installieren die hochempfindlichen Geräte, von denen es insgesamt vier im Stadtgebiet gibt.

16. November 1990

Eine neue Dialysestation wird im Krankenhaus Küchwald von Bundesarbeitsminister Norbert Blüm eingeweiht. Sie ist die erste von insgesamt zehn neuen Einrichtungen, die auf dem Gebiet der ehemaligen DDR entstehen sollen und Bestandteil des Hilfsprogrammes der Bundesregierung sind.

24. November 1990

Zu einem Treffen der Landsmannschaft der Deutschen aus Russland kommen rund 350 Teilnehmer an die TU. Sie beraten darüber, wie die rund 3.000 bis 4.000 Russlanddeutschen in Chemnitz bei Problemen und bei der Wohnraumsuche unterstützt werden können.

28. November 1990

Eine Wahlveranstaltung linker Jugendorganisationen findet im Haus Einheit statt. Rocksänger Rio Reiser gibt am Abend ein Konzert.

2. Dezember 1990

Im Ergebnis der ersten gesamtdeutschen Bundestagswahlen seit dem Zweiten Weltkrieg entfallen auf die angetretenen Parteien folgende Sitze: CDU 21, SPD 8, PDS 4, FDP 5, Bündnis 90/Grüne 2. Damit ziehen 40 Abgeordnete, die im Freistaat Sachsen kandidiert haben, in den Deutschen Bundestag ein. Die Stadt ist durch folgende Abgeordnete im Bundestag vertreten: CDU:

Parkanlage an der Karl-Marx-Allee

Der Brunnen „Jugend im Sozialismus" in der Inneren Klosterstraße

Der Brühl-Boulevard in den Achtzigerjahren

Der Brunnen „Jugend" am Brühl

Klaus Reichenbach, Rudolf Meinl; SPD: Dr. Gerald Thalheim, Dr. Helga Otto; FDP: Dr. Jürgen Schmieder; Bündnis 90/Grüne: Werner Schulz.

5. Dezember 1990

Die Stadtverwaltung ruft alle Chemnitzer über die Presse auf, der Not leidenden Bevölkerung in der Partnerstadt Wolgograd mit Geld- und Sachspenden zu helfen und sich damit an der von Bundeskanzler Helmut Kohl ins Leben gerufenen Hilfsaktion „Helft Russland" zu beteiligen.

14. Dezember 1990

Eine Krisenstation der Stadtmission Chemnitz wird in der Forststraße 22 eröffnet. Hier finden Menschen in besonderer Notlage Beratung, Begleitung und auch Unterkunft für eine begrenzte Zeit.

Im Dietrich-Bonhoeffer-Gemeindezentrum an der Markersdorfer Straße wird der Kirchliche Körperbehindertenbund Chemnitz e. V. gegründet. Er ist ein Zusammenschluss von sechs kirchlichen Gruppen Körperbehinderter, der eng mit der Stadtmission zusammen arbeitet.

Die ersten Kontoauszugdrucker der Sparkasse sind installiert. Für die Inhaber von Spargirokonten sind S-Cards hinterlegt, die später auch am Geldautomat genutzt werden können.

19. Dezember 1990

Die Stadtverordnetenversammlung fasst auf ihrer letzten Beratung im Jahr den Beschluss, bis zum 31. März 1991 alle Straßen, die an die sozialistische Vergangenheit der Stadt erinnern, umzubenennen. Einspruch zu den 38 Umbenennungen übt die PDS. Das Parlament stimmt ebenfalls dem Vorschlag zu, bis zum gleichen Termin Schulen der Stadt mit neuem Namen zu versehen. Die Stadtverordneten entscheiden u. a., das sowjetische Pan-

zerdenkmal an der Dresdner/Ecke Frankenberger Straße abzumontieren und dem Bayerischen Armeemuseum in Ingolstadt zu übergeben.

20. Dezember 1990

Der Generalsekretär des Zentralrates der Juden in Deutschland, Micha Guttmann, weilt zu einem Besuch in der Stadt. Begrüßt wird er von Siegmund Rotstein und den zwölf eingetragenen Mitgliedern der Jüdischen Gemeinde.

Sanierung der Petrikirche im Juli 1990

Umbau des Opernhauses und des Theaterplatzes im Juli 1990

8. Januar 1991

Rund 5.000 Chemnitzer beteiligten sich am Abend an einer Friedensdemonstration in der Innenstadt gegen den Golfkrieg, der am Tag zuvor begonnen hatte. Bei der Abschlusskundgebung vor dem Rathaus wird informiert, dass sich rund 10.000 Chemnitzer an einer Unterschriftensammlung gegen den Einsatz deutscher Soldaten und gegen Rüstungsexporte beteiligt hätten.

Die Umstellung auf die neuen Kfz-Kennzeichen beginnt und soll bis Ende 1992 abgeschlossen sein. Sie erfolgt gleichzeitig mit der Einführung der regelmäßigen technischen Fahrzeugüberwachung (TÜV bzw. Dekra). Für die Stadt gilt künftig die Buchstabenkennzeichnung C-AA bis Z mit der Ziffernfolge 1-9999. Um Verwechslungen auszuschließen, werden die Buchstaben B, F, G, O und Q nicht verwendet.

15. Januar 1991

Eine Verwaltungsstelle der Bundesknappschaft wird in der Jagdschänkenstraße 50 eröffnet. Die Verwaltung wird in Sachsen, Thüringen und in Bereichen von Sachsen-Anhalt rund 200.000 Versicherte betreuen.

23. Januar 1991

Auf der Stadtverordnetenversammlung stellt Oberbürgermeister Dr. Noll eine neue Struktur der Stadtverwaltung vor. Danach sollen weite Teile des bisherigen Dezernates 12 (Gewerbe- und Marktbereich) dem Dezernat für Recht, Ordnung und Sicherheit angegliedert werden. Reinhart Wiegner scheidet damit als Dezernent aus. Der Dezernent für Gesundheit und Soziales informiert über

Gesundheitseinrichtungen, die in kommunaler Hand bleiben: Polikliniken Stadtzentrum, Neubau und Müllerstraße, die Stadtambulatorien Küchwald, Zeisigwald und Karl-Winter-Straße. Der Dezernent für Kommunalisierung und Privatisierung, Karl-Heinz Winkler (FDP), wird aus seiner Funktion abberufen, da er als IM dem MfS zugearbeitet habe.

28. Januar 1991

Auf eine rund 2.500 Kilometer lange Strecke begibt sich ein LKW-Konvoi aus Chemnitz mit 120 Tonnen Lebensmittel, Medikamente und Bekleidung für die Bewohner der Partnerstadt Wolgograd.

1. Februar 1991

In den Messehallen am Schlossteich wird die zehntägige Verbrauchermesse „Bauen – Wohnen – Leben" eröffnet. Sie bietet 130 Ausstellern aus heimischer Wirtschaft Gelegenheit zur Repräsentation.

11. Februar 1991

Umweltschützer, Mitglieder der Grünen Liga, des Neuen Forums und kirchlicher Basisgruppen blockieren die Einfahrt zur 38 Hektar großen Mülldeponie am Weißen Weg, der zweitgrößten Ostdeutschlands. Sie fordern damit von der Stadtverwaltung klare Aussagen zur Zuständigkeit und Unterstellung innerhalb der Verwaltung sowie sofortiges Bereitstellen von Flächen, die zur Sperrmülltrennung und -aufbereitung genutzt werden können.

Neubebauung der Ecke Augustusburger-/Theresenstraße

18. Februar 1991

Ein ständiges Büro der Partnerstadt Düsseldorf hat seine Arbeit im Rathaus aufgenommen. Es soll als Kontaktstelle für die Verwaltung wirken und bei deren Neuaufbau helfen.

20. Februar 1991

Zur größten Kundgebung nach der Wendezeit versammeln sich rund 33.000 Gewerkschafter der IG Metall vor dem Arbeitsamt der Stadt. Sie fordern klare Konzepte der Treuhandanstalt, von Bund und Landesregierung zur Rettung der Chemnitzer Industrieregion sowie die Zurückdrängung der bevorstehenden Massenarbeitslosigkeit in Sachsen.

27. Februar 1991

Stadtkämmerer Hans-Jörg Zimpel (CDU) informiert die Stadtverordneten zu ihrer monatlichen Beratung über die ernste Haushaltssituation und die Kassenlage. Nach eigenen Berechnungen fehlen dem Verwaltungshaushalt gegenwärtig 650 Millionen Mark, im Vermögenshaus-halt 690 Millionen Mark. Mit großer Mehrheit wird Dr. Fritz Schulschenk zum Dezernenten für Wohnungswesen und Liegenschaften gewählt.

1. März 1991

Ab sofort gelten höhere Verkehrstarife für Busse und Bahnen. Der Einzelfahrschein kostet jetzt 50 Pfennig.

18. März 1991

Zu einer Protestkundgebung kommen rund 20.000 Textilarbeiter vor dem Karl-Marx-Monument zusammen. Sie fordern von der Treuhand und der Bundesregierung ein industrie- und wirtschaftspolitisches Konzept für die fünf neuen Bundesländer, bei dem die Sicherung der Arbeitsplätze Priorität haben müsse.

21. März 1991

Im ehemaligen Exquisit-Geschäft auf der Straße der Nationen eröffnet das Breuninger Modehaus. Alle 62 Mitarbeiter sowie zwei Lehrlinge des Geschäftsvorgängers wurden übernommen.

24. März 1991

Eine Gedenktafel für Georgius Agricola von Bildhauer Volker Beier wird am Alten Rathaus feierlich enthüllt. Am gleichen Tag konstituiert sich das Agricola-Komitee zur Vorbereitung von Agricolas 500. Geburtstag im Jahr 1994.

27. März 1991

Auf der Sitzung der Stadtverordneten wird die lang diskutierte Hauptsatzung der Stadt beschlossen. Sie besagt u. a., dass die Stadt künftig aus 13 Stadtbezirken bestehen wird. Zu einem Eklat kommt es, als es um die Beteiligung der Opposition im Präsidium geht. Mit 44 Nein-Stimmen gegenüber 30 Ja-Stimmen wird ein entsprechender Antrag der PDS abgelehnt. Daraufhin

verlässt die Fraktion geschlossen den Stadtverordnetensaal.

29. März 1991

Mitglieder der Friedensinitiative Regenbogen versammeln sich vor dem Rathaus und starten ihren dreitägigen Friedensmarsch von Chemnitz über Altenburg nach
Leipzig. Sie demonstrieren damit gegen die Auswirkun-
gen des Golfkrieges und die sozialen Missstände in den
fünf neuen Bundesländern.

31. März 1991

Die erste Etappe der Rückbenennung von Straßen in der
Stadt ist abgeschlossen. Sie umfasst den Innenstadtbe-
reich mit Umgebung sowie Einfallstraßen der Stadt. In
der zweiten Etappe geht es um Umbenennungen in historischen Stadtgebieten, in der dritten Etappe sollen die
Straßen im Neubaugebiet „Fritz Heckert" neue Namen
erhalten, was jedoch nicht erfolgt ist.

1. April 1991

Rund 150 Bürger beteiligen sich am Ostermarsch von
Chemnitz nach Frankenberg. Sie erinnern an den Golfkrieg und machen auf Arbeitslosigkeit und soziale Unsicherheit in der eigenen Region aufmerksam.

2. April 1991

Die „Freie Presse", mit einer Auflage von 600.000 Exemplaren führende Tageszeitung in der Region, präsentiert
sich ihren Lesern in neuer Schreibweise (wieder mit großen Anfangsbuchstaben) und neuer Erscheinungsform.
Schwerpunkt soll künftig die lokale Berichterstattung
aus dem gesamten Verbreitungsgebiet sein. Seit dem 1.
Januar 1991 wird das Blatt von der Chemnitzer Verlag
und Druck GmbH (CVD) verlegt, einer 100-prozenti-
gen Tochtergesellschaft der Medien Union GmbH Lud-
wigshafen.

Altbauten an der Uferstraße/Zieschestraße

3. April 1991

Stephan Altensleben wird Präsident des Regierungsprä-
sidiums Südwestsachsen. Der in Magdeburg Geborene
war ab 1980 Stadtdirektor in Hof und Leiter des Rechts-
referates.

6. April 1991

Im Kultur- und Informationszentrum KIZ auf der Stollberger Straße kommen die Gründungsmitglieder der
Friedensinitiative Regenbogen zusammen, um eine Satzung ihres zukünftigen Vereins zu diskutieren und einen
Vorstand zu wählen.

In der Gaststätte „Blankenburg" findet die Grün-
dungsveranstaltung der Sudetendeutschen Landsmann-
schaften (SDL), Kreisgruppe Chemnitz, statt.

8. April 1991

Eine Meisterschule für das Friseurhandwerk wird in der
Zieschestraße 11 eröffnet. Sie ist im Bereich des Handwerks zugleich die erste private innungsgeleitete Meisterschule in den neuen Bundesländern.

An der Reitbahnstraße

12. April 1991

Als erste Polizeibehörde in den fünf neuen Bundesländern erhält die Chemnitzer Bezirksbehörde ein kriminalpolizeiliches Drogenaufklärungs- und Informationszentrum, das künftig als Stätte der Aus- und Fortbildung allen mit dieser Problematik befassten bzw. interessierten gesellschaftlichen Kräften zur Verfügung steht.

13. April 1991

Die Fritz-Matschke-Oberschule erhält ihren alten Namen Untere Luisenschule zurück.

19. April 1991

Während eines akademischen Aktes im Chemnitzer Rathaus erhält der VW-Vorstandsvorsitzende Dr. Carl Hahn die Ehrendoktorwürde der Technischen Universität Chemnitz verliehen. Der gebürtige Chemnitzer versichert, dass VW das Maximale für die Region tun werde, wozu u. a. das Motorenwerk in Chemnitz und die Fahrzeugmontage in Zwickau gehören.

24. April 1991

Die Stadtverordneten werden in ihrer Sitzung darüber informiert, dass neben 1.360 Kaufanträgen für Grundstücke rund 13.000 Anträge zur Reprivatisierung vorliegen. Darüber hinaus werden Vorlagen zu Bebauungsplänen im Stadtgebiet bestätigt, wozu z. B. auch die Errichtung eines „Maison de France" gehört. Es soll am Falkeplatz für rund 100 Millionen DM entstehen.

27. April 1991

Unter dem Motto „Sympathisches Chemnitz" öffnet in den Messehallen am Schlossteich eine Fach- und Informationsausstellung für Handel, Handwerk und Gewerbe.

29. April 1991

Oberbürgermeister Dr. Noll gibt bekannt, bis zum 31. Mai von seinem Amt zurückzutreten. 65 der 69 anwesenden Abgeordneten stimmen dem Rücktrittsangebot bei einer Gegenstimme und drei Enthaltungen zu. Mit großer Mehrheit beschließen die Stadtverordneten, dass Dr. Joachim Pilz (CDU) für den Zeitraum bis zur Neuwahl als amtierender OB fungiert.

6. Mai 1991

Ein Haus der Gesundheit öffnet in der Goethestraße 7 seine Pforten. Inhaber und Betreiber ist die Reha aktiv GmbH.

10. Mai 1991

Auf dem Friedhof an der Reichenhainer Straße wird der Grundstein für das neue städtische Krematorium gelegt. Nach der Inbetriebnahme sollen in dieser Einrichtung etwa 8.000 bis 10.000 Kremationen pro Jahr durchgeführt werden. Es entsteht ein neues unterirdisches Ofenhaus mit vier Verbrennungsanlagen, das den

Anforderungen einer geringen Umweltbelastung entspricht und so das erste seiner Art in den neuen Bundesländern ist.

25. Mai 1991

Die erste Baufachmesse „Saxonia-Bau" wird in den Schloßteichhallen eröffnet. 102 Aussteller zeigen hier neueste Produkte und Dienstleistungen aus der Bauzulieferbranche.

Im Haus der Kinder und Jugend „spektrum" auf der Kaßbergstraße findet der 1. Schultheatertag statt. Acht Gruppen aus Chemnitz treten dabei in einen Ideen- und Erfahrungsaustausch, um sich für ihre weitere Arbeit im darstellenden Spiel neue Anregungen zu holen.

29. Mai 1991

Die Stadtverordneten beschließen die Überführung des Rehabilitationszentrums in das Chemnitzer Lebenshilfswerk sowie die Überführung der 15 Altenheime an freie Träger.

Mai 1991

Im Hotel „Chemnitzer Hof" wird nach 54 Jahren der Rotary-Club wieder gegründet.

1. Juni 1991

Die ersten Obdachlosen werden im Hintergebäude der Ottostraße 11 beherbergt, wo insgesamt 30 Plätze zur Verfügung stehen. Das Stadthaus Chemnitz ist ein Pilotprojekt für die gesamte Bundesrepublik.

13. Juni 1991

Die Bayrischen Motoren Werke AG (BMW) eröffnet in Chemnitz ihre erste Niederlassung in den neuen Bundesländern. Im Gebäude an der Scheffelstraße sind über 30 Mitarbeiter beschäftigt.

25. Juni 1991

Das erste Fortbildungszentrum (FBZ) in Chemnitz wird im Gebäude Wielandstraße 4 übergeben. Es ist eine Einrichtung der beruflichen Erwachsenenbildung, die in Zusammenarbeit mit dem Arbeitsamt Qualifizierungsmaßnahmen anbietet.

27. Juni 1991

Mit 60 von 96 Stimmen des Konzils wird Prof. Dr. Günther Hecht zum neuen Rektor der Technischen Universität Chemnitz gewählt. Er will die technische Bildungseinrichtung zu einer international anerkannten Universität entwickeln. Prof. Hecht ist bereits seit 1964 an der TU tätig und wird am 10. Juli feierlich in sein neues Amt eingeführt.

28. Juni 1991

In der Baugrube vor dem Opernhaus wird der Grundstein für die erste in den neuen Bundesländern entstehende Tiefgarage und den neuen Theaterplatz gelegt.

1. Juli 1991

Der amtierende Oberbürgermeister Dr. Joachim Pilz unterschreibt eine Liste, die die Landschaftsschutzgebiete und Flächennaturdenkmale in der Stadt festlegt. Sie umfasst insgesamt 20 Positionen.

3. Juli 1991

Die Stadtverordneten wählen Dr. Joachim Pilz zum neuen Oberbürgermeister von Chemnitz. In geheimer Wahl erhält er 54 von insgesamt 65 Stimmen, 6 Abgeordnete stimmen gegen ihn, 3 enthalten sich der Stimme, 2 Stimmzettel sind ungültig. Als bereits amtierender Oberbürgermeister hatte er am 13. Mai den Vorsitz der CDU-Fraktion abgegeben.

4. Juli 1991

Die ersten vier Kartentelefone der Stadt werden in Betrieb genommen. Sie sind zugleich die ersten Geräte dieser Art im gesamten Regierungsbezirk Chemnitz.

16. Juli 1991

Das sowjetische Panzerdenkmal an der Ecke Dresdner-/Frankenberger Straße wird entfernt. Als Leihgabe wird der T 34 an das Bayrische Armeemuseum Ingolstadt übergeben.

22. Juli 1991

Der Grundstein für ein Ärztehaus wird in der Clausstraße 76–80 gelegt. In dem ersten Neubau dieser Art sollen 15 Arztpraxen, eine Apotheke, ein Optiker-Fachgeschäft, zwölf Büroräume für den medizinischen Bereich, acht Wohnungen und mehrere Ladengeschäfte untergebracht werden.

27. Juli 1991

Bis zum 4. August präsentiert sich auf dem Markt bereits zum zweiten Mal das Schwäbische Weindorf. Nach dem Erfolg des ersten Weindorfes 1990 soll diese Veranstaltung zu einer Tradition werden.

31. Juli 1991

Ein neues Uhren- und Juweliergeschäft eröffnen Joachim Vögele aus Pforzheim und Ludwig Richter aus Chemnitz im Gebäude der Poliklinik an der Zentralhaltestelle.

3. August 1991

Der Deutsche Bücherbund eröffnet seine Filiale in den ehemaligen Räumen des Bilderkabinetts im Rosenhof.

12. August 1991

In neuen Uniformen in den Farben moosgrün und beige präsentieren sich die ersten Polizisten des Chemnitzer Regierungsbezirkes.

16. August 1991

Das „Burghotel Rabenstein" öffnet nach 15 Jahren Umbau wieder seine Pforten.

1. September 1991

Der Chemnitzer Fahrrad-Kurier hat mit fünf Mitarbeitern seine Tätigkeit aufgenommen. Er bietet einen umfassenden Service für Eilzustellungen aller Art.

2. September 1991

Mit der Wiedereröffnung der alten Bürgermeistergalerie in der Wandelhalle des Rathauses beginnt die Festwoche „80 Jahre Neues Rathaus". Während dieser Zeit ist in der ersten Etage eine Ausstellung mit Sachzeugen und Dokumenten zur Rathausgeschichte zu sehen, es finden Vorträgen und Führungen mit den Türmern in historischer Tracht statt. Als Neuerscheinung wird ein Reprint der Festschrift zur Einweihung des Rathauses im Jahre 1911 präsentiert.

9. September 1991

Zu einer Kundgebung vereinen sich rund 10.000 Gewerkschafter aus dem Regierungsbezirk vor dem Karl-Marx-Monument in Chemnitz. Sie fordern die Anerkennung ihrer Berufsjahre, von Qualifizierungsmaßnahmen und eine Angleichung der Gehälter für die Beschäftigten im öffentlichen Dienst.

14. September 1991

Eine Demonstration gegen Rechtsradikalismus findet vor dem Karl-Marx-Monument mit etwa 150 Teilneh-

mern statt. Redner verschiedener antifaschistischer Bürgerinitiativen plädieren für ein Miteinander der Bürger gegen die zunehmende Gewalt von rechts.

15. September 1991

Mit einem feierlichen Gottesdienst in der St.-Jakobi-Kirche wird der neue Superintendent von Chemnitz und Umgebung, Pfarrer Wolfgang Gruner, von Landesbischof Dr. Johannes Hempel in sein Amt eingeführt. Pfarrer Gruner war bereits von 1976 bis 1983 Jugendpfarrer in Karl-Marx-Stadt und wird auch als Pfarrer der Innenstadtgemeinde in der St.-Johannis-Kirche wirken.

20. September 1991

Die Chemnitzer Berufsfeuerwehr begeht ihr 125. Jubiläum. Mit Schauvorführungen, Musik und Spielen begeistert sie drei Tage lang Tausende Besucher.

25. September 1991

Die Stadtverordneten beschließen für die Wohngebiete Sonnenberg, Kaßberg und Schloßchemnitz Sanierungssatzungen und bestätigen den Neubau einer Fäkalieneinleitstelle in Heinersdorf. Zustimmung findet u. a. der Plan, das ehemalige Großtanklager der sowjetischen Streitkräfte im Zeisigwald als Stadtwald für die Bevölkerung umzugestalten.

In einer feierlichen Stunde im Stadtverordnetensaal wird der Oberbürgermeister von Düsseldorf, Klaus Bungert, zum Ehrenbürger von Chemnitz ernannt. In seiner Dankesrede informiert er u. a., dass Chemnitz im Jahre 1990 rund 2,4 Millionen DM von der Partnerstadt am Rhein erhalten habe, darüber hinaus seien für die Bevölkerung Busse und Müllfahrzeuge zur Verfügung gestellt worden. Große Hilfe werde für die Kollegen in der Chemnitzer Stadtverwaltung organisiert.

28. September 1991

Am Abend werden die Chemnitzer „Begegnungen '91" – eines der größten Kulturfestivals im östlichen Teil Deutschlands – eröffnet. Das Festivalprogramm umfasst 35 Veranstaltungen sowie erstmals Tanz- und Schauspiel-Workshops für Kinder und Erwachsene. Bereits seit dem 2. September läuft im Rahmen des Festivals ein Bildhauersymposium von zehn Künstlern aus Sachsen und Nordrhein-Westfalen.

30. September 1991

Die Stadtverordneten wählen in einer außerordentlichen Sitzung Dezernenten ab. Sie einigen sich darauf, die bisherigen Dezernenten als Beigeordnete zu betrachten, die damit abwählbar sind. Dezernenten sind Beamte der Stadtverwaltung, Beigeordnete hingegen werden vom Stadtparlament gewählt. Abgewählt werden Reinhart Wiegner (wegen Strukturreform innerhalb der Stadtverwaltung) sowie Karl-Heinz Winkler und Holger Ruge (wegen Verdacht auf IM-Tätigkeit). Die Diskussion geht weiter um die Dezernenten Christoph Schüler (CDU), Hans-Jörg Zimpel (CDU) und Fritz Schulschenk (FDP), die jedoch in der Abstimmung eine genügende Mehrheit erhalten, um in ihren Ämtern bleiben zu können.

Der indische Botschafter in Deutschland, Kamalesh Sharma, besucht das Kinderheim „Indira Gandhi" auf der Fürstenstraße 266 und setzt damit die traditionellen Verbindungen zwischen Heim und Botschaft fort.

September 1991

Die ersten Parkuhren stehen in Chemnitz. Dies entspricht einem Beschluss der Stadtverordneten, der vorsieht, schrittweise mit der Bewirtschaftung von Flächen für den ruhenden Verkehr zu beginnen.

1. Oktober 1991

Die Zentrale Justizkasse für Sachsen sowie die Abteilung für Verwaltungsstreitigkeiten des Kreisgerichts Chemnitz/Stadt – das künftige Verwaltungsgericht – beziehen neue Räume in der Jagdschänkenstraße 56.

9. Oktober 1991

An der Technischen Universität werden 1.196 Studenten immatrikuliert, womit derzeit über 7.500 junge Menschen an der Einrichtung studieren. Neu aufgebaut wurde der Fachbereich Wirtschafts- und Rechtswissenschaft. Die TU bildet weiter in den Fachrichtungen Elektrotechnik, Informatik, Mathematik, Naturwissenschaften und Maschinenbau aus.

10. Oktober 1991

Deutschlands größtes Bekleidungshaus C&A eröffnet auf dem Volksfestplatz an der Hartmannstraße eine Niederlassung.

12. Oktober 1991

Der Verein Deutscher Ingenieure (VDI) – mit rund 115.000 Mitgliedern die größte Ingenieurvereinigung Westeuropas – gründet an der Technischen Universität den Westsächsischen Bezirksverein Chemnitz. Der VDI hat in der Chemnitzer Region rund 1.000 Mitglieder.

15. Oktober 1991

Eine Kriminalpolizeiliche Beratungsstelle wird im Rathaus eröffnet.

17. Oktober 1991

Das Kaufring-Kaufhaus Fischer öffnet in der Paul-Bertz-Straße 14 seine Türen.

18. Oktober 1991

Eine Buchhandlung der Stuttgarter Firma Konrad Wittwer GmbH wird auf dem Hauptbahnhof eröffnet. Damit beginnt die Umgestaltung und Modernisierung der Bahnhofshalle.

21. Oktober 1991

Die Kaufhof Warenhaus AG Köln eröffnet offiziell ihre beiden Warenhäuser in der Stadt. Ohne Schließung wurde damit der Wechsel von Centrum zu Kaufhof in den Häusern an der Bahnhof- und Brückenstraße vollzogen.

22. Oktober 1991

Der Ministerpräsident von Nordrhein-Westfalen, Johannes Rau, ist zu Besuch in Chemnitz. Auf Einladung des SPD-Ortsvereins findet eine Veranstaltung mit ihm im großen Saal des Kulturzentrums Kaßberg statt.

Den Namen des Dichters Matthias Claudius erhält in einer Feierstunde das Alten- und Pflegeheim in der Max-Schäller-Straße 3. Träger des Heimes ist die Stadtmission Chemnitz.

23. Oktober 1991

Das Technologie-Zentrum Chemnitz (TCC) wird im Haus Bernsdorfer Straße 210–212 eröffnet. Das TCC bietet Büro- und Laboreinrichtungen für technologieorientierte Existenzgründer bzw. Unternehmensniederlassungen. Partner ist das Technologiezentrum Aachen.

29. Oktober 1991

Das Krankenhaus Chemnitz-Rabenstein wird vom Deutschen Roten Kreuz übernommen. Neben dem Erhalt der bestehenden Abteilungen Gynäkologie/Geburtshilfe, Pädiatrie und Dermatologie wird es um die Bereiche Innere Medizin und Chirurgie erweitert und damit die Bettenzahl von 142 auf 275 erhöht.

30. Oktober 1991

Auf der 21. Sitzung der Stadtverordneten informiert Parlamentspräsident Breede über die Abwahl des Dezernenten Weigel auf dessen persönlichen Wunsch. Des Weiteren erfolgt eine Information über eine Spende von 6.000 Mark für das Kinderhilfswerk Unicef der Vereinten Nationen, die zur medizinischen Betreuung für Kinder in Kurdistan eingesetzt wird. In einer gemeinsamen Erklärung drücken alle Fraktionen ihren Protest gegen den Abbau des Senders Chemnitz aus und befürworten eine entsprechende Willenserklärung des Oberbürgermeisters im sächsischen Landtag.

Das Museum am Theaterplatz wird künftig wieder König-Albert-Museum heißen. Dafür entscheiden sich die Abgeordneten des Kulturausschusses, die mit der Rückbenennung dieses Gebäudekomplexes historische Bezüge wieder herstellen wollen.

2. November 1991

Zu einem Tag der offenen Tür versammeln sich Hunderte Einwohner der Stadt in den sowjetischen Kasernen an der Heinrich-Schütz-Straße.

3. November 1991

Mit einer Feierstunde wird das Haus der Begegnung auf der Max-Müller-Straße 13 eingeweiht und damit ein Beschluss des Runden Tisches von 1990 realisiert. Träger des Hauses ist die Regionale Arbeitsgemeinschaft Hilfe für Behinderte Chemnitz und Umgebung e. V. (RAGH).

7. November 1991

Ein großer Neuland-Kaufmarkt wird in der Kauffahrtei 25 auf einer Verkaufsfläche von 1.700 qm eröffnet. Im Haus werden vor allem Artikel aus den neuen Bundesländern angeboten.

12. November 1991

Neuer Leiter der Landespolizeidirektion Chemnitz ist Martin Oester. Der Beamte aus Bayern wird vom sächsischen Innenminister Heinz Eggert in sein Amt eingeführt.

An der Markersdorfer Straße wird der Grundstein für einen Gewerbekomplex gelegt. In dem Neubau soll im kommenden Frühjahr neben dem ersten Aldi-Markt eine Gemeinschaftspraxis eröffnet werden und Platz für zehn weitere Gewerbetreibende entstehen.

18. November 1991

Den symbolischen ersten Spatenstich zur Erschließung des Geländes für einen neuen Gewerbepark an der Werner-Seelenbinder-Straße vollzieht Oberbürgermeister Dr. Pilz. Das zehn Hektar große Gelände bietet Platz für 15 bis 20 Chemnitzer Firmen mit 800 bis 1.000 Arbeitsplätzen.

21. November 1991

Die Ergebnisse des internationalen Architekturwettbewerbs zur Gestaltung der Chemnitzer Innenstadt sind in einer Ausstellung der Chemnitz-Information zu sehen. An dem Ideenwettbewerb, der für die neuen Bundesländer in seiner Größenordnung bisher einmalig ist und der am 29. Mai begann, hatten sich sechs Architekturbüros aus Deutschland sowie je eines aus Österreich und den Niederlanden beteiligt. Ziel des rund 600.000 DM teuren Ausscheides war es, Grundstrukturen für die Chemnitzer City zu entwerfen, die dann mit detaillierten Bebauungen ausgefüllt werden sollen. Der erste Preis geht an die Dortmunder Architekten Peter Zlonicky und Kunibert Wachten.

23. November 1991

Das „Interhotel Kongreß" wird durch die Treuhand an die Klingbeil-Gruppe verkauft. Bis zum Jahresende soll von den 500 Angestellten nur noch die Hälfte beschäftigt werden.

25. November 1991

Auf Einladung der Bürgerinitiative Kunst und Kultur findet im Foyer des Schauspielhauses ein Gespräch zum Thema „Kulturstadt Chemnitz?" statt. Die anwesenden Kommunalpolitiker, Künstler, Kultur- und Geschäftsleute sind sich darin einig, dass ohne lebendigen Kulturbetrieb kein wirtschaftlicher Aufschwung erfolgen kann.

26. November 1991

Die sächsische Staatsregierung führt unter Leitung von Ministerpräsident Prof. Kurt Biedenkopf ihre dritte Kabinettsitzung „vor Ort" in Chemnitz durch. Zuvor hatten bereits Sitzungen in Plauen und Kamenz stattgefunden. Auf einer anschließenden Pressekonferenz bezeichnet Biedenkopf die Chemnitzer und Zwickauer Region als „bedeutenden Industriepark Sachsens". Es müsse alles getan werden, dass dieser Raum seine industrielle Bedeutung wiedergewinnt.

29. November 1991

Eines der bedeutendsten Bauunternehmen der Stadt, die Chemnitzer Bau AG (CEBAG), wird vom Düsseldorfer Unternehmer Udo Hensgen von der Treuhand gekauft. Nach seinen Ausführungen sind gewerbliche Objekte, Wohnungsbau und Sanierungsbau die drei Säulen der CEBAG.

30. November 1991

In völlig neuem Gewand präsentiert sich der Weihnachtsmarkt. Als Verkaufsstände wurden 110 kleine Holzhäuschen in der Innenstadt sowie eine Pyramide und ein Schwibbogen aufgestellt. Eine große Bergparade eröffnet den Weihnachtsmarkt, erstmals in seiner Geschichte tritt das Erzgebirgsensemble Aue in der Stadt auf.

Einen Gartenfachmarkt eröffnet die Gärtnerei Richter an der Ecke West-/Schiersandstraße. Der in drei Monaten errichtete Bau wurde nach dem neuesten Erkenntnisstand dieser Branche projektiert. Von den 20 Mitarbeitern gehören allein elf zur Familie Richter, die seit über 100 Jahren auf dem Kaßberg eine Gärtnerei betreibt.

1. Dezember 1991

Das neue „Chemnitzer Tageblatt" erscheint als Zeitung für den Regierungsbezirk und stellt eine Fusion von „Chemnitzer Tageblatt" und „Die Union" dar. Sie erscheint jetzt im Verlag Dresdner Nachrichten GmbH & Co. i. G. Die Chemnitzer Redaktion liefert täglich einen lokalen Teil.

2. Dezember 1991

Zwei neue Gelenkomnibusse der Marke MAN werden von der CVAG auf den Linien 21 und 49 eingesetzt, vier weitere dieser 250 PS starken und 574.000 DM teuren Busse kommen noch dazu. Sie besitzen eine geringe und damit fahrgastfreundliche Einstiegshöhe von 30 cm, die nochmals um weitere acht Zentimeter abgesenkt werden kann, um Gehbehinderten und Personen mit Kinderwagen den Einstieg zu erleichtern.

3. Dezember 1991

Der israelische Schriftsteller Ephraim Kishon weilt zu einem Besuch in der Stadt, wo er sich ins Goldene Buch einträgt und im Luxor-Palast sein neuestes Buch „Kishon für Steuerzahler" signiert.

4. Dezember 1991

In das Amt des Präsidenten des Bezirksgerichtes Chemnitz wird Peter Ignée eingeführt. Er ist damit der erste Richter aus den alten Bundesländern, der eine Spitzenposition der sächsischen Justiz auf Dauer besetzt.

5. Dezember 1991

Neuer Direktor des Arbeitsamtes ist Wolfgang Handschuch, der vom Landesarbeitsamt München kommt.

Eine neue Filiale der CC-Bank AG wird in der Straße der Nationen 37 eröffnet. Im gleichen Haus öffnet ebenso eine Planungsgesellschaft für die Projektentwicklung von Industrie, Gewerbeimmobilien sowie den Wohnungs- und Schulbau.

10. Dezember 1991

Auf einer Veranstaltung im Umweltzentrum wird der Kreisverband von Bündnis 90/Die Grünen gegründet. Beide vollziehen damit einen weiteren Schritt zur Bündelung ihrer politischen Aktivität, nachdem bereits Ende September der Landesverband der Vereinigung gebildet worden war.

Der originalgetreu nachgebaute kupferne Turm wird auf den Ostteil des König-Albert-Museums am Theaterplatz aufgesetzt. Er ist 5,60 Meter hoch und hat einen maximalen Durchmesser von fünf Metern.

16. Dezember 1991

Als erste Selbstbedienungsgeschäftsstelle wird die Filiale der Stadtsparkasse in der Theaterstraße 56 eröffnet. Sie ist mit drei Geldautomaten und drei Kontoauszugsdruckern ausgestattet.

Das erste kombinierte Fleischer-Bäcker-Geschäft öffnet in der Sonnenstraße 41. Bäckermeister Wolfgang Meyer und Fleischermeister Werner Thiele bieten hier ihre Erzeugnisse an.

17. Dezember 1991

Eine Familienberatungsstelle „pro Familia" öffnet im Haus „Lila Villa" auf der Kaßbergstraße 22. Angeboten werden vertrauliche und kostenlose Beratungen zu Fragen der Schwangerschaft, der Familienplanung, Sexual- und Lebensfragen und zu sozialpädagogischer Arbeit.

18. Dezember 1991

Zu einem Forum mit Wirtschaftsexperten weilt Bundeswirtschaftsminister Jürgen Möllemann (FDP) in der Industrie- und Handelskammer. Er bezeichnet die sächsische Region dabei als ein künftiges Wachstumszentrum.

20. Dezember 1991

Ein chinesisches Spezialitätenrestaurant „China-Town" öffnet in der ehemaligen Konsum-Gaststätte Am Pappelhain.

21. Dezember 1991

Eine neue Gaststätte unter dem Namen „Zum Türmer" öffnet im Rosenhof. Sie ist in den Räumen der ehemaligen Snack- und Sandwichbar eingerichtet worden.

Dezember 1991

Regierungsdirektor Dr. Peter Rehling wird zum Kanzler der Technischen Universität Chemnitz bestellt. Ihm obliegt die Umstrukturierung und Neuorganisation der Einrichtung.

Aus der ehemaligen Bürgerinitiative Adelsberg ist der Heimatverein Adelsberg e. V. hervorgegangen. Sie hatte sich vor allem für die Auflösung der Staatssicherheit und die Öffnung des Geländes in Adelsberg eingesetzt und sieht es jetzt als ihr Anliegen an, den Vorort als dörfliche Lage zu erhalten.

6. Januar 1992

Das Stasiunterlagen-Gesetz der Bundesregierung tritt in Kraft. Es erlaubt jedem Bürger, auf Antrag Einsicht in seine persönliche Akte des ehemaligen MfS zu nehmen. In Chemnitz liegen bereits rund 60.000 Anträge auf Akteneinsicht vor.

31. Januar 1992

Eine neue Schwimmhalle wird an der Wladimir-Sagorski-Straße im Fritz-Heckert-Gebiet eröffnet.

Januar 1992

In Stadtteil Reichenbrand wird ein Heimatverein gegründet.

6. Februar 1992

Der Autor und Kunstmäzen Lothar-Günther Buchheim nimmt an seinem 74. Geburtstag im Stadtverordnetensaal des Rathauses die Ehrenbürgerschaft der Stadt Chemnitz entgegen.

25. Februar 1992

Das Kino „Neues Roxy" in der Frankenberger Straße 33 schließt seine Pforten. Bekannt war es auch unter seinem vorherigen Namen „Filmschau".

Februar 1992

Das Haus Chemnitztalstraße 54, das ehemalige Stadtkabinett für Kulturarbeit, wird dem alternativen Jugend-

zentrum e. V. und der Arbeitsgemeinschaft Jugend- und Freizeitstätten Sachsen e. V. in gemeinsamer Trägerschaft übergeben. Es wird damit ein offenes und selbst verwaltetes soziokulturelles Zentrum.

2. März 1992

Die Chemnitzer Außenstelle der „Gauck-Behörde" zieht in die Jagdschänkenstraße 56 ein. Auf zwei Etagen befinden sich hier das Archiv, die Verwaltung und Räume für Bürgereinsichten und Recherchen.

7. März 1992

Ein Naturschutzzentrum wird im Botanischen Garten an der Leipziger Straße übergeben. Es soll mit Informationen und Veranstaltungen zu einem stärkeren Umweltbewusstsein unter der Bevölkerung beitragen.

14. März 1992

Zum letzten Mal erscheint in Chemnitz die Tageszeitung „Chemnitzer Tageblatt/Die Union". Die Dresdner Geschäftsführer begründen die Einstellung des Blattes mit wirtschaftlichen Problemen.

20. März 1992

Bis zum 23. März finden erstmals die „Tage der jüdischen Kultur" in Chemnitz statt.

26. März 1992

Das Industriemuseum Chemnitz öffnet seine Pforten in der Annaberger Straße 114. Es ist im Gebäude

Der Eingangsbereich des Museums am Theaterplatz während der Rekonstruktion

der ehemaligen Eisengießerei C. A. Richter unterge-bracht.

1. April 1992

Die Buchhandlung „Universitas" im Gebäude der Mensa der TU an der Reichenhainer Straße wird eröffnet. Das wissenschaftliche Sortiment der neuen Einrichtung ist auf die Belange der dort ansässigen Universitätsdiszipli-nen abgestimmt.

April 1992

Ein Chemnitzer Kulturkonvent unter dem Vorsitz von Dr. Werner Ballarin wird im Senatssaal der Technischen Universität ins Leben gerufen. Er sieht die Entwicklung von Kunst und Kultur in der Stadt als seine Aufgabe sowie eine Art „Wächterfunktion" zu entsprechenden Entscheidungen im Stadtparlament.

7. Mai 1992

Der zweite kupferne Turm wird auf das Dach des König-Albert-Museums am Theaterplatz montiert, womit das Ge-bäude wieder in seinen historischen Zustand versetzt ist.

11. Mai 1992

Die SPD-Fraktion beschließt auf ihrer abendlichen Sit-zung den Austritt aus der Koalition mit der CDU und DSU. Als Hauptgründe nennt der 1. Bürgermeister, Dr. Peter Seifert, dass sich die Bemühungen seiner Par-tei nicht oder kaum in konkreten Ergebnissen oder Ziel-stellungen der Verwaltung wiederfinden. Dies beträfe so wichtige Ressorts wie Haushalt, Wohnungswesen, Priva-tisierung, Wirtschaftsförderung und Bauwesen.

24. Mai 1992

Nach über 45 Jahren Verbot nimmt die Heilsarmee in Chemnitz offiziell ihre Tätigkeit wieder auf und übergibt in einem Gottesdienst in der Horst-Menzel-Straße 5 die Heilsarmee-Flagge. Die Existenz der hiesigen Gemeinde wird damit bestätigt.

25. Mai 1992

Die ersten Soldaten der ehemaligen Sowjetarmee ver-lassen die Kasernen an der Heinrich-Schütz-Straße und kehren in ihre Heimat zurück.

Luftaufnahme des Stadtzentrums aus Richtung Kapellenberg, 1992

Das 1992/93 eröffnete Chemnitz-Center in Röhrsdorf

26. Mai 1992

Der erste Informations- und Begegnungstag für Senioren findet in Chemnitz statt.

30. Mai 1992

In einer alten Fabrikhalle auf der Horst-Menzel-Straße 24 wird das Kulturprojekt „Vox" aus der Taufe gehoben.

1. Juni 1992

Das Hotel „Moskau" erhält den neuen Namen „Europa". Es gehört, wie auch der „Chemnitzer Hof", jetzt dem Restaurant- und Hotelunternehmen Günnewig und Co., Düsseldorf.

8. Juni 1992

Das Zweite Deutsche Fernsehen (ZDF) zeigt den Film „Chemnitz – die vergessene Großstadt". Er macht mit Sehenswürdigkeiten der Stadt und Umgebung bekannt, setzt sich aber auch kritisch mit der Geschichte, dem Untergang der Industrie und der jetzigen Entwicklung auseinander.

10. Juni 1992

Die Ehefrau des Oberbürgermeisters, Brigitte Pilz, tauft auf der Lufthansabasis Frankfurt/Main den Airbus A 310 D-AIDM auf den Namen „Chemnitz".

12. Juni 1992

Sachsens Wirtschaftsminister Kajo Schommer und VW-Chef Carl H. Hahn legen den Grundstein für ein neues Motorenwerk auf dem Gelände des ehemaligen Barkas-Werkes in Altchemnitz.

15. Juni 1992

Für eines der größten Einkaufszentren Sachsens, das Chemnitz-Center, wird der Grundstein auf dem Baugelände an der B 95 am nördlichen Stadtrand von Chemnitz gelegt.

25. Juni 1992

Der erste Spatenstich für das zweite Chemnitzer Gewerbe- und Industriegebiet an der Neefestraße/Südring wird vollzogen.

27. Juni 1992

Mit einer großen Informationsveranstaltung im Sportforum feiert die Auto Union ihr 60-jähriges Bestehen. Am 29. Juni 1932 hatten sich in Chemnitz Audi, DKW, Horch und Wanderer zur Auto Union zusammengeschlossen.

30. Juni 1992

Nach viereinhalbjähriger Rekonstruktion wird das Opernhaus an die Theaterschaffenden übergeben.

1. Juli 1992

Das größte Hotel der Stadt, das „Kongreß", geht ab diesem Tag in Pacht an das Tochterunternehmen Mercure der französischen Accor-Gruppe.

8. Juli 1992

Die Jugendherberge in Adelsberg wird wiedereröffnet. Im Zeitraum von 14 Monaten war der Komplex auf der Augustusburger Straße 369 aus Mitteln des Bundes rekonstruiert worden.

29. Juli 1992

Das 100.000. Kfz-Kennzeichen der Stadt mit der Aufschrift C-NK 100 wird an einen Fahrzeugführer übergeben.

22. August 1992

Mit dem Schulanfang öffnet eine neue Grundschule ihre Pforten – das Evangelische Schulzentrum Chemnitz in Rottluff. 50 Kinder von der ersten bis zur dritten Klasse (davon 15 Schulanfänger) und vier Lehrkräfte gehören zu dieser ökumenischen Lehreinrichtung.

26. August 1992

In einem Brief an die CDU-Fraktion fordern die Fraktionen von SPD, FDP, PDS, Neues Forum, Grüne Liste und Frauenverbände den Rücktritt von Dr. Joachim Pilz als Oberbürgermeister. Ihrer Meinung nach verhindere dessen Amtstätigkeit einen sozialen und wirtschaftlichen Aufschwung in Chemnitz.

27. August 1992

Das Apart-Hotel am Bernsbachplatz wird feierlich eröffnet. Im Haus stehen großzügige Appartements, ein Restaurant sowie Beratungsräume zur Verfügung.

31. August 1992

Die CDU-Fraktion im Stadtparlament spricht Dr. Joachim Pilz einstimmig das Vertrauen als Oberbürgermeister aus.

Der Chemnitzer Michael Hübner wird im spanischen Valencia neuer Weltmeister der Profi-Sprinter im Bahnradsport.

10. September 1992

Unter dem Namen Bündnis 90 haben sich die Fraktionen des Neuen Forums und der Grünen Liste im Rathaus zusammengeschlossen.

11. September 1992

Auf die Erdgasversorgung sind bisher 18.570 Haushalte und kleingewerbliche Kunden der Gasversorgung Chemnitz GmbH umgestellt worden. Bis Ende 1993 sollen alle 115.000 Tarifkunden in der Stadt mit dem für sie neuen Energieträger beliefert werden.

27. September 1992

Eine „Woche des ausländischen Mitbürgers – Interkulturelle Woche" findet in Chemnitz zum zweiten Mal statt. Organisiert und unterstützt wird die Aktion, die bis zum 3. Oktober läuft, von etwa 30 Vereinen, Gruppen und Institutionen sowie Stiftungen und Fonds. Die Veranstaltungen sollen dazu beitragen, eine Kultur des Zusammenlebens zu entwickeln, für Toleranz und Verständnis zwischen In- und Ausländern zu werben und Feindbilder abzubauen.

1. Oktober 1992

Auf Beschluss der Stadtverordnetenversammlung übernimmt die gemeinnützige Krankenhaus Bethanien GmbH, die am 7. September 1992 gegründet wurde, das städtische Klinikum Zeisigwaldstraße mit seinen rund 400 Beschäftigten. Auf dem Gelände des Klinikums ist ein kompletter Neubau mit einem Investitionsaufwand von 200 Millionen Mark vorgesehen.

Der indische Konzern Mukand Steel Ltd. Bombay übernimmt die Apparate- und Anlagenbau Germania GmbH über eine deutsche Holding. Er ist einer der größten privaten Stahlhersteller Indiens, der gleichzeitig im Anlagenbau tätig ist.

2. Oktober 1992

Das ehemalige Haus Einheit an der Zwickauer Straße wird vom Verein „Kraftwerk" übernommen und trägt künftig den Namen des Vereins.

3. Oktober 1992

Nach zweijähriger Renovierung wird der Rote Turm für die Chemnitzer wieder geöffnet.

Mit 41 Veranstaltungen und rund 650 Mitwirkenden findet das Chemnitzer Kulturfestival „Begegnungen" bereits zum sechsten Mal statt.

10. Oktober 1992

Der erste Chemnitzer Heimattag, veranstaltet vom Kulturamt, findet im Gelände von Burg und Schloss Rabenstein statt. Er wird zum Treffpunkt von Heimat- und Brauchtumspflegern, Denkmal- und Naturschützern, Regionalhistorikern und Ortschronisten.

16. Oktober 1992

Ein „Haus der Gesundheit" wird nach fünfmonatiger Rekonstruktion in der Goethestraße eröffnet. Neben Sauerstofftherapie, Sozialberatung und Orthopädie finden auch Chemnitzer Chirurgen in dieser Einrichtung ihr Domizil.

28. Oktober 1992

Auf einer Sondersitzung entscheiden die Stadtverordneten, dass Oberbürgermeister Dr. Joachim Pilz in seinem Amt bleibt.

1. November 1992

Dr. Thomas Schuler aus Tübingen tritt sein Amt als neuer Direktor des Schloßbergmuseums an. Es verwaltet rund 80.000 Exponate und plant eine Ausstellung „Mönche in Sachsen".

2. November 1992

An der Autobahnausfahrt Nord wird nach viermonatigem Bau eine Anschlussstelle für die A 4 übergeben. Ermöglicht wird dadurch ein kreuzungsfreier Verkehr auf der B 95, vor allem auch für die Besucher des künftigen Chemnitz-Centers.

Das Möbelhaus Höffner wird als erstes Großobjekt im Chemnitz-Center eröffnet.

6. November 1992

Das Regierungspräsidium und das sächsische Innenministerium geben bekannt, dass die am 28. Oktober auf einer Sondersitzung erfolgte Abstimmung über Verbleib oder Abwahl von Oberbürgermeister Dr. Pilz ungültig ist. Der Verlauf der Abstimmung sei „erheblich fehlerhaft" gewesen.

Einstimmig entscheiden sich der Oberbürgermeister, die Kulturamtsleiterin und die Vorsitzenden des Kultur- und Personalausschusses für Rolf Stiska als neuen Intendanten der Städtischen Theater.

7. November 1992

Erstmals präsentiert sich das Chemnitzer Handwerk auf einer Leistungsschau im Veranstaltungszentrum „Forum". Es sind Aussteller von 14 der insgesamt 26 Innungen der Chemnitzer Kreishandwerkerschaft vertreten, um ihre Leistungen und Produkte vorzustellen und Werbung für Nachwuchs zu betreiben.

Zum 2. Sächsischen Archivtag versammeln sich im Stadtverordnetensaal des Rathauses über 100 Teilnehmer. Initiiert wurde diese Veranstaltung vom Landesverband Sächsischer Archivare, der seit 1990 als berufliche Interessenvertretung wirkt.

*Turm und Gemeinde-
haus der katholischen
St.-Johannes-Nepomuk-
Propsteikirche an der
Reichsstraße, die am
13. Dezember 1992 einge-
weiht wurden*

11. November 1992

Für einen 55.000 Quadratmeter großen Bus-Betriebshof
der CVAG wird an der Werner-Seelenbinder-Straße der
Grundstein gelegt.

12. November 1992

Nach einjähriger Bauzeit wird der Fußgängertunnel an
der Stollberger Straße übergeben.

23. November 1992

Für das erste Bürohaus in der Chemnitzer Innenstadt auf
der Moritzstraße 19 erfolgt die Grundsteinlegung.

26. November 1992

Orkanböen sorgen in den Morgenstunden auch in und
um Chemnitz für reichlich Schaden. Die Windböen
erreichen in der Stadt Spitzenwerte von rund 95 km/h
und damit Windstärke 10.

13. Dezember 1992

Mit einem Festakt wird das neue römisch-katholische
Gemeindezentrum der Kirchgemeinde St. Johannes
Nepomuk an der Reichsstraße eingeweiht.

15. Dezember 1992

Die erste kommunal betriebene Tiefgarage in den neuen
Bundesländern öffnet unter dem Chemnitzer Theaterplatz. Die Parkplätze sollen vor allem den Besuchern des

Das Opernhaus am 19. Dezember 1992 – dem Tag seiner Wiedereröffnung

Opernhauses, der angrenzenden Hotels sowie der Städtischen Museen vorbehalten sein.

19. Dezember 1992

Das Chemnitzer Opernhaus wird nach vierjähriger Rekonstruktion feierlich mit Richard Wagners Oper „Parsifal" wiedereröffnet. Für die Rekonstruktion des Hauses, an der 90 überwiegend einheimische Firmen beteiligt waren, wurden 121 Millionen Mark verausgabt. Es präsentiert sich in historischer Hülle und Bausubstanz sowie einem völlig neu gestalteten Zuschauerraum mit 720 Plätzen im Parkett und auf zwei Rängen.

22. Dezember 1992

Bundesarbeitsminister Norbert Blüm weilt zu einem Kurzbesuch in Chemnitz. Vor dem Premierenbesuch der „Zauberflöte" im Opernhaus besucht der Politiker das Sächsische Rehabilitationszentrum für Blinde und Sehgeschädigte an der Flemmingstraße.

31. Dezember 1992

In der Stadt und im Landkreis Chemnitz sind zum Jahresende über 22.000 Menschen ohne Arbeit, was einer Quote von 10,4 Prozent entspricht.

1. Januar 1993

Im Stadtgebiet wird flächendeckend das „Duale System" eingeführt. Damit sollen verwertbare Verpackungen getrennt vom Hausmüll gesammelt und einer Wiederverwertung zugeführt werden.

10. Januar 1993

Mit der Ausstellung „Karl Schmidt-Rottluff – Der Maler" werden die ersten rekonstruierten Räume der Städtischen Kunstsammlungen Chemnitz wiedereröffnet.

11. Januar 1993

Der Vorstandschef der Düsseldorfer Schiess AG gibt die Schließung der Union Sächsische Werkzeugmaschinen GmbH Chemnitz per 30. Juni 1993 bekannt.

13. Januar 1993

Die beiden Chemnitzer Mandy Wötzel und Ingo Steuer gewinnen bei der Eiskunstlauf-Europameisterschaft in Helsinki im Paarlauf die Silbermedaille.

20. Januar 1993

Mit einem Festakt wird das Landgericht Chemnitz wiederbegründet. Die Landgerichte waren 1952 durch Bezirksgerichte ersetzt worden.

30. Januar 1993

An einer Lichterkette um die Chemnitzer Stadthalle beteiligen sich – trotz klirrender Kälte – etwa 3.000 Menschen.

Dazu aufgerufen hatten die Aktion „Courage", ein Zusammenschluss von Gewerkschaften, konfessionellen sowie Jugendverbänden und die Stadtverwaltung, um anlässlich des 60. Jahrestages der Machtübernahme durch die Nationalsozialisten gegen zunehmende Ausländerfeindlichkeit, Fremdenhass und Gewalt zu protestieren.

12. Februar 1993

Das Klinikum Küchwald der Städtischen Kliniken Chemnitz erhält als erste medizinische Einrichtung Sachsens ein Endosonografiegerät. Damit können die diagnostischen Möglichkeiten der Magenspiegelung und der Ultraschalluntersuchung miteinander verbunden werden.

1. März 1993

Das erste örtliche Telefonbuch nach der Wende erscheint. Derzeit gibt es ca. 55.000 Fernsprechteilnehmer, womit

Altes Postgebäude in der Bahnhofstraße vor seinem Abriss im Februar 1993

Das 1993 erbaute Büro- und Geschäftshaus Kaßbergcenter in der Weststraße

rund 40 Prozent aller Chemnitzer Haushalte einen Telefonanschluss besitzen.

4. März 1993

Den ersten niederflurigen Doppelstockbus mit vier gelenkten Achsen präsentiert die CVAG als Weltneuheit vor dem Rathaus. Der 15 Meter lange und 4 Meter hohe

„Megashuttle Chemnitz" mit 180 Plätzen wurde von der Gottlob Auwärter GmbH Stuttgart und der CVAG aus dem Neoplan-Reisebus „Megaliner" entwickelt.

18. März 1993

Die „Tage der jüdischen Kultur" werden mit einer Ausstellung „Die Welt der Anne Frank" im Foyer des Schauspielhauses eröffnet.

31. März 1993

Die letzten 150 Ascota-Arbeitnehmer der ehemals 8.000 Beschäftigten im früheren Robotron-Buchungsmaschinenwerk erhalten die Kündigung per 30. Juni 1993. Damit schließt eines der größten industriellen Unternehmen der Stadt.

März 1993

Der Komplex der „Alten Post" an der Zentralhaltestelle wird abgerissen. Der Bauherr Deutsche Krankenversicherung (DKV) will auf 3.000 Quadratmetern Fläche ein Ensemble aus Büros, kleinen Läden und Restaurants entstehen lassen.

2. April 1993

Für eine neue Wohnsiedlung in Reichenhain wird an der Gornauer Straße der erste Spatenstich vollzogen.

11. April 1993

Nach 15-monatiger Bauzeit wird das Gotteshaus der Neuapostolischen Kirche an der Erdmannsdorfer Straße eingeweiht.

23. April 1993

Die seit 1956 geschlossene Bahnhofsmission wird wiedereröffnet. Sie will allen Reisenden und sozial Schwachen im Bahnhofsbereich eine Hilfe sein.

Verabschiedung der in Chemnitz stationierten Truppen der GUS, Heinrich-Schütz-Straße Unteres Tor, am 28. Mai 1993

3. Mai 1993

Die 20 Jahre alte Erdgasspaltanlage im Gaswerk Altchemnitz wird außer Betrieb gesetzt. Über sie lief bisher die gesamte Gasversorgung von Chemnitz. Durch die Umstellung auf Erdgas ist die Eigenproduktion von Stadtgas in Chemnitz ökonomisch nicht mehr sinnvoll.

14. Mai 1993

Der niederflurige Doppelstockbus der CVAG bestreitet seine erste Fahrt im Linienverkehr auf der Strecke Zentralhaltestelle – Chemnitz-Center.

23. Mai 1993

Mit einem 24-Stunden-Programm startet ein neues Rundfunkprogramm – „Radio Chemnitz" – auf Kanal 102,1 MHz. Es ist der erste Lokal- und Stadtsender in der Region.

28. Mai 1993

Die letzte Einheit der einstmals 4.000 Mann starken ehemaligen sowjetischen Truppen in Chemnitz wird feierlich in Anwesenheit von Oberbürgermeister Dr. Joachim Pilz verabschiedet. Nach 48 Jahren zieht damit die sowjetische Armee aus der Stadt ab.

1. Juni 1993

Eine neue Leitstelle für Feuerwehr und Rettungsdienst wird in der Schadestraße 11 eröffnet.

11. Juni 1993

Der 800 Meter lange Fahrbahnabschnitt zwischen der Bornaer Straße und dem Ortsausgang Chemnitz wird dem Verkehr übergeben und damit ein Nadelöhr in Richtung Autobahnanschlussstelle beseitigt. Im Zuge des vierspurigen Fahrbahnausbaues wurden auch die

Luftaufnahme des Rathauskomplexes mit der „Schuhmeile", 1993

Versorgungsnetze erneuert und zum Teil neue Gehwege angelegt.

17. Juni 1993

Generalmusikdirektor Dieter-Gerhardt Worm verabschiedet sich als Chefdirigent der Robert-Schumann-Philharmonie. Fast 20 Jahre hatte er dem Orchester, das 1983 zu seinem 150. Gründungsjubiläum den Status einer Philharmonie und den Namen „Robert Schumann" verliehen bekam, vorgestanden.

30. Juni 1993

Die Kennzeichnung der Fahrzeuge mit dem Buchstaben „C" für Chemnitz wird abgeschlossen.

1. Juli 1993

Neue Postleitzahlen sind für ganz Deutschland gültig. Im Regierungsbezirk Chemnitz beginnen die insgesamt fünfstelligen Zahlen mit den Ziffern 08 und 09.

7. Juli 1993

Für das größte Bildungs- und Technologiezentrum Sachsens der Handwerkskammer Chemnitz wird auf dem Gelände der ehemaligen Radrennbahn Altendorf der Grundstein gelegt.

19. Juli 1993

Aus ungeklärter Ursache stürzt die im Bau befindliche Treffurthbrücke auf etwa zwölf Metern Länge ein. Personen kommen nicht zu Schaden.

25. August 1993

Die Stadtverordneten stimmen auf der 44. Sitzung dem Antrag von Oberbürgermeister Dr. Joachim Pilz auf Entlassung aus dem Amt zu.

26. August 1993

Nach achtmonatiger Bauzeit wird dem Bürohaus Ecke Bahnhof-/Waisenstraße die Richtkrone aufgesetzt. Es ist der erste Neubau im Stadtzentrum und wird von der Chemnitzer Sachsenbau und Projektierungsgesellschaft mbH auf der Fläche einer ehemaligen Tankstelle errichtet.

31. August 1993

Die Stadtwerke Chemnitz nehmen die neue Fernkälteanlage in Betrieb. Über ein 3,3 Kilometer langes, unterirdisches Rohrleitungsnetz können Büros, Kaufhäuser und Industriegebäude für die Raumklimatisierung mit Kälte versorgt werden.

2. September 1993

Nach zweijähriger Bauzeit wird das Altchemnitz-Center (ACC) an der Annaberger Straße eröffnet. Die Rewe-Zentrale Köln ist Bauherr und Vermieter des Centers, in dem neben großen Einkaufsmärkten mehrere kleinere Fachgeschäfte eingezogen sind.

3. September 1993

Im Karree des Sanierungsgebietes Brühl-Nord wird Richtfest für die ersten Wohnungsneubauten gefeiert. Mit öffentlicher Förderung entstehen zwischen Blankenauer-, Lohr- und Further Straße 326 Wohnungen, davon 96 durch Sanierung.

10. September 1993

Mit einem historischen Markt feiert die Stadt drei Tage lang 850 Jahre Markt und Handel an der Chemnitz. Im Jahr 1143 erhielt das Benediktinerkloster durch König Konrad III. das Marktrecht verliehen, was als eine der wichtigsten Vorstufen zur Besiedelung der Chemnitz-Aue angesehen wird.

15. September 1993

Zum dritten Oberbürgermeister von Chemnitz seit 1990 wählen die Stadtverordneten auf ihrer 45. Sitzung den bisherigen 1. Bürgermeister Dr. Peter Seifert (SPD). Er löst am 1. Oktober den CDU-Politiker Dr. Joachim Pilz ab. Damit leitet erstmals ein Sozialdemokrat die Geschicke der Stadt. Seifert erhält bereits im ersten Wahlgang die absolute Mehrheit mit 42 gegen 33 Stimmen für den CDU-Kandidaten Dieter Ohnesorge.

2. Oktober 1993

Auf dem Städtischen Friedhof wird ein Mahnmal für die Opfer des Stalinismus eingeweiht. Die aus rötlichem Granit-Porphyr bestehende Gedenktafel für die politisch verfolgten Insassen des Zuchthauses Waldheim und des Frauengefängnisses Hoheneck schuf der Chemnitzer Bildhauer Armin Forbrig.

4. Oktober 1993

In Chemnitz geht das erste private Lokalfernsehen in den neuen Bundesländern auf Sendung.

20. November 1993

Das „Haus der Gesundheit" an der Goethestraße wird feierlich eingeweiht.

25. November 1993

Richtfest wird am künftigen Laden- und Bürogebäude an der Ecke Augustusburger-/Bahnhofstraße gefeiert. Gleichzeitig erfolgt die Grundsteinlegung für den dominierenden Turm des Gebäudes.

31. Dezember 1993

Mit einer Quote von 15,2 Prozent erreicht die Arbeitslosigkeit im Arbeitsamtsbezirk Chemnitz ihren höchsten Stand des Jahres.

24. Januar 1994

An der Technischen Universität wird die Philosophische Fakultät gegründet.

27. Januar 1994

Der erste Bauabschnitt des künftigen „Europarks", eines Büro- und Dienstleistungszentrums, wird in der Gebäudehülle der 1897 entstandenen Baumwollspinnerei auf der Schulstraße übergeben.

28. Januar 1994

Die ersten Tagespflegeplätze der Stadt stehen im Altenpflegeheim Harthau zur Verfügung. Damit ist eine neue Form der Altenpflege im Angebot.

3. Februar 1994

Im künftigen Einkaufszentrum „Neefepark" an der Neefestraße wird der Grundstein für eine Filiale des schwedischen Möbelhauses Ikea gelegt.

15. Februar 1994

Die Wirkmaschinenbau Chemnitz GmbH geht in Liquidation. Mit dem Übergang von 120 Beschäftigen in das von der Treuhandanstalt neu gebildete Unternehmen Kändler Maschinenbau GmbH geht die 110-jährige Tradition des Wirkmaschinenbaus in Chemnitz zu Ende.

22. Februar 1994

Für das Einkaufszentrum Neefepark, den die Kölner Rewe-Gruppe an der Autobahnanschlussstelle Süd der A 72 errichtet, wird der Grundstein gelegt.

23. Februar 1994

Am Banken- und Geschäftscenter, das an der Ecke Claus-/Uferstraße entsteht, wird Richtfest gefeiert. Bauherr ist die Gesellschaft „Steinhaus" Chemnitz.

28. Februar 1994

Das Einrichtungshaus „Domäne" eröffnet einen neuen Markt in einem ehemaligen Gebäude der Firma Ascota an der Annaberger Straße 93.

Februar 1994

Bei Bauarbeiten im Rathaus wird eine vermutlich aus dem Jahre 1911 stammende Deckenmalerei freigelegt.

14. März 1994

Die umfassende Sanierung der über 100 Jahre alten Chemnitzer Markthalle beginnt.

Für das Büro- und Geschäftshaus „Falke-Forum" an der Zwickauer Straße 16–18 wird der Grundstein gelegt.

Europark in der ehemaligen Baumwollspinnerei in der Schul-straße

24. März 1994

Mit einem Festakt im Opernhaus würdigen der Freistaat Sachsen und die Stadt Chemnitz den 500. Geburtstag des sächsischen Gelehrten, Humanisten und Politikers der Renaissancezeit Georgius Agricola. Der sächsische Ministerpräsident, Prof. Kurt Biedenkopf, bezeichnet Agricola als Symbol für den Gedanken, dass Wissen Brücken schlage und die Suche nach wissenschaftlichen Antworten stets auch die Suche nach Wahrheiten bedeute. An der Technischen Universität findet eine Wissenschaftiche Konferenz über den frühneuzeitlichen Universalgelehrten statt.

6. April 1994

Mit Handschlag und Urkunde durch die Bürgermeister Dr. Peter Seifert für Chemnitz und Carsten Zimmermann für Euba wird die Eingemeindung des zwölf Quadratkilometer großen und 1.300 Einwohner zählenden Ortes besiegelt. Euba ist die erste Gemeinde, die sich seit 1990 mit Chemnitz zusammenschließt.

22. April 1994

Nach umfangreichen Investitionen im Verlags- und Redaktionsbereich weiht die „Freie Presse" ihr neues Druckzentrum am Chemnitzer Südring ein.

28. April 1994

Die Fakultät Mathematik wird an der Technischen Universität gegründet.

6. Mai 1994

Die erste Busspur der Stadt wird an der Bahnhofstraße von der CVAG in Betrieb genommen. Sie führt von der Zentralhaltestelle auf das ausbetonierte ehemalige Gleisbett der Straßenbahnlinie 3. Von dort gelangen die Busse weiter auf die Theaterstraße oder die Zwickauer Straße und umfahren damit den Verkehrknotenpunkt Falkeplatz.

18. Mai 1994

Eine Aufsehen erregende Entdeckung machen Mitarbeiter des Hotels „Chemnitzer Hof": Einmalige Zeichnungen und Studien des Architekten Prof. Heinrich Straumer werden unter dem Dach des traditionsreichen

Hotels gefunden. Zu den gut erhaltenen Dokumenten gehören Skizzen und Notizen des berühmten Architekten, der sich beim Bau des „Chemnitzer Hofes" 1929 bis 1930 von Bauhaus-Prinzipien leiten ließ.

20. Mai 1994

Das erste deutsch-französische Volksfest in Sachsen präsentiert die „Freie Presse" mit der Kulissenstadt „Petit Paris" bis zum 5. Juni auf dem Festplatz an der Hartmannstraße.

27. Mai 1994

Die CVAG übernimmt den Prototyp der Variobahn in den öffentlichen Liniendienst.

Das Richtfest für das Einkaufszentrum Neefepark wird gefeiert.

30. Mai 1994

Das sanierte Abfertigungs- und Verkehrsleiteinrichtungsgebäude am Chemnitzer Busbahnhof wird übergeben.

1. Juni 1994

Auf dem Gelände des Sportforums an der Reichenhainer Straße wird der Grundstein für die erste Leichtathletik-Mehrzweckhalle des Freistaates Sachsen gelegt.

Weitsprung-Olympiasiegerin Heike Drechsler aus Jena unterschreibt einen Zweijahresvertrag beim Leichtathletik-Club Chemnitz.

12. Juni 1994

In Chemnitz finden die Europawahl, die Stadtratswahl und die Oberbürgermeister-Wahl statt. Bei der Kommunalwahl muss die CDU die größten Verluste hinnehmen und belegt mit 24,6 Prozent Platz zwei hinter der SPD. Diese erhält 34,7 Prozent der Wählerstimmen. Eindeutiger Sieger der Oberbürgermeister-Wahl wird bereits im

Die Hauptstraße in Euba

ersten Wahlgang Dr. Seifert (SPD), der über 73 Prozent der Wählerstimmen auf sich vereinigt. Bei der Wahl des Europaparlaments belegt in Chemnitz die CDU den ersten Platz.

15. Juni 1994

Mit dem Aufsetzen der 200 Kilogramm schweren Kupferblechspitze auf die historische Chemnitzer Markthalle wird der erste Abschnitt der Sanierungsarbeiten an dem 103 Jahre alten Gebäude abgeschlossen.

Nach 15-jähriger Rekonstruktion übergibt der Oberbürgermeister auf einer festlichen Veranstaltung den goldenen Schlüssel für das Schloßbergmuseum an den Hausherrn.

21. Juni 1994

Das Konzil der Technischen Universität wählt erneut Prof. Dr. Günther Hecht zum Rektor.

23. Juni 1994

Das für etwa zwei Millionen DM komplett rekonstruierte Haus 18 im Berufsbildungswerk für Blinde auf

Die 1994 abgerissene Neubau-Investruine der Textima-Elektronik an der Ecke Bahnhof-/Waisenstraße, Aufnahme vom März 1993

der Flemmingstraße wird eingeweiht. Damit verbessern sich die Bedingungen für die Ausbildung blinder Jugendlicher.

Juni 1994

Zum 125. Jubiläum der Stadtbibliothek gehen wertvolle Bestände wieder zurück in den Besitz der Einrichtung. Es handelt sich um 86 Bände, Inkunabeln und Handschriften. Das kostbare Kulturgut war aufgrund räumlicher Enge 1963 in die Sächsische Landesbibliothek ausgelagert worden.

4. Juli 1994

Der neu gewählte Bundespräsident Roman Herzog weilt zu einem Kurzbesuch in der Stadt, wo er das Unternehmen Modul und die Innenstadt besichtigt und sich in das Goldene Buch der Stadt einträgt.

Juli 1994

Ende des Monats beginnt der Abriss der Neubauinvestruine der Textima-Elektronik an der Ecke Bahnhof-/Wai-

senstraße. Auf dem 14.000 Quadratmeter großen und nun freien Karree soll die Conti-Galerie entstehen – ein Multifunktionskomplex u. a. mit Kino und Gastronomie.

1. August 1994

Die Stadt Chemnitz ist wieder im Besitz des Kinderheimes „Geschwister Scholl" an der Annaberger Straße. Nach der Wende erhob der Freistaat Sachsen einen Anspruch auf die Liegenschaft am Harthauer Berg, die Stadt hingegen sah sich als rechtmäßige Erbin der traditionsreichen Stiftung Johanneum.

26. August 1994

Ein Brandanschlag auf das Bürogebäude der Chemnitzer Parkeisenbahn ist Höhepunkt einer Zerstörungswelle gegen das beliebte Ausflugsziel im Küchwald.

29. August 1994

Der Grundstein für ein neues Bettenhaus wird im Klinikum Küchwald gelegt. Es ist die erste von insgesamt drei auf dem Gelände des Krankenhauses geplanten Neubauten.

2. September 1994

Richtfest wird am Gebäude der „Alten Post" im Bereich Bretgasse/Bahnhofstraße gefeiert. Das Areal an historischer Stelle in der Innenstadt beherbergt somit das aus dem Jahre 1859 stammende und heute denkmalgeschützte ehemalige Post- und Telegrafengebäude sowie einen fünf- bzw. siebengeschossigen Neubau.

7. September 1994

Im Telekom-Gebäude auf der Reichsstraße 13 wird offiziell die neue digitale Vermittlungsstelle 30 in Betrieb genommen. Die neue Anlage bietet erheblich bessere Verbindungsqualität und ersetzt die im Jahre 1923 gebaute und bis in die 1950er-Jahre erweiterte, technisch veraltete und zuletzt völlig überlastete Vermittlungsstelle Chemnitz West.

9. September 1994

Für einen der modernsten Schlacht- und Zerlegungsbetriebe Deutschlands legen Oberbürgermeister Dr. Peter Seifert und Sachsens Landwirtschaftsminister Dr. Rolf Jähnichen den Grundstein im neu entstehenden Gewerbegebiet Nordwest an der Autobahn A 72.

21. September 1994

Den ersten Fahrscheinautomaten für den Regionalverkehr hat die Autobus GmbH Sachsen am Busbahnhof Chemnitz aufgestellt.

September 1994

Die Chemnitzer Webmaschinenbau GmbH firmiert in Namen und Logo wieder unter Schönherr. Damit soll auf die Traditionen im Textilmaschinenbau aufmerksam gemacht werden, die 1852 von Louis Schönherr begründet wurden.

1. Oktober 1994

Die Strom- und Fernwärmeversorgung von Chemnitz erfolgt ab jetzt in Regie der Stadtwerke Chemnitz AG.

6. Oktober 1994

Nach viermonatiger Rekonstruktionszeit öffnet das Hotel „Chemnitzer Hof" wieder seine Pforten.

10. Oktober 1994

Der Grundstein für einen Neubau der Volksbank Chemnitz wird neben dem bisherigen Bankgebäude im Karree Innere Klosterstraße/Börnichsgasse/Theaterstraße gelegt. Der Altbau soll renoviert und durch eine Tiefgarage im Hof komplettiert werden.

Der Hartmannplatz mit dem Einkaufszentrum von C&A, Luftaufnahme von 1994

11. Oktober 1994

Als erstes der drei sächsischen Regierungspräsidien nimmt die oberste Rechtsaufsichtsbehörde im Regierungsbezirk Chemnitz offiziell die Arbeit auf. Sie ist im denkmalgeschützten ehemaligen Fabrikgebäude der Astra-Werke an der Altchemnitzer Straße untergebracht.

Das moderne Büro- und Geschäftshaus „Chemnitz Plaza" wird an der Rathausstraße eröffnet. Die Unternehmensgruppe des Darmstädter Investors Frank-Michael Engel hat das ehemalige Ascota-Bürogebäude saniert und umgestaltet.

12. Oktober 1994

Der Stadtrat beschließt den Weiterbau des Theatrons, einer kreisförmigen Freitreppe mit breiten Doppelstufen, die die Straße der Nationen und den Theaterplatz verbindet. Es handelt sich dabei um einen gestalterisch vertretbaren und kostengünstigen Kompromiss, der auf Metallelemente, u. a. auf eine sieben Meter hohe Metallwand, verzichtet. Das Theatron wird am 9. September 1995 endgültig fertiggestellt.

Die 1994 fertiggestellte Moritz-Passage

14. Oktober 1994

Das Tennis- und Freizeitcenter Chemnitzpark wird im Röhrsdorfer Chemnitz-Center eingeweiht.

16. Oktober 1994

In Chemnitz entscheiden sich die Bürger mit ihrer Stimmenabgabe bei der Bundestagswahl mehrheitlich für die CDU. Sie erhält hier 40,6 Prozent der Stimmen.

19. Oktober 1994

Für den ersten Neubau eines Altenpflegeheimes in der Stadt nach der Wende wird in Glösa der Grundstein gelegt. Er entsteht an historischer Stelle der ehemaligen Kinderheilstätte und soll bis 1995 fertiggestellt sein.

20. Oktober 1994

Für das „Dorint Parkhotel", das eine private Investorengruppe an der Stollberger Straße baut, wird Richtfest gefeiert.

25. Oktober 1994

Der derzeit modernste Computer Deutschlands wird im Rechenzentrum der TU Chemnitz-Zwickau in Betrieb genommen.

3. November 1994

Chemnitz hat nach 50 Jahren erstmals wieder ein Adressbuch. Es enthält die Anschriften von über 200.000 volljährigen Einwohnern der Stadt, führt die Unternehmen nach Branchen, nach Straßen und alphabetisch geordnet auf und weist übersichtlich den Weg zu Chemnitzer Behörden, öffentlichen Einrichtungen, Vereinen und Ärzten. Außerdem informiert es über Stadtgeschichte, Ehrenbürger und Partnerstädte.

Am Rohbau des Straßenbahnbetriebshofes Adelsberg wird Richtfest gefeiert. Nachdem am 17. Dezember 1993 der symbolische erste Spatenstich für den Neubau erfolgte, konnte im Juni 1994 der Grundstein gelegt werden.

Mit dem Neefepark eröffnet ein weiterer Chemnitzer Einkaufsmarkt am Rande der Stadt.

4. November 1994

Archäologen finden bei ihren Grabungen auf dem Gelände des ehemaligen Parkplatzes an der Stadthalle wichtige Teile der historischen Chemnitzer Stadtmauer.

An einem neuen Wohn- und Geschäftshaus auf der Claußstraße 43–51 wird Richtfest gefeiert.

11. November 1994

Die CVAG stellt eine neue Omnibuswerkstatt in Dienst. In der neuen Halle an der Werner-Seelenbinder-Straße können Busse neben den planmäßigen Inspektionen und den täglichen Sichtkontrollen auf eventuelle Defekte auch mit allen Betriebsmitteln wie Öl, Wasser, Luft und Diesel versorgt werden.

Luftaufnahme des am 3. November 1994 eröffneten Neefeparks

Das am 16. Dezember 1994 eröffnete Stadtwerkehaus an der Augustusburger Straße

14. November 1994

Eine neue Regelung für das 828 Kilometer lange Gasnetz der Stadt wird an der Ecke Blankenburg-/Bornaer Straße in Betrieb genommen. Damit ist erstmals eine Mengenregelung des Gases möglich.

22. November 1994

Nach einjähriger Bauzeit wird am entstehenden Büro- und Geschäftshaus an der Zwickauer Straße 16–18, dem sogenannten Falke-Forum, Richtfest gefeiert.

23. November 1994

Die St.-Nikolaikapelle an der Michaelstraße erhält mit dem Aufsetzen der restaurierten Turmhelme ihr ursprüngliches Aussehen zurück.

30. November 1994

Die Chemnitzer Weltmeister im Gewichtheben, Marc Huster und Ingo Steinhöfel, tragen sich in das Goldene Buch der Stadt ein.

16. Dezember 1994

Ein Kundenberatungszentrum eröffnen die Chemnitzer Stadtwerke an der Augustusburger Straße 1.

22. Dezember 1994

Der ehemalige Chemnitzer Jonny Kluge, der seit 1923 in den USA lebt, übergibt der Stadt eine 500.000 Dollar-Spende. Für das Geld soll ein Jugendfreizeitzentrum im Fritz-Heckert-Gebiet gebaut werden.

23. Dezember 1994

Durch den Vertragsabschluss über den Bau eines neuen Montagewerkes am Chemnitzer Stadtrand zwischen der Dörries Scharmann AG und dem Chemnitzer Oberbürgermeister wird ein wichtiger Standort für den Traditionsbetrieb Union in Chemnitz erhalten.

Dezember 1994

Zum Jahresende sind im Amtsbezirk Chemnitz 33.570 Frauen und Männer ohne Arbeit. Die Arbeitslosenquote erhöht sich damit auf 14,1 Prozent. Der Anteil der Frauen an den Arbeitslosen ist mit 67,9 Prozent weiterhin sehr hoch.

9. Januar 1995

Die bisher modernste Kindertagesstätte der Stadt wird in der Schloßstraße 29 übergeben. In einjähriger Bauzeit hat hier die SchmidtBank ein architektonisch originelles Gebäude errichten lassen.

11. Januar 1995

Am Büro- und Dienstleistungsgebäude „Solaris 2" auf der Neefestraße 76 wird Richtfest gefeiert. Die Chemnitzer Niederlassung des Stuttgarter „in Bau"-Konzerns errichtet hier seit dem 4. Juli 1994 ein Gebäude mit insgesamt 4.000 Quadratmetern Bürofläche.

30. Januar 1995

An einen Chemnitzer überreicht der Präsident der Telekom-Direktion Leipzig den einmillionsten Telefonanschluss in Sachsen, den die Telekom nach 1989 geschaltet hat. Seit dieser Zeit wurden im Stadtgebiet von Chemnitz rund 120.000 Telefonanschlüsse neu installiert, sodass jetzt ca. 190.000 Anschlüsse bestehen.

Januar 1995

Als neuer Direktor des Industriemuseums Chemnitz tritt Dr. Jörg Feldkamp aus Nordrhein-Westfalen seinen Dienst an.

9. Februar 1995

Ein neues Führungs- und Lagezentrum der Polizeidirektion Chemnitz wird im Gebäude an der Hartmannstraße offiziell übergeben.

5. März 1995

Zum 50. Jahrestag der Bombardierung von Chemnitz wird auf dem Platz vor der Alten Post ein Denkmal eingeweiht. Es wurde von der Künstlerin Silke Rehberg geschaffen und besteht aus einer getönten Glasscheibe, die im unteren Bereich die seit dem 5. März 1945 vergangene Zeit digital anzeigt.

23. März 1995

Eine Filiale der amerikanischen Fast-Food-Kette Mc Donald's eröffnet an der Ecke Brückenstraße/Straße der Nationen. An gleicher Stelle hatte früher der IFA-Vertriebshandel seinen Sitz.

2. April 1995

Der Chemnitzer Bürgersender „Radio T" geht auf Sendung und ist für vier Stunden in der Woche zu hören.

Zentralhaltestelle mit der „Chemnitz Plaza" 1995

Luftaufnahme des Grabungsgeländes am Roten Turm, 1995

22. April 1995

Mit einem Kolloquium ehren der Chemnitzer Geschichtsverein und die Technische Universität den Baumeister Richard Möbius zu dessen 50. Todestag. Möbius war 25 Jahre als Stadtbaurat und Vorstand des Hochbauamtes Chemnitz tätig und hat mit nahezu 50 Bauten ein großes Stück städtischer Baugeschichte geschrieben.

24. April 1995

Die CVAG eröffnet ihr neues Kundencenter im Gebäudekomplex „Alte Post" an der Zentralhaltestelle.

1. Mai 1995

Das „Haus der Jugend" feiert die Eröffnung seines neuen Domizils Am Laubengang 15.

19. Mai 1995

Das Pegasus-Center an der Reichenhainer Straße wird eingeweiht. Der in 20 Monaten erstellte sechsstöckige Komplex bietet 12.000 Quadratmeter Bürofläche und in einem Parkhaus 300 Stellplätze.

10. Juni 1995

Das Museum für Naturkunde öffnet nach 18-monatiger Rekonstruktion mit Ausstellungen im Insektarium und einer Sonderschau über Saurierspuren wieder seine Pforten.

18. Juni 1995

Mit der Ausstellung zum Thema „Das Plakat" wird nach zweijähriger Pause die Textil- und Kunstgewerbesammlung im König-Albert-Museum wiedereröffnet.

19. Juni 1995

Der Grundstein für den Neubau des Chemnitzer Technologiezentrums an der Annaberger Straße wird von Dr. Seifert gelegt. Auf der Industriebrache – dem Gelände des früheren Forschungsinstitutes für Textiltechnologie – sollen durch Neubau und Sanierung vorhandener Gebäude bis Mitte 1996 insgesamt 10.000 Quadratmeter Büro-, Labor- und Werkstattflächen entstehen.

20. Juni 1995

Mit einem symbolischen Spatenstich beginnen die Bauarbeiten für den Elisabeth-Reichelt-Wohnpark am Harthweg in Schönau.

29. Juni 1995

Der Oberbürgermeister legt den Grundstein für das auf dem Dreieck zwischen Harthweg, Trützschlerstraße und Oberfrohnaer Straße entstehende Rabenstein-Center. Bauherr ist die Rabenstein Center Projektentwicklungs- und Bauträgergesellschaft, eine Tochter der Schmidt-Bank.

7. Juli 1995

Das Dorint-Hotel wird eröffnet. Es befindet sich an Deubners Weg am Kapellenberg.

13. Juli 1995

Für den Neubau der Chemnitzer Volksbank in der Innenstadt wird Richtfest gefeiert.

28. Juli 1995

Der 42-jährige Radsportler Wolfgang Lötzsch vom Chemnitzer Polizeisportverein (CPSV) beendet nach 30 Jahren seine Rennfahrerlaufbahn. Im Beisein prominenter Gäste gibt es dazu am Abend im ACC ein 40-km-Kriterium. Wolfgang Lötzsch, der aus politischen

Das 1995/97 sanierte Hochhaus Furth

Gründen nie bei Weltmeisterschaften und Olympischen Spielen starten durfte, gehörte zu den größten deutschen Radsporttalenten.

Die Traditionsgaststätte „Heideschänke" eröffnet mit zwei Diskotheken und zwei Pubs den ersten Teil des geplanten Tanzhauses.

1. August 1995

Die neue Erstunterkunft für Asylwerber in Hilbersdorf ist fertiggestellt. Das umfangreich sanierte Gebäude auf

Die 1995 in Betrieb genommene neue Kläranlage in Heinersdorf, Luftaufnahme von 2006

dem Gelände der ehemaligen Kaserne am Adalbert-Stifter-Weg wird zukünftig für ausländische Flüchtlinge erste Anlaufstelle sein.

4. August 1995

Das Deutsche Spielemuseum öffnet im Solaris-Park an der Neefestraße seine Pforten. Auf zwei Etagen können die Besucher mehr als 500 Spiele nicht nur bestaunen, sondern auch selbst ausprobieren.

17. August 1995

Das Chemnitzer Briefzentrum der Deutschen Post AG wird im Gewerbegebiet an der Neefestraße offiziell eingeweiht.

18. August 1995

Für die erneuerte Kälteanlage im Eissportkomplex am Küchwald wird Richtfest gefeiert. Sie zählt zu den modernsten in Europa.

21. August 1995

Die ersten Lehrwerkstätten des neuen Bildungs- und Technologiezentrums der Handwerkskammer Chemnitz in der Limbacher Straße 195 nehmen pünktlich zu Beginn des Ausbildungsjahres ihren Betrieb auf.

24. August 1995

Am künftigen Büro- und Wohnkomplex Karree 12 an der Bergstraße wird Richtfest gefeiert. Investor ist die Unternehmensgruppe Huber-Schöpflin aus Heidelberg.

7. September 1995

Mit dem symbolischen ersten Spatenstich gibt Oberbürgermeister Dr. Peter Seifert das Startzeichen für den Bau des neuen Wohnparks Reichenhain. Nach 20-monatiger Vorbereitung beginnt damit die Erschließung der bisher größten Wohnbaufläche in der Stadt nach der Wende. 300 Wohnungen sollen auf dem 14 Hektar umfassenden Gelände hinter der Gornauer Straße entstehen.

9. September 1995

Das erste Chemnitzer Stadtfest lockt rund 150.000 Besucher in die Innenstadt. Insgesamt zehn Aktionspunkte laden zum Verweilen ein. Mit dem Fest wollen im Zentrum ansässige Geschäfte und Unternehmen zur Belebung der Innenstadt beitragen.

15. September 1995

Die mehrmonatige Rekonstruktion der Klinik für Kinderchirurgie im Klinikum Chemnitz ist abgeschlossen. Das modern eingerichtete Haus an der Flemmingstraße zählt zu den größten Einrichtungen Deutschlands.

16. September 1995

Zu seiner ersten Vorstellung in der neuen Spielstätte im Kellergeschoss der Markthalle lädt das „Erste Chemnitzer Kabarett" ein.

17. September 1995

Mit der Eröffnung der Dauerausstellung „Chemnitzer Stadtgeschichte" wird das letzte Kapitel der umfangreichen Restaurierung des ehemaligen Benediktinerklosters und heutigen Schloßbergmuseums geschrieben. Nachdem das Haus 15 Jahre lang geschlossen bleiben musste, waren erste Ausstellungen ab 1994 zu sehen.

Das 1995 wiedereröffnete Schloßbergmuseum

19. September 1995

Für nichtsesshafte und von Wohnungslosigkeit bedrohte Menschen wird in der Lohstraße 2 ein neuer Tagestreff „Haltestelle" eröffnet. Betroffene können die Einrichtung der Chemnitzer Stadtmission nutzen, um zu duschen, Wäsche zu waschen und vielfältige Beratungen in Anspruch zu nehmen.

25. September 1995

Im Gaswerk Altchemnitz beginnen Demontagearbeiten am 60 Meter hohen Glockenbehälter. Bis 1993 diente er der Speicherung von 100.000 Kubikmetern Stadtgas. 1913 war der 1.900 Tonnen schwere Behälter in Betrieb genommen worden.

26. September 1995

In einer öffentlichen Sitzung des Planungs- und Verkehrsausschusses stellen sieben Investoren ihre Modelle für die Bebauung der Chemnitzer Innenstadt, das sogenannte Filetstück zwischen Rathaus und Stadthalle, vor.

28. September 1995

Bei der Radsport-Weltmeisterschaft im kolumbianischen Bogotá erkämpfen sich die Chemnitzer Michael Hübner und Jens Fiedler gemeinsam mit Jan van Eijden aus Kaiserslautern die Goldmedaille im olympischen Sprint.

2. Oktober 1995

Das 1. Chemnitzer Kneipenfest zieht Tausende in der Nacht zum 3. Oktober in die Gaststätten der Innenstadt. Insgesamt beteiligen sich 44 Gastronomiebetriebe aller Art an der von der „Freien Presse" präsentierten Aktion, die künftig den Tag der deutschen Einheit einläuten soll.

4. Oktober 1995

Ein grundhaft saniertes Wohnheim des Studentenwerkes wird an der Vettersstraße 54 den Studenten der Technischen Universität übergeben.

Das 1995 übergebene Peretz-Haus auf der Elsasser Straße

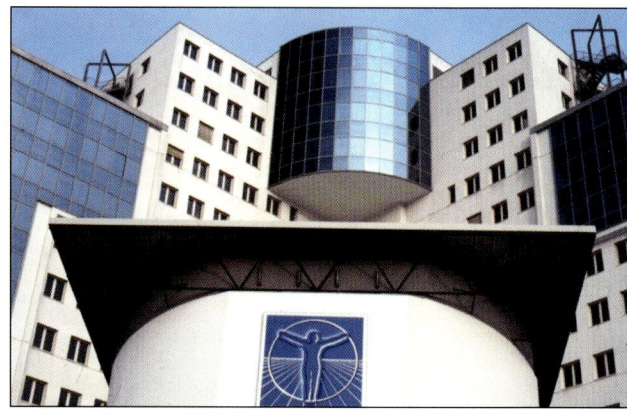

Der 1995 erbaute Solaris-Turm an der Neefestraße

5. Oktober 1995

Deutschlands modernster Straßenbahnbetriebshof geht in Adelsberg offiziell in Betrieb. In zwei Jahren Bauzeit errichteten vorwiegend Firmen aus der Region ein architektonisch und technologisch modernsten Ansprüchen gerecht werdendes Ensemble. Gleichzeitig mit der Inbetriebnahme des neuen Bahnbetriebshofes endet nach mehr als 115 Jahren die Werkstattgeschichte des Depots in Kappel.

6. Oktober 1995

Nach fünfjähriger Bauzeit wird die Autobahn A 72 von Chemnitz nach Hof für den Verkehr freigegeben. Die Bundesautobahn verbindet die Freistaaten Bayern und Sachsen und reicht vom Autobahndreieck Bayerisches Vogtland bis zum Autobahndreieck Chemnitz. Die Gesamtlänge der Strecke Hof-Chemnitz beträgt 107,5 Kilometer mit zwölf Anschlussstellen und 138 Brückenbauwerken.

11. Oktober 1995

Im Gewerbegebiet an der Blankenburgstraße öffnet ein Castorama-Baumarkt.

12. Oktober 1995

Im ehemaligen Straßenbahndepot an der Limbacher Straße wird ein Handwerker- und Gewerbehof eröffnet.

20. Oktober 1995

Der Caritasverband Chemnitz und Umgebung weiht sein neues Haus in der Ludwig-Kirsch-Straße 13 ein.

1. November 1995

Das Ordnungsamt, das Gewerbe- und Marktamt sowie das Lebensmittel- und Veterinäramt der Stadtverwaltung ziehen in das Peretz-Haus auf der Elsasser Straße 8 ein. Mit dieser Konzentration der Ämter sollen die Verwaltungsarbeit erleichtert und beschleunigt sowie die Wege für den Bürger verkürzt werden. Ab Dezember soll das Peretz-Haus – eine ehemalige Produktionsstätte des VEB Buchungsmaschinenwerke Ascota – voll funktionsfähig sein.

3. November 1995

Für eine von zwei neuen Montagehallen der Union Sächsische Werkzeugmaschinen GmbH wird am neuen

Der Theaterplatz mit dem 1995 fertiggestellten Theatron, Luftaufnahme von 2007

Standort im Gewerbegebiet Neefepark der Grundstein gelegt.

Am Neubau des Renaissance-Hotels an der Salzstraße wird Richtfest gefeiert.

10. November 1995

Die größte Mehrzweckhalle und bislang umfangreichste Sportinvestition Sachsens wird im Chemnitzer Sportforum eingeweiht.

14. November 1995

Im Gewerbegebiet an der Neefestraße öffnet das Etap-Hotel.

16. November 1995

Ein neues Einkaufszentrum, die Wolgo-Passage, wird an der Wolgograder Allee eröffnet.

23. November 1995

Mit einem festlichen Programm erfolgt die Übergabe des Gymnasiums Einsiedel. In der neuen Schule lernen nicht behinderte und behinderte Schüler gemeinsam.

24. November 1995

An der Riedstraße in Rabenstein wird der Grundstein für einen Klinikbau mit 100 Betten gelegt, womit die ehemalige Klinik für Innere Medizin und Psychosomatik erweitert wird. Das 1906 als Staatsbad errichtete Gebäude diente in seiner wechselvollen Geschichte u. a. als Ausflugslokal, Altenheim und Rehabilitationszentrum für Infarktkranke.

30. November 1995

Der Neubau der Kläranlage Chemnitz-Heinersdorf hat begonnen.

6. Dezember 1995

Die Sächsische Parksystem GmbH MEPA übergibt das erste automatische Parkhaus Sachsens. Mit 233 Stellplätzen ist die Anlage im Solaris-Gewerbepark zugleich bundesweit einmalig.

7. Dezember 1995

Nach 15-monatiger Bauzeit erfolgt die Freigabe der vierspurig ausgebauten Neefestraße.

8. Dezember 1995

Bei Bauarbeiten auf dem Gelände des Schlachthofes wird der Grundstein für den Schlacht- und Viehhof Chemnitz vom 12. Juli 1882 mit darin lagernder Kassette geborgen.

31. Dezember 1995

Die Stadt hat 265.583 Einwohner.

1. Januar 1996

Der Arbeitsamtsbezirk Chemnitz umfasst jetzt in neuer Zuständigkeit die Landkreise Freiberg und Mittweida sowie die kreisfreie Stadt Chemnitz.

26. Januar 1996

Mit dem 1. Internationalen Chemnitzer Hallenmeeting wird die neue Leichtathletikhalle im Sportforum an der Reichenhainer Straße eingeweiht.

Januar 1996

Im neuen Schlacht- und Zerlegungsbetrieb an der A 72/ Neefestraße beginnt Ende des Monats der Betrieb.

8. Februar 1996

Zur Gründung eines neuen Vereins mit dem Namen FUER CHEMNITZ kommen im Stadtverordnetensaal des Rathauses ca. 150 Bürger zusammen. Sie wollen vor allem das Image der Stadt verbessern sowie zur Belebung der Wirtschaft beitragen und für einen sozialen Ausgleich wirken.

23. Februar 1996

Das erste nach Bundesemissionsschutzgesetz genehmigte Sondermüllzwischenlager in den neuen Bundesländern wird im Stadtteil Borna offiziell vorgestellt. Es befindet sich auf dem Gelände der Becker Umweltdienste GmbH und verfügt über die maximale Lagerkapazität von 200 Tonnen.

16. März 1996

Für die Rauchgasentschwefelungsanlage im Heizkraftwerk Nord II wird Richtfest gefeiert. Mit Hilfe dieser Anlage soll der Ausstoß von Schwefeldioxyd von 30.000 auf 2.000 Tonnen jährlich gesenkt werden.

21. März 1996

Bei den Eiskunstlauf-Weltmeisterschaften im kanadischen Edmonton erringen die Chemnitzer Paarläufer Mandy Wötzel und Ingo Steuer die Silbermedaille.

Das Sportforum mit der am 26. Januar 1996 eingeweihten Leichtathletik-Mehrzweckhalle, Luftaufnahme von 1997

Sprengung des Schornsteins des ehemaligen Schlachthofs im April 1996

28. März 1996

Neue Direktorin der Städtischen Kunstsammlungen wird die Kunsthistorikerin Ingrid Mössinger aus Frankfurt am Main.

16. April 1996

Der 75 Meter hohe Schornstein des ehemaligen Schlachthofes am Thomas-Mann-Platz wird gesprengt.

25. April 1996

Im Wohnkarree „Wartburghof" an der Ecke Wartburgstraße/Reichenhainer Straße wird der Grundstein für eine Lückenbebauung gelegt, die sich äußerlich den Nachbargebäuden anpasst.

12. Mai 1996

Zu einer Abschiedsveranstaltung laden die Städtischen Theater in den Marmorpalast ein. Die zuletzt als Probenhaus genutzte historische kulturelle Einrichtung schließt damit endgültig ihre Pforten.

5. Juni 1996

Ein neuer City-Bus nimmt seinen Betrieb auf. Damit erhoffen sich die CVAG und das Busunternehmen Voit und Weihrauch eine Belebung der Innenstadt zwischen Markthalle und Brühl.

7. Juni 1996

Im Stadtzentrum wird der Grundstein für den „Moritzhof" gelegt. Der zweiteilige, sechsgeschossige Gebäudekomplex soll ein Bürger- und Verwaltungszentrum und die Hauptgeschäftsstelle der Sparkasse Chemnitz beherbergen. Generalunternehmer ist die Sachsenbau- und Projektierungsgesellschaft.

11. Juni 1996

Für das erste große innerstädtische Einkaufs- und Freizeitzentrum „Sachsenallee" am Thomas-Mann-Platz wird der Grundstein gelegt.

25. Juni 1996

Auf dem Grundstück zwischen dem Rathaus und der Alten Post erfolgt die Grundsteinlegung für den Büro- und Geschäftskomplex „Marktplatzarkaden".

26. Juni 1996

Die Stadträte geben einer Städtepartnerschaft zwischen Chemnitz und der amerikanischen Stadt Akron ihre Zustimmung.

Bau der Sachsenallee, Luftaufnahme von 1996

Baustelle der Dresdner Bank 1996

Baustelle des Moritzhofs 1996

1. Juli 1996

Die Raiffeisenbank und die Volksbank Chemnitz fusionieren zur Volksbank Chemnitz eG.

3. Juli 1996

Die früher in Chemnitz lagernde Reichspatentsammlung wird an das Patentinformationszentrum der Bibliothek der Technischen Universität übergeben. Sie umfasst einen Bestand von 768.160 Dokumenten aus den Jahren 1877 bis 1945. Dieser gelangte nach der Teilung Deutschlands nach Berlin in die Zentrale Patentsammlung der DDR.

16. Juli 1996

Die „tagesthemen" der ARD werden live vom Karl-Marx-Monument aus Chemnitz gesendet. Moderator Ulrich Wickert informiert innerhalb der Spätnachrichten über die schwierige Identitätsfindung der Stadt nach der Wende.

Zu einem zweitägigen Besuch weilt US-Milliardär John Kluge in seiner Geburtsstadt. Er kündigt in Gesprächen mit dem Oberbürgermeister und Fachleuten aus der Wirtschaft Fördermaßnahmen für Technologieunternehmen und Kontakte zu Unternehmen in den USA an. John Kluge besucht auch sein ehemaliges Wohnhaus in Schönau und nimmt an Kulturveranstaltungen teil.

6. August 1996

Auf dem Marktplatz begrüßen rund 3.000 Einwohner die Chemnitzer Olympiateilnehmer Ilke Wyludda, Lars Riedel und Jens Fiedler, die im amerikanischen Atlanta Goldmedaillen erringen konnten sowie den Schwimmer Stev Theloke. Die Olympioniken tragen sich öffentlich in das Goldene Buch der Stadt ein.

7. September 1996

Rund 6.000 Radsportanhänger bereiten Radsportler Michael Hübner auf dem Oval im Chemnitzer Sportforum einen bewegenden Abschied vom Leistungssport. Der siebenfache Weltmeister holt sich bei seinen abschließenden Starts unter Beteiligung prominenter Weggefährten nochmals drei Siege.

18. September 1996

Der Stadtrat gibt an die Philipp Holzmann AG und den deutsch-englischen Konzern AMEC den Zuschlag für die Bebauung der Innenstadt. Die Chemnitzer Sachsenbau und Projektierungsgesellschaft kann sich vorerst nicht behaupten. Mit dem Stadtratsbeschluss wird das innerstädtische Grundstück bereits zum zweiten Mal vergeben. 1993 hatte das Hamburger Unternehmen ECE den Zuschlag erhalten, dessen Konzept der Stadtrat jedoch im Februar 1995 ablehnte. Daraufhin bewarben sich im Herbst 1996 sieben Investoren, aus denen Holzmann, AMEC und Sachsenbau als Sieger hervorgingen.

23. September 1996

Am Abend wird der Gesellschaftervertrag der neuen Union Werkzeugmaschinen GmbH Chemnitz unterzeichnet. Dieser Neubeginn wurde möglich, weil die 100 Beschäftigten das in Liquidation befindliche Traditionsunternehmen mit einem Anteil von jeweils 10.000 Mark übernahmen und damit dessen Zukunft sicherten.

30. September 1996

Nach fast fünfjähriger Bauzeit eröffnet die Sparkasse Chemnitz am Posthof eine ihrer repräsentativsten Geschäftsstellen. Das in den Jahren 1922 bis 1924 erbaute Bankgebäude wurde denkmalgerecht saniert.

16. Oktober 1996

Die seit Anfang der 1980er-Jahre für den Durchgangsverkehr im Bereich Karl-Liebknecht-Straße und Mühlenstraße gesperrte Georgstraße wird wieder geöffnet. Sie war bei der Entstehung des Fußgängerboulevards Brühl geschlossen worden.

18. Oktober 1996

Das Renaissance-Hotel an der Salzstraße wird eröffnet.

Blick vom Rosenhof zum Rathaus, Aufnahme von 1996

26. Oktober 1996

Mit dem Segen von Diözesanbischof Joachim Reinelt des Bistums Dresden-Meißen wird das Jugendheim „Don Bosco" in der Ludwig-Kirsch-Straße geweiht und damit offiziell eröffnet. Das Haus war von der Caritas gekauft und vom Orden der Salesianer Don Bosco renoviert worden. Bereits seit Ostern 1996 bietet das Don-Bosco-Jugendwerk Jungen und Mädchen im Alter von 10 bis 15 Jahren, die meist Lern- und Konzentrationsschwierigkeiten in der Schule haben, eine sinnvolle Freizeitgestaltung an.

Mit einem Volksfest wird das Karree 12 an der Ecke Leipziger Straße/Salzstraße eröffnet. Es entstanden hier Wohnungen und Geschäfte.

Oktober 1996

Mitte des Monats wird an der Zentralhaltestelle die dort nicht mehr benötigte Haltestellenüberdachung abgerissen. Diese Maßnahme, wie auch der bereits erfolgte Abriss im Haltestellenbereich an der Brückenstraße, dient den geplanten baulichen Veränderungen in der Innenstadt.

Die am 21. November 1996 eröffnete Ermafa-Passage, Luftaufnahme von 1999

21. November 1996

Mit der Ermafa-Passage wird ein Einkaufszentrum eröffnet, das in der ehemaligen Produktionshalle einer traditionsreichen Chemnitzer Firma an der Hartmannstraße entstand.

26. November 1996

Im Stadtzentrum beginnen die Bauarbeiten für eine neue Straßenbahntrasse von der Bahnhofstraße über die Brückenstraße zur Straße der Nationen.

31. Dezember 1996

Nach fast 100 Jahren schließt der Rangierbahnhof Chemnitz-Hilbersdorf. Im Rahmen der Umstrukturierung ihres Ladungsverkehrs wird die Deutsche Bahn AG stattdessen 1997 den Güterbahnhof in Zwickau als zentralen Rangierbahnhof für die Region Südwestsachsen wieder beleben.

Zum Jahresende sind im Arbeitsamtsbezirk Chemnitz 40.914 Frauen und Männer ohne Arbeit, womit die Arbeitslosenquote auf 16 Prozent stieg. Ein Viertel aller beschäftigungslosen Chemnitzer sind langzeitarbeitslos.

1. Januar 1997

Mit Beginn des neuen Jahres gehören die Gemeinden Einsiedel, Klaffenbach und Kleinolbersdorf-Altenhain mit rund 7.400 Einwohnern zum Stadtgebiet von Chemnitz.

13. Januar 1997

Die Chemnitzer Geschäftsstelle der Bundesversicherungsanstalt für Angestellte (BfA) bezieht neue Räume in einem Neubau an der Markthalle 3 bis 5.

14. Januar 1997

Das Denkmal hinter der Alten Post, das an die Zerstörung der Stadt am 5. März 1945 erinnert, wird abgebaut und sichergestellt. Es war Anfang Dezember 1996 von einem Lieferwagen angefahren und zerstört worden. Nach der Reparatur erfolgt einige Zeit später die erneute Montage am alten Standort. Das Denkmal war seit seiner Enthüllung massiver Kritik aus der Bevölkerung ausgesetzt.

19. Januar 1997

Eine Werkstatt für Musik und Theater eröffnet der Chemnitzer Opernsänger Wieland Müller als „Studio W. M." im Europark auf der Schulstraße. Die Einrichtung bietet Tanztraining, Gesangsstudium und szenische Darstellung.

21. Januar 1997

Als neuer Präsident der Handwerkskammer Chemnitz wird der Bauunternehmer Wolfgang Rühlig in sein Amt eingeführt. Die Einrichtung ist die größte Kammer in den neuen Bundesländern. Rühlig löst den 77-jährigen Walter Hartwig ab, der der Handwerkskammer zehn Jahre vorstand.

24. Januar 1997

Ein ambulantes Therapiezentrum für Rehabilitation (ATR) nimmt seinen Betrieb an der Beckerstraße auf. Die Einrichtung bietet eine komplexe Nachbehandlung für Patienten aller Kassen, die am Bewegungsapparat operiert worden sind.

28. Januar 1997

Dem Geschäftshaus „Marktplatzarkaden" gegenüber vom Rathaus wird die Richtkrone aufgesetzt.

Das sogenannte Conti-Loch, Luftaufnahme von 1997

Torhaus des Wasserschlosses in Klaffenbach

Das Wohngebiet Am Silberbach in Klaffenbach, im Hintergrund das Heckert-Gebiet

20. Februar 1997

Die neue Teilbibliothek Geisteswissenschaften und Mathematik der Technischen Universität wird im Pegasus-Center an der Reichenhainer Straße eingeweiht.

25. Februar 1997

Das neu gestaltete ehemalige Versorgungszentrum an der Fürstenstraße – die Yorck-Arkaden – feiert Richtfest.

3. März 1997

Die neue Sächsische Galerie geht in freie Trägerschaft des Vereins Neue Chemnitzer Kunsthütte. Die 7.000 Kunstwerke der Einrichtung, viele davon Schenkungen renommierter Künstler, bleiben weiterhin in kommunalem Besitz.

4. März 1997

Die Klinik Carolabad an der Riedstraße, Zentrum für Psychosomatik und Verhaltensmedizin, wird offiziell übergeben.

5. März 1997

Mit einer großen Eröffnungsparty wird am Abend das neu gestaltete Hotel „Mercure Kongress" eingeweiht. Nach der Modernisierung aller Hotelzimmer und Bäder, der Gestaltung der Fassade, der Erneuerung der Aufzüge und der Neugestaltung des Panorama-Restaurants in der 26. Etage, erfolgten 1996 Umbauarbeiten, sodass sich jetzt die Rezeption und andere Hoteleinrichtungen im Erdgeschoss befinden.

6. März 1997

Das Günnewig-Hotel „Europa" (ehemals Hotel „Moskau") empfängt die ersten Gäste. Es wurde im Auftrag eines neuen Eigentümers saniert, wird jedoch vom Günnewig-Hotel „Chemnitzer Hof" mit bewirtschaftet.

19. März 1997

Die Londoner Firma AMEC Ingenieurbau GmbH, einer der beiden potenziellen Investoren für die Chemnitzer Innenstadt, steigt offiziell aus der Arbeitsgemeinschaft (ARGE) „Roter Turm" aus.

Für den fünfgeschossigen Neubau des Chemnitzer Arbeitsamtes wird an der Heinrich-Lorenz-/Paul-Gruner-Straße der Grundstein gelegt. Die Bauarbeiten hatten bereits im Dezember 1996 begonnen.

Das Chemnitzer Eislaufpaar Mandy Wötzel und Ingo Steuer belegt bei den Weltmeisterschaften im schweizerischen Lausanne den ersten Platz.

26. März 1997

Der Stuttgarter Gerd Gauder, Investor des Solaris-Parkes, hat für seine Baufirmen Konkurs beantragt.

28. März 1997

Mit Orkanstärke fegt zwischen 6.30 Uhr und 8.00 Uhr ein Sturm über Chemnitz hinweg und richtet beträchtliche Schäden an.

30. März 1997

Eine umjubelte Aufführung der Wagner-Oper „Die Meistersinger von Nürnberg" erlebt das Publikum im Chemnitzer Opernhaus. Die Premiere der fünfstündigen Aufführung im ausverkauften Haus wird von Besuchern wegen ihrer hohen Qualität als ein bedeutendes gesellschaftliches Ereignis gewürdigt.

2. April 1997

Das Firmenkonsortium aus der Philipp Holzmann Bau AG Süd und dem englischen Konzern AMEC Ingenieurbau hat die Auflagen der Stadtverwaltung, die an die Bebauung der Innenstadt geknüpft waren, nicht erfüllt. Die Holzmann AG erklärt sich bereit, das Projekt weiterzuführen, wobei die Stadtverwaltung einen Wiedereinstieg der Sachsenbau Projektierungs- und Entwicklungs GmbH als Partner favorisiert.

Das Wohngebiet Zum Adelsberg in Kleinolbersdorf

7. April 1997

Die Sachsenbau GmbH und die Holzmann Bau AG Süd können sich nicht auf eine gemeinsame Bebauung der Innenstadt einigen. Der Stadtrat muss nun erneut entscheiden, wer von beiden Kandidaten für die Bebauung des Grundstücks vor dem Rathaus in Frage kommt.

14. April 1997

Der Baukonzern Philipp Holzmann AG erklärt seinen Rücktritt vom Bebauungsplan der Chemnitzer Innenstadt.

16. April 1997

Auf seiner Sitzung beschließt der Chemnitzer Stadtrat die Vergabe des Grundstücks zwischen Stadthalle und Rathaus zur Bebauung der Innenstadt an die Sachsenbau GmbH.

Das Café „Milchhäuschen" am Schlossteich wird eröffnet.

Wohn- und Geschäftszentrum Am Plan in Einsiedel

1993/95 erbautes Integriertes Gymnasium in Einsiedel

17. April 1997

Zum neuen Rektor der Technischen Universität wird der Dekan der Naturwissenschaftlichen Fakultät, Prof. Christian von Borczyskowski, gewählt. Im Oktober tritt der neue Rektor die Nachfolge von Prof. Hecht an, der nicht mehr kandidierte.

20. April 1997

Chemnitz und die amerikanische Stadt Akron im US-Bundesstaat Ohio besiegeln im Rathaus ihre Städtepartnerschaft.

25. April 1997

Der 14. Bundeskongress des Verbandes deutscher Schriftsteller beginnt in Chemnitz mit seiner Arbeit. Auf einem wissenschaftlichen Symposium an der Technischen Universität diskutieren Literaturexperten aus Ost und West die Frage „Gab es eine DDR-Literatur?".

Für den ersten Bauabschnitt der SchmidtBank-Passage wird Richtfest gefeiert. Derzeit wird das Gelände zwischen Hartmannstraße und der Straße Am Alten Bad bebaut.

20. Juni 1997

Eine der modernsten Zentralküchen Deutschlands nimmt an der Flemmingstraße ihren Betrieb auf. Etwa 2.200 Patienten und Mitarbeiter der Krankenhäuser Küchwald und Flemmingstraße werden von hier versorgt. Die Einrichtung verfügt außerdem über eine Cafeteria.

26. Juni 1997

Das neue Bürohaus der Rawema Industrieanlagen GmbH Chemnitz wird in der Aue 23–27 eingeweiht.

3. Juli 1997

Dem Neubau des Bürger- und Verwaltungszentrums an der Annaberger Straße wird die Richtkrone aufgesetzt. Im Haus werden Anfang 1998 das Baudezernat und andere Einrichtungen der Stadt Chemnitz einziehen.

28. Juli 1997

In der Baugrube des brachliegenden Geländes der Conti-Galerie Bahnhofstraße/Ecke Waisenstraße wird mit Verfüllarbeiten begonnen.

31. Juli 1997

Die Privatbrauerei Diebels öffnet in Chemnitz ihren ersten Fasskeller in Ostdeutschland. Die Gaststätte befindet sich im Haus der BfA An der Markthalle.

2. August 1997

Nach einjähriger Bauzeit wird unter dem Moritzhof die zu diesem Zeitpunkt größte Tiefgarage der Stadt mit 380 Stellplätzen eröffnet.

4. August 1997

Der vierspurige Ausbau der Neefestraße beginnt auf dem knapp 800 Meter langen Teilstück zwischen Südring und Solaris-Turm.

6. August 1997

In der Brückenstraße wird die neue Straßenbahnhaltestelle Straße der Nationen/„Freie Presse" ihrer Bestimmung übergeben.

19. August 1997

Für die älteste städtische Wohnanlage in Chemnitz, den Robert-Straube-Hof im Stadtviertel Bernsdorf, beginnt eine dreieinhalb Jahre dauernde komplette Sanierung.

22. August 1997

Weitspringerin Susen Tiedtke-Greene unterschreibt beim Leichtathletik-Club Chemnitz (LAC) einen Dreijahresvertrag, der im Januar 1998 beginnt und über die Olympischen Spiele im Jahr 2000 hinausreicht.

29. August 1997

Das Berufliche Schulzentrum für Ernährung und Hauswirtschaft auf der Arthur-Bretschneider-Straße 17 wird an die Auszubildenden übergeben. Der Altbau, die frü-

Der 1997 fertiggestellte Moritzhof

here Sidonienschule, wurde saniert und ein Erweiterungsbau errichtet.

30. August 1997

Das Rabenstein-Center an der Ecke Oberfrohnaer Straße/Trützschlerstraße wird eröffnet. In dem Komplex bieten auf insgesamt 9.600 Quadratmetern Gewerbefläche Unternehmen aus 42 verschiedenen Branchen ihre Dienste an.

4. September 1997

Das Sanierungsobjekt Wissmannhof im Karree Yorck-/Fürsten-/Münchner Straße wird von der Bauaktiengesellschaft Bilfinger und Berger an die Chemnitzer Allgemeine Wohnungsbaugenossenschaft übergeben.

6. September 1997

Ein historischer Festumzug bildet den Höhepunkt von zwei ereignisreichen Festwochen anlässlich des 675-jährigen Bestehens von Kleinolbersdorf- Altenhain.

Das am 30. August 1997 eröffnete Rabenstein-Center

27. September 1997

Das Atelierhaus im Wasserschloß Klaffenbach ist fertigge-stellt und beherbergt künftig drei Künstlerwerkstätten.

12. Oktober 1997

Die erste Erdgastankstelle in Chemnitz wird auf dem Gelände der CVAG an der Werner-Seelenbinder-Straße eröffnet. Sie ermöglicht das Betanken von erdgasbetrie-benen Fahrzeugen aus dem Netz der Chemnitzer Stadt-werke AG.

14. Oktober 1997

Eine neue Brücke über die Bahnschienen wird auf der Leipziger Straße für den Verkehr freigegeben.

15. Oktober 1997

Das Einkaufscenter Sachsen-Allee am Thomas-Mann-Platz öffnet erstmals seine Türen. Die neue Einrichtung auf dem Gelände des ehemaligen Schlachthofes beherbergt zu diesem Zeitpunkt 80 Geschäfte und zahlreiche Gaststätten.

16. Oktober 1997

Eine Unternehmer-Akademie und Ideenfabrik mit dem Namen „Quo vadis" wird im Unger-Park eröffnet. Sie bildet das Kernstück des Gebäudekomplexes Bauen & Leben innerhalb der Einrichtung an der Leipziger Straße. Ihr Anliegen sieht die neue Akademie darin, die Unternehmer mit methodischer Arbeitsweise vertraut zu machen, auf die Herausforderungen der Zukunft vorzubereiten und die Unternehmerpersönlichkeit somit ganzheitlich zu fördern.

24. Oktober 1997

Einen Bürokomplex mit dem Namen „Tor zum Sonnenberg" eröffnet die SPD auf der Dresdner Straße 36/38. Der geschichtsträchtige Standort, der nach der Wende wieder in SPD-Besitz überging, umfasst zwei neoklassizistische Villen aus dem Jahr 1865, die über eine Terrasse mit dem ehemaligen Druckereigebäude der Chemnitzer „Volksstimme" verbunden sind. Zu Ehren des von den Nazis ermordeten ehemaligen Geschäftsführers soll es wieder den Namen Georg-Landgraf-Haus tragen.

28. Oktober 1997

Mit der Sprengung des 36 Meter hohen Schornsteines der alten Ziegelei an der Eislebener Straße im Stadtteil Bernsdorf erfolgt der Startschuss für die Errichtung eines neuen städtischen Wohngebietes.

29. Oktober 1997

Sein 10-jähriges Bestehen feiert das Staatsarchiv Chemnitz mit Sitz in der Schulstraße 38. Zu seinem auf nun-

Am 7. September 1997 enthüllte Engelsfigur von Silke Rehberg

mehr 15.000 laufende Meter angewachsenen Bestand gehören vor allem Unterlagen von staatlichen Betrieben und Institutionen des ehemaligen Bezirkes Karl-Marx-Stadt.

11. November 1997

Die Chemnitzer Zentrale der Dresdner Bank AG bezieht ihr neues Domizil in den „Marktplatzarkaden".

Das bis 1997 sanierte Jugendstil-Gebäude Markt 4

15. November 1997

Die Karl Mayer Malimo Maschinenbau GmbH weiht ihr neues Produktions- und Verwaltungsgebäude in der Mauersbergerstraße im Gewerbegebiet an der Neefestraße ein.

16. November 1997

Das Umspannwerk Zentrum an der Rochlitzer Straße, das den Strom für die neue Innenstadt liefern wird, geht in Betrieb. Der im Heizkraftwerk Nord erzeugte Strom wird über ein 7,5 Kilometer langes Kabel zur neuen Anlage geleitet.

4. Dezember 1997

Für den ersten Abschnitt des Südverbundes beginnen die Bauarbeiten. Bis Ende 1999 soll die Stadtautobahn Südring von der Annaberger Straße (B 95) bis zur Reichenhainer Straße verlängert werden.

7. Dezember 1997

Vor dem Bürger- und Verwaltungszentrum Moritzhof wird eine 2,70 Meter hohe Engelsfigur enthüllt, die auf einer acht Meter hohen Edelstahl-Säule steht. Geschaffen wurde sie von der Künstlerin Silke Rehberg.

18. Dezember 1997

An der Mauersbergerstraße wird der Grundstein für die neue Großbäckerei der Union GmbH gelegt.

31. Dezember 1997

Die Stadt zählt mit den zu Jahresbeginn eingemeindeten Orten 257.152 Einwohner.

Im Chemnitzer Arbeitsamtsbezirk sind über 59.000 Erwerbslose registriert, womit die Arbeitslosenquote auf 22 Prozent steigt.

29. Januar 1998

Die UFA-Kinotheater „Europa" an der Hainstraße und „Weltecho" an der Augustusburger Straße schließen ihre Pforten. Sie hatten seit der Eröffnung des Cine-Star-Luxor-Palastes im Juni 1996 drastisch sinkende Besucherzahlen zu verzeichnen.

10. Februar 1998

Das Chemnitzer Eiskunstlaufpaar Mandy Wötzel und Ingo Steuer gewinnt bei den Olympischen Winterspielen im japanischen Nagano die Bronzemedaille. Nach 18 Jahren Pause erringt damit wieder ein deutsches Paar eine Olympiamedaille in dieser Sportart.

23. Februar 1998

Das Baudezernat der Stadtverwaltung und die dazugehörigen Ämter beginnen mit dem Umzug in das zweite Bürger- und Verwaltungszentrum an der Annaberger Straße. Es wurde auf dem ehemaligen Ascota-Gelände errichtet.

27. Februar 1998

Der neue Jugendklub „UK" öffnet an der Straße Usti nad Labem im Fritz-Heckert-Gebiet. Er wurde hauptsächlich aus der Spende des ehemaligen Chemnitzers John Kluge vom 22. Dezember 1994 errichtet.

5. März 1998

Die neue Feuer- und Rettungswache II auf der Wilhelm-Weber-Straße im Stadtteil Hilbersdorf wird in Betrieb genommen. Sie bietet Platz für zwölf Fahrzeuge und weitere modernste Technik.

21. März 1998

Oberbürgermeister Dr. Peter Seifert gibt den Startschuss für die Bebauung der Chemnitzer Innenstadt zwischen Rathaus und Stadthalle.

24. März 1998

Die vom Verfall bedrohte und vom belgischen Architekten Henry van de Velde entworfene Esche-Villa ist für knapp 2,5 Millionen Mark durch die GGG von den Erben gekauft worden. Bis zum Jahr 2000 soll sie im Originalzustand wiederhergestellt werden.

Baustelle der „Galerie Roter Turm" im Juli 1998

Das ab 1998 bezogene Technische Rathaus an der Annaberger Straße

27. März 1998

Für eine neue Anlage von 123 Seniorenwohnungen wird an der Stollberger Straße der Grundstein gelegt. Bauherr des rund 20 Millionen Mark teuren Komplexes ist die Hüttner Wohnungsbaugesellschaft. Betreiber der Seniorenwohnanlage wird der Chemnitzer Kreisverband der Arbeiterwohlfahrt sein.

2. April 1998

Die bruno banani underwear GmbH legt den Grundstein für ihre neue Produktionsstätte im Gewerbegebiet an der Neefestraße. Ab November steht dem erfolgreichen Unternehmen auf dem Gebiet von Designerunterwäsche eine zweieinhalbfach größere Nutzfläche als bisher am Standort Mittelbach zur Verfügung.

3. April 1998

Für das Gesundheits-, Sport- und Freizeitzentrum an der Dittersdorfer Straße erfolgt das Richtfest.

8. April 1998

In einem neuen Format erscheint das „Amtsblatt" der Chemnitzer Stadtverwaltung. Es wird kostenlos an die Haushalte verteilt.

10. April 1998

Im Alter von 58 Jahren stirbt der ehemalige DDR-Fußball-Nationalspieler Dieter Erler. Er gehörte der Meistermannschaft des Fußballklubs Karl-Marx-Stadt (FCK) von 1967 an und hatte sich zuletzt als Talentetrainer für den Chemnitzer Fußballclub (CFC) engagiert.

15. April 1998

Der Neubau des Arbeitsamtes Chemnitz an der Heinrich-Lorenz-/Paul-Gruner-Straße wird offiziell übergeben.

17. April 1998

Als erste Sparkasse Sachsens eröffnet das Chemnitzer Kreditinstitut eine Geschäftsstelle ausschließlich für junge Leute. Die Filiale mit dem Namen „Cash-Corner" befindet sich im Gebäude Moritzhof auf der Reitbahnstraße und soll vor allem Schüler, Studenten und Lehrlinge ansprechen.

20. April 1998

Die Sachsenbau GmbH beginnt mit dem Abriss der ehemaligen Chemnitz-Information an der Straße der Nationen.

27. April 1998

Im Chemnitzer Motorenwerk der Volkswagen Sachsen GmbH läuft der dreimillionste Motor von der Montagelinie. Er ist für die neue Golf-A4-Generation bestimmt, die im Automobilwerk Mosel bei Zwickau gefertigt wird.

Sechs ungesicherte, mit Schotter beladene Eisenbahnwaggons zerstören durch ihre ungebremste Fahrt die Harthauer Brücke über die Würschnitz und richten dabei einen Schaden von ca. drei Millionen Mark an.

30. April 1998

Im Regierungspräsidium Chemnitz unterzeichnen Vertreter aus fünf sächsischen Städten und der Staatsregierung den öffentlich-rechtlichen Vertrag zur Gründung des Zweckverbandes „Sächsisches Industriemuseum". Das Chemnitzer Museum wird das Leitmuseum.

Die CVAG eröffnet an der Zentralhaltestelle einen neuen Service-Point, an dem alle Fahrausweise erworben werden können.

April 1998

Der vordere Teil des historischen Verwaltungsgebäudes der Barmag Spinnzwirn GmbH an der Zwickauer Straße wird abgerissen. Der Rest des Gebäudes soll komplett saniert werden und später der Barmag als Büro- und Verwaltungshaus dienen.

5. Mai 1998

Das Kinder- und Jugendhaus „Treff" öffnet in der Irkutsker Straße 15. In den zurückliegenden sechs Monaten war dafür ein ehemaliger Kindergarten umgebaut worden.

Ein Jugendcafé in der St.-Johannis-Kirche im Park der Opfer des Faschismus empfängt die ersten Gäste. Dieser offene Kirchenbereich ist Teil des Vorhabens, das Gotteshaus schrittweise zur Jugendkirche umzugestalten.

7. Mai 1998

Der erste Teil der neuen Rast- und Tankanlage Auerswalde an der Bundesautobahn A 4 zwischen Dresden und Chemnitz wird eröffnet. Im Gegenzug schließt die nur sieben Kilometer entfernte alte Autobahntankstelle Chemnitz-Röhrsdorf ab 11. Mai und wird später abgerissen.

1998 übergebener Teil der SchmidtBank-Passage

9. Mai 1998

Das Freibad Gablenz öffnet nach 20-jähriger Schließzeit wieder seine Pforten. Es war in den vergangenen Jahren vollständig saniert worden und verfügt u. a. über eine 70 Meter lange Wasserrutsche, Sprungtürme, einen Whirlpool, eine Strömungsanlage und Planschbecken.

Das Gewerbegebiet Werner-Seelenbinder-Straße in Richtung Süden, Luftaufnahme von 1998

16. Mai 1998

Mit einem Volksfest am Moritzhof stellt die Sparkasse Chemnitz zwei Tage lang ihr neues Hauptgebäude den Bürgern vor. Im Dezember 1997 war das Haus von der Sachsenbau GmbH an die Sparkasse funktionsbereit übergeben worden.

20. Mai 1998

Am neuen Stadtteilzentrum in Siegmar wird Richtfest gefeiert. Auf dem Gelände des früheren Hotels „Trabant" hatten die Bauarbeiten dafür im November 1997 begonnen.

24. Mai 1998

Die neu gegründete City-Bahn-Chemnitz GmbH, ein Tochterunternehmen der CVAG und der Autobus Sachsen GmbH, übernimmt den Eisenbahnpersonenverkehr auf der Strecke von Chemnitz-Hauptbahnhof nach Stollberg. Damit tritt sie die Nachfolge der Deutschen Bahn AG an.

25. Mai 1998

Der Interregio 2550 zwischen Chemnitz und Düsseldorf erhält den Namen „Georgius Agricola".

6. Juni 1998

Die erste Pflanzenöl-Tankstelle Sachsens öffnet im Car Wash Palace der Firma Pilz & Hoffmann GmbH an der Bernsdorfer Straße 8.

13. Juni 1998

Der 100 Jahre alte Gewölbebau der Hilbersdorfer Eisenbahnbrücke wird gesprengt. Für den Ausbau der „Sachsenmagistrale" zwischen Hof und Dresden hat sie sich als ungeeignet erwiesen. In der folgenden Nacht wird eine 52 Tonnen schwere Hilfsbrücke an gleicher Stelle über die Frankenberger Straße eingesetzt.

18. Juni 1998

Mit einer Gedenkfeier für den am 22. Mai im Alter von 67 Jahren verstorbenen Grafiker und Autoren Carlfriedrich Claus ehren in den Kunstsammlungen Persönlichkeiten aus Wirtschaft, Wissenschaft und Kultur einen überragenden Künstler der Zeit. Damit wird zugleich zum Ausdruck gebracht, dass sich die Stadt Chemnitz seinem Vermächtnis verpflichtet fühlt. Die Kunstsammlungen wollen eine Stiftung etablieren und seinen Nachlass pflegen.

19. Juni 1998

Der Behälterturm im alten Gaswerk an der Saydaer Straße wird am Abend trotz zahlreicher Proteste der Bevölkerung und von Stadträten gesprengt.

11. Juli 1998

Eine Kette aus etwa 6.000 Menschen umspannt den Chemnitzer Stadtkern, um gegen Ausländerhass und eine fast zeitgleich stattfindende NPD-Kundgebung zu protestieren. Die Aktion wurde vom Bündnis „Mut zur Demokratie", getragen von Kirchen, Kulturschaffenden und Gewerkschaften, initiiert. Die Teilnehmer der 3,6 Kilometer langen Menschenkette kommen anschließend zu einem Kulturfest auf dem Theaterplatz zusammen. Ein Aufgebot von rund 2.000 Polizisten aus mehreren Bundesländern schirmt unterdessen die ca. 400 Teilnehmer der NPD-Kundgebung auf dem Parkplatz an der Bahnhofstraße/Augustusburger Straße ab.

17. Juli 1998

Die Freifläche zwischen Markthalle und BfA-Gebäude erhält den Namen „Seeberplatz". Damit ehrt die Stadt zwei Männer, die Chemnitzer Film- und Fotogeschichte

Luftaufnahme des Klinikums Chemnitz von 1998

schrieben: Clemens und Guido Seeber. Mit der Namensgebung ist zugleich die Einweihung des Platzes verbunden.

23. Juli 1998

Der sächsische Landtag beschließt endgültig die Gemeindegebietsreform im Umland der sieben kreisfreien Städte Sachsens und damit über die Eingemeindungen nach Chemnitz, Plauen, Zwickau, Dresden, Leipzig und Hoyerswerda.

24. Juli 1998

Im Beisein von Sachsens Wirtschaftsminister Kajo Schommer wird am „Vita-Center" an der Wladimir-Sagorski-Straße Richtfest gefeiert.

7. August 1998

Die Härte- und Oberflächentechnik GmbH setzt ihrer neuen Produktionsstätte im Gewerbepark an der Neefestraße die Richtkrone auf. Das Unternehmen, das aus der Sachsenhydraulik hervorgegangen ist, investierte zwölf Millionen Mark in den neuen Standort, wo sich bereits die Siemens AG und die Werkzeugmaschinenfabrik Union angesiedelt haben.

13. August 1998

An Bord des russischen Raumschiffes Sojus TM-28, das mit drei Mann Besatzung zur Raumstation Mir startet, befindet sich auch eine Kollektion Unterhosen der Chemnitzer Modefirma bruno banani. Die Unterwäsche soll von den Kosmonauten im All bei ihrem täglichen Fitnessprogramm auf dem Laufband und einem Fahrradergometer unter den Bedingungen der Schwerelosigkeit getestet werden. Die Firma ist nach eigenen Angaben der erste Textilhersteller, der Produkte einem offiziellen Weltraumtest unterzieht.

23. August 1998

Bei der Leichtathletik-Europameisterschaft in Budapest holt der Chemnitzer Diskuswerfer Lars Riedel die Goldmedaille. Nachdem Riedel bereits Olympiasieger und vierfacher Weltmeister ist, gelang ihm mit diesem Sieg erstmals ein Triumph bei Europameisterschaften.

25. August 1998

Für seine hervorragende Talenteförderung wird der LAC Erdgas mit dem mit 10.000 DM dotierten Grünen Band ausgezeichnet, das der Deutsche Sportbund und der Dresdner Bank stiften.

27. August 1998

Nach Umbau und Sanierung des ehemaligen Unfallkrankenhauses an der Zschopauer Straße wird der erste Bauabschnitt der Landesuntersuchungsanstalt für Gesundheits- und Veterinärwesen feierlich eingeweiht.

August 1998

Die Rekonstruktion des 1913 im Jugendstil errichteten Handelshauses an der Ecke Altchemnitzer Straße 4/Elsasser Straße 7 ist abgeschlossen. Das Gebäude, das auch das 1993 stillgelegte Imbal-Werk beherbergte, befindet sich seit 1996 im Umbau zum sogenannten Arbeits-Förder-Zentrum.

3. September 1998

Mit der Aufführung des Films „Comedian Harmonists" öffnet das Kino „Metropol" an der Zwickauer Straße wieder seine Pforten. Das Hamburger Unternehmen „Kino! Kino! Entertainment" (KKE) bietet in dem erst im April geschlossenen Haus für 2,50 DM Eintritt Filme an, die aus dem aktuellen Spielplan der großen Lichtspielhäuser bereits herausgenommen wurden.

5. September 1998

Die traditionsreiche Chemnitzer Tanzschule Köhler-Schimmel öffnet ein neues Domizil in der ehemaligen „Kosmos-Bar" im Rosenhof. Das Gebäude stand seit Jahren leer.

7. September 1998

Als Gaststätte und Pension „Ausspanne" öffnet das älteste Haus in Chemnitz am Schloßberg 4. Direkt am Fuße des Schloßberges gelegen, wurde das Gebäude von den neuen Eigentümern, dem Ehepaar Fritzsche, umfangreich saniert und originalgetreu restauriert.

22. September 1998

Der ehemalige Bundespräsident Dr. Richard von Weizsäcker liest im Opernhaus aus seiner Autobiographie „Vier Zeiten". Zuvor hatte er sich in das Goldene Buch der Stadt eingetragen.

Das am 7. September 1998 eröffnete Restaurant „Ausspanne"

27. September 1998

Bei der Bundestagswahl erfolgt durch den deutlichen Sieg der SPD mit über 41 Prozent der Stimmen der Amtsantritt von Gerhard Schröder, der damit nach 16 Jahren Helmut Kohl (CDU) als Bundeskanzler ablöst. In Chemnitz kann die SPD über 30 Prozent der Wählerstimmen auf sich vereinen, die CDU erhält über 27 Prozent, die PDS über 24 Prozent. Die Wahlbeteiligung liegt bei weit über 70 Prozent.

3. Oktober 1998

Mit der Premiere „Das Rheingold" wird am Opernhaus der Auftakt für die Tetralogie „Der Ring des Nibelungen" von Richard Wagner gegeben und zugleich das Festival „Begegnungen" eröffnet. Die Aufführung in der Inszenierung von Michael Heinicke wird vom Publikum stürmisch gefeiert und begeistert darüber hinaus als hervorragende Ensembleleistung.

9. Oktober 1998

Nach einer Bauzeit von knapp drei Jahren nimmt das neue Zentralklärwerk im Chemnitzer Stadtteil Heinersdorf seinen Betrieb auf. An die Anlage, die zu den leistungsstärksten in Europa gehört, sind die Wohnungen von 220.000 Menschen aus Chemnitz und dem Umland angeschlossen. Täglich werden dort mehr als 100.000 Kubikmeter Abwasser gereinigt. Mit der Anlage verbessert sich auch die Wasserqualität von Zwickauer Mulde und Elbe erheblich, in die der Chemnitzfluss schließlich mündet.

14. Oktober 1998

Der größte Neubau eines Tierheimes in den neuen Bundesländern wird auf dem Pfarrhübel eröffnet. Damit werden die jahrelangen Provisorien an der Gornauer und der Kleinolbersdorfer Straße überflüssig. Das neue Tierheim war ursprünglich eine Schweinemastanlage, die seit Mai 1997 umgebaut wurde.

16. Oktober 1998

Der Geschäftsführer der Sachsenbau- und Projektierungsgesellschaft, Dr. Dieter Füsslein, unterzeichnet die von der Stadt vorgeschlagenen Verträge zur Gründung der Chemnitzer Grundstücksentwicklungsgesellschaft, der der Stadtrat bereits zugestimmt hat. Die Mitglieder der neuen Gesellschaft mit Sachsenbau GmbH, Stadt Chemnitz und GGG wollen die Innenstadt künftig gemeinsam entwickeln.

19. Oktober 1998

Ein neuer Hörsaalkomplex an der Reichenhainer Straße, der 2.576 Studenten Platz bietet, wird offiziell von Sachsens Wissenschaftsminister Hans-Joachim Meyer an den Rektor der Technischen Universität, Christian von Borczyskowsi übergeben. Der Lehrbeginn in den vier Hörsälen und 14 Seminarräumen ist im November.

27. Oktober 1998

Der erste Deutsche im All, Sigmund Jähn, und der Kommandant des gemeinsamen Raumfluges vor 20 Jahren,

Waleri Bykowski, besuchen das Kosmonautenzentrum im Küchwald. Gemeinsam mit zwei weiteren ehemaligen Besatzungsmitgliedern der Orbitalstation Salut 6 werden die Gäste offiziell in der Stadt begrüßt.

28. Oktober 1998

Mit Spitzengeschwindigkeiten von 117 Stundenkilometern rast das Sturmtief „Xylia" über Chemnitz. Es entstehen nur Sachschäden, Menschen werden nicht verletzt.

29. Oktober 1998

Eine Geburtstags-Eisshow für Trainerin Jutta Müller findet in der Chemnitzer Eissporthalle vor begeistertem Publikum statt. Viele ehemalige Schützlinge der erfolgreichen Trainerin sind für dieses Ereignis angereist. Die Revue wird vom MDR-Fernsehen aufgezeichnet und am 14. Dezember, einen Tag nach Jutta Müllers 70. Geburtstag, ausgestrahlt.

30. Oktober 1998

Ein neues Sport- und Freizeitzentrum wird an der Dittersdorfer Straße eröffnet.

Das sanierte Stammhaus der Volksbank auf der Inneren Klosterstraße wird seiner Bestimmung übergeben. In seiner architektonischen Gestaltung ist es auch weiterhin als ein Gebäude der 50er-Jahre zu erkennen, das nach strengen Vorgaben des Denkmalschutzes saniert wurde.

Oktober 1998

Im ehemaligen Betriebskindergarten des Diamantwerkes an der Nevoigtstraße wird eine Tierparkschule eröffnet. In der Einrichtung können Kinder und Jugendliche von Chemnitzer Grund- und Mittelschulen ähnlich wie im Schulbiologiezentrum des Botanischen Gartens so naturnah wie möglich unterrichtet werden.

Am 19. Oktober 1998 übergebenes Neues Hörsaal- und Seminargebäude der Technischen Universität an der Reichenhainer Straße

1. November 1998

Vier Wochen nach der Aufführung von Wagners „Das Rheingold" im Oktober folgt im Opernhaus mit „Die Walküre" eine weitere Premiere aus dem „Ring des Nibelungen".

2. November 1998

Fünf Jahre nach Baubeginn startet die CVAG den Pendelbetrieb auf der neuen Straßenbahntrasse zwischen Wolgograder Allee und Flughafen mit der Linie 4. Sie ist damit die erste Verbindung seit zehn Jahren, die in Chemnitz neu eingerichtet wurde.

7. November 1998

Das Bürger- und Kulturzentrum (BuK) Wolgograder Allee 182/184 wird eröffnet. Es vereint neben der Bürgerservicestelle der Stadtverwaltung auch das Kulturbüro „Südblick".

Die am 23. November 1998 eröffnete Trabant-Passage

16. November 1998

Die CVAG weiht ihre neuen Bushallen auf dem Gelände an der Werner-Seelenbinder-Straße ein. Auf einer Gesamtfläche von rund 8.650 Quadratmetern können, terrassenförmig angeordnet, 48 Gelenkbusse und 90 Standardlinienbusse abgestellt werden.

Zwei neue ampelgeregelte Fußgängerüberwege an der Bahnhofstraße werden in Betrieb genommen. Sie verbinden den Kaufhof und das „Chemnitz-Plaza" sowie den Moritzhof und die gegenüberliegende Straßenbahnhaltestelle.

23. November 1998

Mit der Eröffnung der Trabant-Passage verfügt Siegmar wieder über ein Stadtteilzentrum. Der Neubau ersetzt das ehemalige „Hotel Trabant", das von der Wismut in den Fünfzigerjahren an der Zwickauer Straße/Ecke Oberfrohnaer Straße errichtet wurde. Bauherr der Passage ist die Sparkasse Chemnitz.

Aufgrund der beginnenden Arbeiten für die neue Zentralhaltestelle wird die Rathausstraße zwischen Bahnhofstraße und Straße der Nationen gesperrt. Als erste Baumaßnahme wird danach der Fußgängertunnel unter der Bahnhofstraße beseitigt.

13. Dezember 1998

Anlässlich ihres 70. Geburtstages erhält die Chemnitzer Eiskunstlauftrainerin Jutta Müller den Ehrenpreis der Stadt. Mit dieser Auszeichnung, die damit erstmals von Oberbürgermeister Dr. Peter Seifert übergeben wird, würdigt der Stadtrat Bürgerinnen und Bürger, die sich in hohem Maße um die Entwicklung und das Ansehen der Stadt Chemnitz sowie um das Wohl ihrer Einwohner verdient gemacht haben.

Dezember 1998

In der Stadt sind Ende des Jahres 22.486 Bürger ohne Arbeit, sodass die Arbeitslosenquote bei 18,9 Prozent liegt.

1. Januar 1999

Durch die Eingemeindung von Grüna, Röhrsdorf, Wittgensdorf und Mittelbach zählt Chemnitz rund 16.000 Einwohner mehr.

19. Januar 1999

Die Braustolz GmbH braut wieder das aus DDR-Zeiten bekannte und beliebte Spezial-Bier. Mit der Rückbesinnung auf die alte Marke will sie vor allem in der Stadt und Umgebung ihre Marktposition ausbauen.

22. Januar 1999

Die Klinik für Innere Medizin des DRK-Krankenhauses in Rabenstein, für die im September 1997 der Grundstein gelegt wurde, wird offiziell übergeben.

Am Wohnblock an der Hartmannstraße 1–3, der 1965 erbaut wurde, beginnen die Abrissarbeiten, nachdem die Stadtkämmerei Ende 1997 in das Bürger- und Verwaltungszentrum Moritzhof und die letzten fünf Familien umgezogen waren.

27. Januar 1999

150 Chemnitzer, darunter der Oberbürgermeister und weitere Vertreter der Stadtverwaltung und der Stadtratsfraktionen, nehmen an einer Veranstaltung zum Gedenken der Opfer des Nationalsozialismus teil. Anlass ist der 54. Jahrestag der Befreiung des Konzentrationslagers Auschwitz.

28. Januar 1999

Dem ehemaligen Rektor der Technischen Universität Chemnitz, Prof. Günther Hecht, wird die Ehrensenatorwürde verliehen. Damit dankt die Leitung der TU dem gebürtigen Mecklenburger für sein Engagement zum Erhalt der Bildungseinrichtung in den Jahren nach der Wende.

Die neue Produktionsstätte der bruno banani underwear GmbH wird im Gewerbegebiet an der Neefestraße eröffnet.

17. Februar 1999

Ein heftiges Wintergewitter mit starken Verwehungen und plötzlichem Glatteis verursacht am frühen Morgen in Chemnitz und der gesamten Region chaotische Zustände auf den Straßen. Es kommt zu erheblichen

Das am 24. März 1999 eröffnete Vita-Center

Das sanierte Arbeiter-Samariter-Haus in der Ludwig-Kirsch-Straße

Verspätungen, vor allem im Busverkehr, und bis zum Mittag zu 46 Unfällen.

26. Februar 1999

Die GGG kauft das Gelände einschließlich der Ruine der Pelzmühle. Es ist vorgesehen, im Rahmen eines Archi-

tektenwettbewerbes eine an die Tradition der Pelzmühle anknüpfende Ausflugsgaststätte zu bauen, die gleichzeitig die Verbindung zum städtischen Tierpark und zum Erlebnisbereich rund um den Pelzmühlenteich einschließt.

10. März 1999

Auf ihrer Beratung im März beschließen die Chemnitzer Stadträte den Kauf des ehemaligen Kasernen-Geländes an der Heinrich-Schütz-Straße, auf dem bis 1993 Soldaten der ehemaligen Sowjetarmee stationiert waren. Die Stadt wird das 21 Hektar große Gelände anschließend sanieren.

15. März 1999

Das Regionalschulamt in Chemnitz wird eröffnet. Es ist für die Landkreise Annaberg, Chemnitzer Land, Freiberg, Mittweida, Stollberg, den Mittleren Erzgebirgskreis und die Stadt Chemnitz zuständig.

19. März 1999

Eine neue Produktionsstätte weiht die CEFEG Federnwerk GmbH an der Winklhoferstraße offiziell ein.

24. März 1999

Zur Eröffnung des neuen Stadtteilzentrums im Fritz-Heckert-Gebiet, dem Vita-Center, werden mehr als 100.000 Besucher begrüßt, unter ihnen Sachsens Ministerpräsident Prof. Kurt Biedenkopf und Oberbürgermeister Dr. Peter Seifert. Komplettiert wird die Anlage durch ein Freizeitzentrum und einen Bürokomplex.

31. März 1999

Die Variobahn der CVAG wird auf der neuen Linie 4 zwischen Stollberger Straße, Haltestelle Flughafen und Endstelle Wolgograder Allee in Betrieb genommen.

Bau der „Galerie Roter Turm", Luftaufnahme von 1999

17. Mai 1999

Die Stadt Chemnitz und die chinesische Provinzhauptstadt Taiuyan vereinbaren am Abend im Rathaus eine Städtepartnerschaft.

10. Juni 1999

Eine großzügige Spende wird an die Kunstsammlungen Chemnitz durch Frau Ursula Mähler übergeben, die als Gast zu den „Tagen der jüdischen Kultur" in Chemnitz weilt. Sie ist die Enkelin der bekannten Chemnitzer Unternehmerfamilie Siegfried Peretz. Die Spende machte es möglich, die lückenhafte Kollektion von Stoffen des 20. Jahrhunderts für die Textil- und Kunstgewerbesammlung zu komplettieren.

13. Juni 1999

Aus der Kommunalwahl gehen in Chemnitz, wie in ganz Sachsen, die Vertreter der CDU als eindeutige Sieger hervor. Die Verteilung der 60 Sitze im neu gewählten Stadtrat sieht folgendermaßen aus: CDU – 21, SPD – 18, PDS – 16, Bündnis 90/Grüne – 2, FDP – 2, Republikaner – 1.

Die Oper „Der Weg der Verheißung" von Kurt Weill und Franz Werfel erlebt 62 Jahre nach der Uraufführung in New York im Opernhaus ihre deutschsprachige Premiere, nachdem die Partitur in aufwendiger Arbeit rekonstruiert wurde.

21. Juni 1999

Die Autobus Sachsen GmbH beginnt für rund vier Millionen Mark mit dem Umbau des Busbahnhofes. Dabei wird der gesamte Abfahrts- und Ankunftsbereich abgerissen und am gleichen Ort wieder neu aufgebaut. Grund dafür ist der technische Verschleiß des über 30 Jahre alten Objektes. Das markante, gewölbte Dach wird durch eine auf Stahlstützen ruhende Glasdach-Konstruktion ersetzt, die sich dem bereits existierenden Hängedach über dem Servicebereich anpasst.

24. Juni 1999

Die Stadtmission weiht ein Diakoniezentrum in der Rembrandtstraße 13a/b ein. Eine ehemalige Kindereinrichtung wurde dazu umgebaut.

30. Juni 1999

1.000 Meter des neuen Südrings zwischen Annaberger Straße und F.-O.-Schimmel-Straße werden für den Verkehr freigegeben.

1. Juli 1999

Für einen 3.000 Quadratmeter großen Ruderalgarten an der Straßburger Straße setzen Umweltdezernent Gerd Bochmann und Margitta Clauß von den Stadtwerken den ersten Spatenstich. Es handelt sich dabei um eine auf Schottergrund wachsende Flora, die weitgehend naturbelassen bleibt.

9. Juli 1999

Rund 170.000 Besucher zählt das erste Pressefest der „Freien Presse", das nach zehnjähriger Unterbrechung wieder im Chemnitzer Küchwald stattfindet.

15. Juli 1999

Die neue Telekom-Niederlassung im alten Hauptgebäude der denkmalgeschützten Kauffahrtei wird von Sachsens Ministerpräsidenten Prof. Kurt Biedenkopf eingeweiht. Mit dem Umbau wurde 1997 begonnen.

19. Juli 1999

Das zweite neue Verwaltungsgebäude des Arbeitsamtes an der Heinrich-Lorenz-Straße ist für die Besucher dienstbereit. Damit hat das Arbeitsamt Chemnitz alle seine Leistungen an dieser Stelle konzentriert.

Wohngebiet Am Hexenberg in Grüna

23. Juli 1999

Das europaweit größte HipHop-Festival „Splash" findet erstmals am Stausee Oberrabenstein statt. Über 20.000 junge Leute bevölkern für drei Tage das 80 Hektar große Gelände rund um das Chemnitzer Naherholungsgebiet, wo namhafte internationale Künstler der Musikszene auftreten. Von Rabensteiner Einwohnern gehen wegen Lärmbelästigung und besprühten Häuserwänden auch in den Folgejahren Beschwerden bei der Polizei ein. Zur zehnten Auflage im Jahr 2007 verlässt das Festival die Stadt und zieht auf die Halbinsel Pouch bei Bitterfeld.

26. Juli 1999

In der Friedrich-Viertel-Straße im Fritz-Heckert-Gebiet beginnt der Rückbau von sechsgeschossigen Wohnblocks vom Typ IW 73, die 1986 errichtet wurden. Die Wohnungsgenossenschaften „Einheit" und „Friedrich-Viertel-Straße" verfolgen damit das Ziel, durch umfangreiche

Der Folklorehof in Grüna

Baumaßnahmen ein attraktives und anziehendes Wohngebietszentrum im Stadtteil Hutholz entstehen zu lassen.

27. Juli 1999

Der Chemnitzer Stev Theloke gewinnt bei den Schwimm-Europameisterschaften in Istanbul über 100 Meter Rücken die Goldmedaille. Außerdem erreicht er mit neuem Europarekord ebenfalls über 50 Meter Rücken den ersten Platz.

28. Juli 1999

Der Stadtrat beschließt, dass durch die GGG beide Grundstücke der Kaufhof AG (Brückenstraße und Bahnhofstraße) für einen Kaufpreis von 47,5 Millionen Mark erworben werden.

29. Juli 1999

Für das neue Chemnitzer Industriemuseum beginnen offiziell die Bauarbeiten. Das Projekt des im Vorjahr gegründeten Zweckverbandes Sächsisches Industriemuseum baut die denkmalgeschützten Hallen der ehemaligen Harlaß-Gießerei an der Kappler Drehe zum Museum um.

Für eine große Logistikhalle des Autokonzerns VW wird an der Kauffahrtei Richtfest gefeiert. Das vollautomatische Regallager soll mit künftig 13.500 Stellplätzen für Teile der rund 70 Motorentypen ausgestattet sein.

4. August 1999

In den Zeisigwaldkliniken Bethanien wird ein Neubau seiner Bestimmung übergeben. Er beherbergt u. a. vier Operationssäle und eine Intensivstation.

7. August 1999

Rund 15.000 Besucher zählt das Lichterfest auf dem Schloßberg, das von der sogenannten Schloßbergrunde (Museum, Kirche, Gartenamt, Parkeisenbahn, Schloßschule, Eisstadion, Gondelstation, Kosmonautenzentrum und Renaissance-Hotel) veranstaltet wird. Es erfreut sich auch in den folgenden Jahren großer Beliebtheit.

9. August 1999

Nach umfangreichen Modernisierungsmaßnahmen, so u. a. im Saunabereich, an den Sprungtürmen und in den Duschen wird das Stadtbad wiedereröffnet.

4. September 1999

Nach knapp zwölfmonatiger Bauzeit wird an der Müllerstraße das neue Volkswagen Zentrum Chemnitz eröffnet.

30. Oktober 1999

Der von den Häusern Theaterstraße 36 bis 46 gebildete Hedwighof wird eingeweiht. Die GGG als Besitzerin sanierte und rekonstruierte für dieses Projekt 200 Wohnungen.

1. November 1999

Die beiden Parkdecks der Tiefgarage „Galerie Roter Turm" werden für die Öffentlichkeit freigegeben.

14. November 1999

In den Kunstsammlungen Chemnitz wird die bundesweit beachtete Edvard-Munch-Ausstellung eröffnet. Der Oberbürgermeister begrüßt als Gäste u. a. Bundespräsident Johannes Rau und Sachsens Ministerpräsident Prof. Kurt Biedenkopf. Die Ausstellung orientiert sich an der bereits im Jahre 1929 schon einmal in Chemnitz stattgefundenen Ausstellung. Sie wird bis zum 20. Februar zu sehen sein und zählt am Ende rund 45.000 Besucher.

24. November 1999

Mit der Gründung der Stiftung Carlfriedrich-Claus-Archiv wird in Chemnitz nach 70-jähriger Unterbrechung eine Tradition fortgesetzt, indem Unternehmer großzügig das Kunstmuseum und bedeutende Künstler unterstützen.

25. November 1999

Erstmals wird ein Plattenbau aus DDR-Zeiten komplett abgerissen. Der ehemalige Wohnblock auf der Friedrich-Viertel-Straße im Fritz-Heckert-Gebiet soll einem Parkdeck weichen, das die Wohnungsgenossenschaft „Einheit" an gleicher Stelle errichten will.

Neue Wohnbauten an der Ringstraße in Wittgensdorf

30. November 1999

Ein Zentrum für Diagnostik und Therapie von Nieren- und Hochdruckkrankheiten wird am Klinikum Chemnitz übergeben. In diesem Nephrologischen Zentrum ist es möglich, mehr als 150 Dialysepatienten ambulant zu behandeln. Der 1998 begonnene Neubau befindet sich im Gelände des Krankenhauses Küchwald.

Wohnhäuser in der Aktienstraße in Mittelbach

Der 1999 übergebene Hedwighof

November 1999

Der achtgeschossige Wohnblock Rathausstraße 2–8 wird entkernt und bis auf Höhe der ehemaligen Geschäfte abgerissen. An gleicher Stelle soll die sogenannte Mittelstandsmeile entstehen

1. Dezember 1999

Der erste Intercity Express (ICE) mit Neigetechnik verkehrt auf der Sachsenmagistrale zwischen Dresden und Hof. Er wird auf den Namen „Richard Hartmann" getauft.

6. Dezember 1999

Der neue, zweispurige Südring zwischen Annaberger und Reichenhainer Straße wird in beiden Richtungen für den Verkehr freigegeben.

8. Dezember 1999

Für den fünfgeschossigen Neubau der Kaufhof Warenhaus AG erfolgt in der Innenstadt der erste Spatenstich. Im Frühjahr 2001 soll das vom bekannten Architekt Helmut Jahn entworfene Projekt die ersten Kunden empfangen.

16. Dezember 1999

Ihr neues Mobilitätszentrum weiht die CVAG an der Zentralhaltestelle ein. Es befindet sich in den ehemaligen Räumen der Dresdner Bank im Gebäude „Chemnitz-Plaza" und bietet den Kunden einen erweiterten Service.

20. Dezember 1999

Nach knapp sechs Monaten Bauzeit wird der Busbahnhof am Schillerplatz wiedereröffnet.

31. Dezember 1999

Die Einwohnerzahl ist infolge der Eingemeindungen auf 260.849 gestiegen.

Ende Dezember sind rund 22.400 Chemnitzer Frauen und Männer ohne Arbeit. Die Arbeitslosenquote im Stadtgebiet liegt damit bei 17,8 Prozent.

19. Januar 2000

Im neuen Kreißsaal-Trakt der Frauenklinik werden die ersten Kinder geboren. Die bisherige Entbindungsabteilung, in der seit Eröffnung der Einrichtung vor 82 Jahren 240.000 Kinder das Licht der Welt erblickten, wurde geschlossen.

20. Januar 2000

Mit der Übergabe des Ambulanzbereiches am Krankenhaus Küchwald wird offiziell eine Klinik für Radio-Onkologie im Klinikum Chemnitz gegründet. Die Stationen der ehemaligen Klinik für strahlentherapeutische Behandlung von Geschwulsten an der Nordstraße, die

Eröffnung der „Galerie Roter Turm" am 27. April 2000 mit Hans-Dietrich Genscher

Die „Galerie Roter Turm"

Ende 1999 ihre Pforten schloss, waren schon vor Jahren ins Krankenhaus Küchwald verlegt worden.

22. Januar 2000

Mit der Freigabe der neuen Autobahn-Anschlussstelle Glösa für den Verkehr wird die Abfahrt aus Richtung Dresden und die Auffahrt auf die A 4 in Richtung Chemnitz ermöglicht.

28. Januar 2000

Eine geriatrische Rehabilitations-Klinik wird im Klinikum an der Dresdner Straße eingeweiht.

Januar 2000

Auf dem Baufeld des künftigen Galeria-Kaufhauses der Kaufhof AG beginnen Archäologen mit Ausgrabungen, die Aufschlüsse über die Besiedelung dieses Stadtgebietes um 1200 geben sollen.

18. Februar 2000

In Grüna eröffnet das neue „Forsthaus" am Waldrand, nachdem bereits seit Anfang Dezember die ersten Gäste begrüßt wurden. Der Komplex beherbergt ein Hotel, Restaurant, Wintergarten und Pavillon.

3. April 2000

Nach einjähriger Bauzeit wird der neue Betriebshof des Entsorgungsbetriebes der Stadt Chemnitz (ESC) im ehemaligen Plattenwerk an der Blankenburgstraße übergeben. Mit der neuen Einrichtung erfolgt die Zusammenlegung der elf bisher existierenden Standorte.

8. April 2000

Der letzte Teil von Richard Wagners „Der Ring des Nibelungen" – „Götterdämmerung" – feiert am Chemnitzer Opernhaus seine umjubelte Premiere.

27. April 2000

Mit einer feierlichen Zeremonie wird das Einkaufszentrum „Galerie Roter Turm" in der Chemnitzer Innenstadt eröffnet. Oberbürgermeister Dr. Peter Seifert, der ehemalige Außenminister Hans-Dietrich Genscher und Investor Dieter Füsslein durchschneiden gemeinsam das Band am Johannistor der Galerie. Mehr als 100.000 Besucher strömen an diesem ersten Einkaufstag in das neue Gebäude, das rund 80 Geschäfte und Restaurants sowie das größte Multiplexkino der Region beherbergt.

4. Mai 2000

In der Göbelstraße 5 eröffnet das erste Chemnitzer Geburtshaus, das den Frauen neben der Klinik- oder der Hausgeburt eine dritte Möglichkeit zur Entbindung anbietet.

Das frühere Kaufhaus „konsument", später „Modaik", an der Inneren Klosterstraße vor seinem Abriss im Mai 2000

5. Mai 2000

Der Lufthansa-Airbus A 321-200 wird von Dr. Peter Seifert in Hamburg auf den Namen „Chemnitz" getauft. Auf seinem Weg nach Frankfurt/Main überfliegt der Airbus in den Nachmittagsstunden in einer Höhe von ca. 600 Metern die Stadt und kann von den Chemnitzer Einwohnern gut beobachtet werden.

6. Mai 2000

Im Park Morgenleite an der Wladimir-Sagorski-Straße im Fritz-Heckert-Gebiet wird ein Garten der Ruhe zur Nutzung übergeben. Das streng architekturbetonte Areal befindet sich direkt hinter dem Vita-Center und wurde auf einer Fläche von ca. 250 Quadratmetern in Anlehnung an einen japanischen Zengarten angelegt.

23. Mai 2000

Prof. Dr. Günther Grünthal wird im ersten Wahlgang zum neuen Rektor der Technischen Universität Chemnitz gewählt. Der Historiker setzt sich damit gegen Prof. Dr. Klaus-Jürgen Matthes durch.

31. Mai 2000

Mit der Eintragung ins Goldene Buch der Stadt werden 31 Frauen und Männer stellvertretend für jene Chemnitzer geehrt, die im Oktober 1989 mit engagiertem Einsatz und unter persönlichen Gefahren gegen das herrschende System antraten. Zur festlichen Veranstaltung im Stadtverordnetensaal des Rathauses danken der Oberbürgermeister und Ehrenbürger Christoph Magirius den vielen tausend Bürgerinnen und Bürgern, die durch Teilnahme an den Montagsdemonstrationen ihren Beitrag für einen demokratischen Aufbruch in der DDR leisteten.

5. Juni 2000

Zum ersten Mal vergeben Stadtverwaltung, Stadtwerke AG und „Freie Presse" den Chemnitzer Umweltpreis. Er ist aus dem früheren „Silbernen Umwelttaler" und dem bisherigen Umweltpreis der Stadt für Kinder und Jugendliche hervorgegangen.

25. Juni 2000

Ein katholisches Gemeindezentrum mit Kapelle wird auf der Zwickauer Str. 475 übergeben. Zur Maria-Hilf-Gemeinde gehören Mitglieder vor allem aus den Stadtteilen Schönau, Siegmar, Rabenstein, Reichenbrand, Mittelbach und Grüna.

29. Juni 2000

Nach knapp zweijährigen Arbeiten ist der Zöllnerplatz für die Öffentlichkeit wieder zugänglich. Mit Fördermitteln der Europäischen Union und kommunalen Zuwendungen wurde er wieder in seiner ursprünglichen Gestalt aus der Zeit um die Jahrhundertwende hergestellt.

3. Juli 2000

Der Abriss des ehemaligen Kaufhauses „Pionier" am Eingang des Rosenhofes beginnt. An seiner Stelle entsteht ein neues Geschäftshaus.

8. Juli 2000

Erstmals erscheint die neue Wochenend-Zeitung „Chemnitzer Anzeiger".

12. Juli 2000

Mit einer von der IG-Metall-Jugend organisierten Future-Parade demonstrieren rund 10.000 bis 12.000 Jugendliche und Studenten gegen die schlechte Ausbildungssituation. Sie fordern Modernisierungen an Schulen und Universitäten.

Nach einjähriger Bauzeit wird der rekonstruierte Andréplatz auf dem Chemnitzer Kaßberg der Öffentlichkeit übergeben. Es entstand ein Bolzplatz mit Ballfangzaun, der Spielplatz wurde rekonstruiert und mit Spielgeräten ergänzt, die Pflanz- und Rasenflächen erneuert bzw. neu angelegt.

13. Juli 2000

Auf der sogenannten Flughafenkippe an der Straße Usti nad Labem wird der erste Spatenstich für eine neu entstehende Freizeitanlage vollzogen. Auf einem 66.000 Quadratmeter großen Areal entsteht nach mehrjährigen

Vorbereitungsarbeiten eine Anlage mit Bäumen, Sträuchern, Wegen, Bänken und Abenteuerspielgeräten für Jugendliche.

15. August 2000

Die Bauarbeiten für den ersten Teil des inneren Stadtringes beginnen offiziell mit dem ersten Rammschlag, der symbolisch von Dr. Peter Seifert vorgenommen wird. Es handelt sich dabei um eine 880-Meter-Verbindungsstrecke zwischen Zwickauer- und Annaberger Straße. Begonnen wird dabei mit dem Bau einer Brücke über die Chemnitz.

17. August 2000

Dem neu entstehenden Industriemuseum Chemnitz auf der Zwickauer Straße wird die Richtkrone aufgesetzt.

16. September 2000

Die Kinder- und Jugendeinrichtung „Haus Spektrum" an der Kaßbergstraße wird nach umfangreicher Sanierung wiedereröffnet. In drei Jahren ist der im Jahre 1956 als Pionierhaus eröffnete Neubau modernisiert worden.

September 2000

Bei den Olympischen Spielen im australischen Sydney gewinnen die Chemnitzer Lars Riedel (Diskuswerfen) und Jens Fiedler (Radsprint) jeweils eine Silbermedaille sowie Steve Theloke (Schwimmen) eine Bronzemedaille.

7. Oktober 2000

An der ersten Museumsnacht unter dem Titel „Vom Sonnen- bis zum Monduntergang" beteiligen sich Museen, Galerien und Einrichtungen mit interessanten Angeboten. Das „Besondere Angebot" des Programms – auch in den Folgejahren nur in der Chemnitzer Museumsnacht

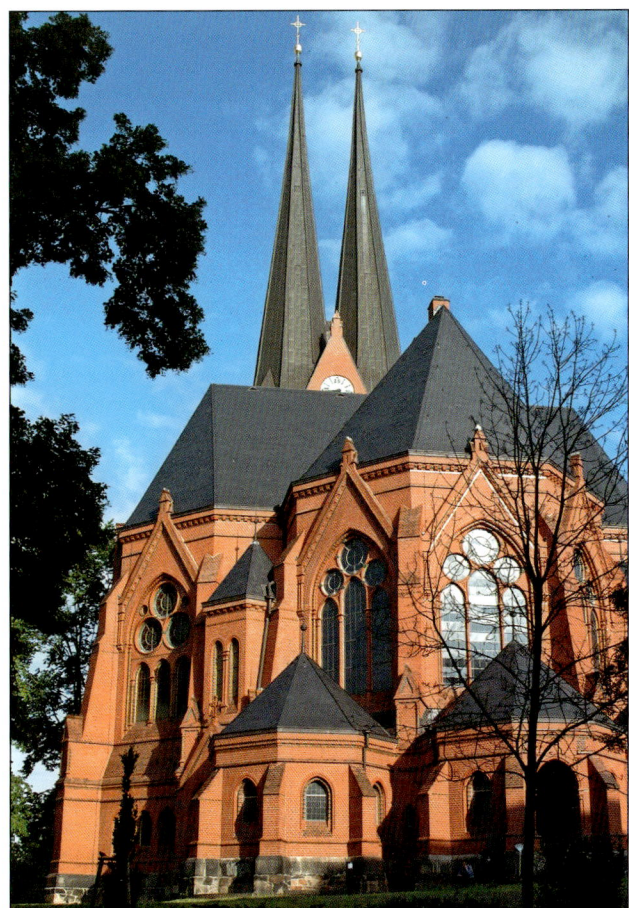

Die im November 2000 wiedereröffnete Markuskirche auf dem Sonnenberg

zu finden – ist ein Besuch des Schulplanetariums der Nikolaus-Kopernikus-Mittelschule.

11. Oktober 2000

Der bisher schnellste Rechner Ostdeutschlands und einer der modernsten Europas geht an der TU Chemnitz offiziell in Betrieb. Mitarbeiter haben das Spitzengerät

Linux Cluster entworfen und aus handelsüblichen Teilen gebaut. In einer Sekunde kann er mehr als 100 Milliarden Berechnungen durchführen.

13. Oktober 2000

Im Gebäude der Schule Stelzendorf eröffnet der Montessori-Verein seine erste Mittelschule. Am 4. September war diese Schule vom sächsischen Kultusministerium als staatlich genehmigte Ersatzschule bestätigt worden. Sie bietet für Eltern und Schüler als freie, integrative Einrichtung eine pädagogische Alternative.

21. Oktober 2000

Das erste Mal in der Geschichte der Chemnitzer Frauen- und Kinderklinik Flemmingstraße erblicken Vierlinge das Licht der Welt. Die 31-jährige Katrin Niemann wird von drei Mädchen und einem Jungen entbunden.

3. November 2000

Die St.-Markus-Kirche auf dem Sonnenberg wird mit einer Festwoche bis zum 13. November wiedereröffnet. Sie war in neun Jahren Bauzeit vollständig restauriert worden. In der 1895 geweihten Kirche fanden auch während der Baumaßnahmen Gottesdienste und Veranstaltungen statt.

25. November 2000

Das neu entstandene Gablenz-Center wird an die Nutzer übergeben. Das ehemalige Versorgungszentrum im Hans-Beimler-Gebiet wurde nicht nur umgestaltet, sondern auch mit einem zweiteiligen Gebäudeneubau ergänzt.

1. Dezember 2000

Auf dem Gelände der künftigen sogenannten Mittelstandsmeile in der inneren Klosterstraße beginnen Archäologen mit Grabungen. Die späteren Baufelder werden bis in etwa drei Meter Tiefe nach Spuren und Zeugnissen aus dem frühen Mittelalter durchsucht.

Für ein neues Rettungszentrum wird an der Aue der Grundstein gelegt. In Nachbarschaft zur Berufsfeuerwehr entsteht bis 2002 diese Einrichtung des Rettungszweckverbandes Chemnitz-Stollberg.

7. Dezember 2000

Ein Gedenkstein für den Chemnitzer Industriellen Julius Eduard Reinecker wird am ehemaligen Fabrikstandort Kantstraße feierlich enthüllt. Die GGG hatte den aus dem Jahre 1934 stammenden und in der Vergangenheit völlig verwahrlosten Stein im Zuge der Sanierung des Wohngebietes säubern und erneuern lassen. Das fehlende Bronzerelief Reineckers wurde vom Chemnitzer Bildhauer Volker Beier neu gestaltet und in Lauchhammer gegossen.

2. Januar 2001

Mit dem Bürgeramt nimmt in der Stadtverwaltung Chemnitz ein neues Amt seine Tätigkeit auf. Es hat seinen Sitz im Peretzhaus und vereint das bisherige Standesamt, das Pass- und Meldewesen, die Kfz-Zulassung, die Führerscheinstelle und die Bürgerservicestellen in den Stadtteilen.

22. Februar 2001

Nach gut acht Monaten Bauzeit eröffnet die GGG das Park- und Geschäftshaus am Rosenhof.

5. März 2001

Eine 26 Meter lange neue Brücke über den Chemnitzfluss wird am Ende der Brückenstraße für Fußgänger und Radfahrer freigegeben.

22. März 2001

Der Zweckverband Fernwasser Südsachsen nimmt den neuen Wasserbehälter Schenkenberg an der Gornauer Straße in Betrieb. Dieser ist ab sofort wichtiger Verteilungs- und Steuerbehälter zwischen den beiden Versorgungssystemen aus den Wasserwerken Einsiedel und Burkhardtsdorf.

26. März 2001

Die 25 Glocken für das Figürliche Glockenspiel werden in den Turm des Alten Rathauses befördert. Sie wurden in der Karlsruher Glocken- und Kunstgießerei Perner gefertigt.

30. März 2001

Für eine Vierfeld-Sporthalle an der Fabrikstraße wird der Grundstein gelegt. Die umliegenden fünf Berufsschulzentren, das Gymnasium Hohe Straße sowie zahlreiche Sportvereine sollen die neue Großsporthalle nutzen können.

16. April 2001

Am Ostermontag erklingt zum ersten Mal das neue Glockenspiel im Turm des Alten Rathauses. Der markanten Erkennungsmelodie auf C-H-E (für Chemnitz) aus der Feder von Gerhard Graul folgt „Freude schöner Götterfunken" aus Beethovens Neunter Sinfonie.

Richtfest der Galeria Kaufhof am 14. März 2001, in der Mitte der Architekt Helmut Jahn

Die „Galerie Roter Turm" bei Nacht

Grabungsfläche der Rathauspassagen im Mai 2001

18. April 2001

Für den Neubau der Ausflugsgaststätte „Pelzmühle" erfolgt die Grundsteinlegung.

19. April 2001

Eine neue Produktionsstätte der Hörmann-Barkas Industrietechnik GmbH wird an der Kauffahrtei offiziell in Betrieb genommen. Hörmann-Barkas arbeitet seit Jahren als Dienstleister für VW.

28. April 2001

Bereits zum zehnten Mal findet das Mozartfest statt, das sich unter dem Namen Sächsisches Mozartfest seit 1995 zu einer festen Größe im Chemnitzer Kulturkalender entwickelt hat.

2. Mai 2001

Bundeskanzler Gerhard Schröder legt den Grundstein für die sogenannte Mittelstandsmeile in der Inneren Klosterstraße.

3. Mai 2001

Der Schriftsteller Stefan Heym trägt sich vor Beginn einer Lesung aus seinem Roman „Die Architekten" in den Kunstsammlungen in das Goldene Buch der Stadt ein.

13. Mai 2001

Bei den Oberbürgermeisterwahlen wird Dr. Peter Seifert für weitere sieben Jahre in seinem Amt bestätigt. Er erhält 69,81 Prozent der Stimmen.

17. Mai 2001

Der Neubau des Kaufhofes erhält sein Glasdach. Von zwei Spezialfirmen werden in den nächsten Wochen die jeweils 15 Tonnen schweren und 13,5 Meter langen Stahlträger montiert. In diese werden danach die Scheiben für das Glasdach eingefügt, das nicht nur einen Teil des Marktes, sondern auch die Hälfte der Zentralhaltestelle zwischen Kaufhof und „Chemnitz-Plaza" überragen wird.

Bei der Grundsteinlegung der Rathauspassagen am 2. Mai 2001: GGG-Geschäftsführer Peter Naujokat, Bundeskanzler Gerhard Schröder und Oberbürgermeister Dr. Peter Seifert

Bundeskanzler Gerhard Schröder und Oberbürgermeister Dr. Peter Seifert

3. Juni 2001

Ab Pfingstsonntag fährt ein neuer Kleinbus der CVAG jeden Sonntag von Chemnitz nach Augustusburg. Die neue Buslinie 66 ist vor allem für wanderfreudige Gäste gedacht.

28. Juni 2001

Der Leipziger Schriftsteller Erich Loest ist Ehrendoktor der Technischen Universität Chemnitz. Die Philosophische Fakultät würdigt damit besonders das politische Engagement des 75-Jährigen.

8. August 2001

Mit einem symbolischen ersten Spatenstich beginnt ein weiterer Bauabschnitt des Südverbundes. Er führt über 430 Meter von der Reichenhainer Straße bis zur Bernsdorfer Straße.

9. August 2001

Der Diskuswerfer Lars Riedel vom LAC Erdgas Chemnitz gewinnt bei den Leichtathletik-Weltmeisterschaften im kanadischen Edmonton die Goldmedaille.

25. August 2001

In den Schloßteichanlagen erfolgt die Wiedereröffnung der Parkanlage mit dem Springbrunnen. Sie war nach historischem Vorbild restauriert worden.

29. August 2001

An der neuen Chemnitzer Synagoge wird Richtfest gefeiert. Sie entsteht nach Plänen des Büros Albert Jacobi aus Frankfurt am Main an der Stelle eines früheren jüdischen Gemeindehauses.

4. September 2001

Nach gut einjähriger Bauzeit wird das unter der Stadthalle liegende Tunnelfoyer für die Besucher eröffnet.

Westlicher Teil des Zentrums, Luftaufnahme von 2001

Stadthallenbesucher können damit von der Tiefgarage der „Galerie Roter Turm" direkt in die Stadthalle gelangen.

27. September 2001

Für das neu entstehende Türmer-City-Geschäftshaus am Markt 19 wird Richtfest gefeiert.

30. September 2001

Das Stuttgarter Modehaus Breuninger schließt seine Filiale auf der Straße der Nationen und gibt den Standort Chemnitz nach zehnjähriger Geschäftstätigkeit auf.

2. Oktober 2001

Der in Chemnitz geborene Schriftsteller Stefan Heym erhält von seiner Heimatstadt die Ehrenbürgerwürde verliehen. Der Oberbürgermeister resümiert in seiner Laudatio das Schaffen Heyms als Hoffnung und Orientierung für die Menschen. Der am 10. April 1913 als Helmut Flieg in einem Haus am heutigen Gerhart-Hauptmann-Platz geborene Sohn einer jüdischen Kaufmannsfamilie verließ im März 1933 seine Geburtsstadt und kehrte erst im Frühsommer 1945 als amerikanischer Nachrichtenoffizier in die zerstörte Stadt zurück.

3. Oktober 2001

Das Heilige Grab, einer der bedeutendsten Kunst- und Kulturschätze von Chemnitz, ist nach umfangreicher Restaurierung wieder für die Öffentlichkeit zugänglich. Der im Schloßbergmuseum ausgestellte Schrein wurde seit 1998 restauriert. Chemnitz besitzt damit einen von insgesamt vier in Europa noch erhaltenen derartigen religiösen Kultgegenständen.

12. Oktober 2001

An der Villa Körner an der Beyerstraße 25 wird Richtfest gefeiert. Das zweite von Architekt van de Velde erbaute

Richtfest der Neuen Synagoge am 29. August 2001

Gebäude in der Stadt aus dem Jahre 1913/14 wird umfassend saniert und mit einer modernen Inneneinrichtung versehen.

18. Oktober 2001

Das erste, mit einer kompletten Glasfassade versehene Kaufhaus – die Galeria Kaufhof – wird im Stadtzentrum eröffnet. Es war vom deutsch-amerikanischen Architekten Helmut Jahn entworfen worden und empfängt bereits am ersten Tag rund 70.000 Kunden.

24. Oktober 2001

Der Stadtrat macht mit seinem Beschluss den Weg frei für den Bau eines Messe- und Veranstaltungszentrums in Chemnitz. Es soll eine unter Denkmalschutz stehende ehemalige Produktionshalle (die sogenannte Wanderer-Halle) des früheren Industriewerkes an der Neefestraße zum multifunktionalen Veranstaltungszentrum ausgebaut werden.

11. November 2001

Das Sport- und Freizeitcenter am Stadtpark feiert mit einem Tag der Offenen Tür seine Wiedereröffnung.

Die 2001 übergebene Messe Chemnitz, Luftaufnahme von 2003

Nach 14-monatiger Schließung infolge von zwei Konkursen wird die größte sächsische Indoor-Anlage von neuen Betreibern übernommen.

14. November 2001

Die Autobahn A 4 ist im Bereich des neuen Kreuzes Chemnitz auf sechs Spuren befahrbar. Sieben Monate vorfristig wurden damit die Bauarbeiten zwischen der künftigen Anschlussstelle Limbach-Oberfrohna und Chemnitz-Nord abgeschlossen.

15. November 2001

Das New Yorck Center im Wohngebiet an der Yorckstraße/Fürstenstraße wird nach seiner Umgestaltung eröffnet. Der größte Teil der Geschäfte lädt bereits seit Ende April die Kunden ein.

Am gleichen Tag öffnen 13 neue Geschäfte im Parkhaus der Galeria Kaufhof.

26. November 2001

Für einen Anbau an die Richard-Hartmann-Schule wird der Grundstein gelegt. Das Berufliche Schulzentrum für Technik III bekommt damit eine neue Sporthalle, zusätzliche Unterrichtsräume, Werkstätten und Spezialkabinette für den Informatikunterricht.

1. Dezember 2001

Nach aufwendiger, reichlich einjähriger Sanierung wird die Gaststätte „Kellerhaus" am Schloßberg im historischen Ambiente eröffnet.

16. Dezember 2001

Der Schriftsteller und Chemnitzer Ehrenbürger Stefan Heym stirbt in Israel bei einem Ausflug an das Tote Meer an einer Herzattacke.

Die Villa Esche vor der Sanierung

Die 2001 übergebene Villa Esche

17. Dezember 2001

Ab 0.00 Uhr werden die ersten Euro-Münzen in Deutschland ausgegeben. Es handelt sich dabei um die sogenannten Euro-Kits, die in einer Plastiktüte für 20 DM erworben werden können. Vor vielen Banken und Sparkassen der Stadt warten die Menschen stundenlang, um die ersten Münzen der neuen Währung Euro zu erhalten, die ab 1. Januar 2002 als offizielles Zahlungsmittel in den Ländern der Euro-Zone gilt.

1. Januar 2002

Mit dem Start des größten Währungstausches der Geschichte haben Deutschland und elf weitere europäische Staaten in der Silvesternacht den Euro als offizielles Zahlungsmittel eingeführt. Die befürchteten Pannen bei der Umstellung blieben weitestgehend aus. Auch in Chemnitz werden am Neujahrstag die Kassen der Verkaufseinrichtungen sowie die Geld- und Fahrscheinautomaten mit Euro bestückt.

16. Januar 2002

Auf ihrer ersten Beratung im Jahr 2002 entscheiden sich die Chemnitzer Stadträte für die Umgestaltung des ehemaligen Kaufhauses Tietz zum Kulturkaufhaus, in dem die Volkshochschule, die Stadtbibliothek, das Naturkundemuseum und die Neue Sächsische Galerie unter einem Dach vereint sein werden.

25. Januar 2002

Die neue Dreifeldhalle des Chemnitzer Polizeisportvereins (CPSV) an der Forststraße und eine Zweifelder-Sporthalle des Gymnasiums Einsiedel werden eingeweiht.

9. Februar 2002

Nach erfolgreichem Abschluss der Testfahrten verkehren zwei Regio-Varionbahnen im Linienbetrieb auf der Straßenbahnlinie 4 zwischen Hutholz und Goetheplatz. Diese Bahnen, die ab Jahresende auf der künftigen Citybahn-Linie zwischen Chemnitz und Stollberg eingesetzt werden, sind für den Fahrbetrieb im Straßenbahn- und Eisenbahnverkehr geeignet.

7. März 2002

Nach 18-monatiger Sanierung wird die Annenschule als Grund- und Mittelschule wieder ihrer Bestimmung übergeben. Das Gebäude steht unter Denkmalschutz und wurde 1952 aus Trümmerziegeln errichtet.

8. März 2002

Eine neue Lokomotive mit Wagen für die Parkbahn trifft in der Stadt ein und dreht als Dank an die Bevölkerung eine Runde durch die Stadt. Die im niedersächsischen Ort Diepholz hergestellte Lok wurde mit 250.000 Mark Spendengeldern durch den Förderverein finanziert. Sie wird zur Saisoneröffnung der Parkbahn am 20. März erstmals eingesetzt.

26. März 2002

Das Chemnitzer Maschinenbau-Unternehmen Lernstatt Industrie- und Automatisierungstechnik GmbH beantragt Insolvenz. Das noch im vergangenen Jahr stark expandierende Unternehmen, das lange Zeit als ein Vorzeigeunternehmen galt, hatte wegen Auftragsrückgang Liquidationsprobleme.

3. April 2002

Die beiden modernen Zufahrtstunnel zum Kaufhof-Parkhaus auf der Bahnhofstraße sind fertiggestellt worden.

Bei der Einweihung der Neuen Synagoge am 24. Mai 2002: der Vorsitzende des Zentralrates der Juden in Deutschland Paul Spiegel, der Vorsitzende der Jüdischen Gemeinde Siegmund Rotstein und der Landesrabbiner Dr. Salomon Almekias-Sigl

12. April 2002

Die gemeinnützige Quo-Vadis-Stiftung wird offiziell durch den bayerischen Unternehmer Helmut Unger gegründet. Mit der Stiftung soll vor allem der Mittelstand gefördert werden.

24. April 2002

Das Stadtarchiv führt ein Kolloquium zur Entstehung und Frühgeschichte der Stadt Chemnitz durch, auf dem u. a. Ergebnisse archäologischer Grabungen im Stadtzentrum vorgestellt werden.

25. April 2002

Nach einjähriger Bauzeit eröffnet das Stadtarchiv im Gebäude Aue 16 einen neuen Benutzerraum mit modernen und behindertengerechten Arbeitsplätzen. An der feierlichen Veranstaltung nehmen auch Dr. Peter Seifert und der Rektor der Technischen Universität, Prof. Günther Grünthal, teil.

Zum ersten Mal wird in Chemnitz ein Baby in die im Juli 2001 eingerichtete Babyklappe an der Frauenklinik gelegt. Der kleine Junge befindet sich den Umständen entsprechend in guter Verfassung. Seine Mutter hat nun acht Wochen Zeit, ihre Entscheidung rückgängig zu machen.

30. April 2002

In der früheren Kindertagesstätte Walter-Ranft-Straße 72a eröffnet das Nachbarschaftszentrum im Hutholz. Es ist die erste derartige Einrichtung in der Stadt.

2. Mai 2002

Es beginnen Bauarbeiten zur Neugestaltung des Rosenhofes. So werden Gehwege erneuert und Grünflächen sowie Wasserspiele geschaffen.

13. Mai 2002

Das Versorgungsunternehmen Stadtwerke nimmt seine erweiterte Zentrale Kälteversorgungsanlage in Betrieb.

18. Mai 2002

Im Kosmonautenzentrum „Sigmund Jähn" im Küchwald wird eine Wetterstation der Firma Meteo Wetterdienst GmbH durch Jörg Kachelmann eingeweiht. Bisher erfolgte die Messung der Chemnitz Wetterdaten in Neukirchen.

23. Mai 2002

Am Vorabend der Weihe der neu errichteten Synagoge tragen sich ehemalige jüdische Bürger der Stadt ins Goldene Buch ein. Zu den Geehrten gehört auch Georg Simon aus Kopenhagen, der 1939 als Schüler von der Humboldtschule verwiesen wurde. Er ist der Enkel eines der ersten jüdischen Bürger, die sich ab 1867 in Chemnitz niederließen.

24. Mai 2002

In Anwesenheit von etwa 200 Ehrengästen erhält die Jüdische Gemeinde Chemnitz in einer bewegenden Feierstunde ihr neues Gotteshaus. Die Neue Synagoge auf der Stollberger Straße 28 entstand in zweijähriger Bauzeit. An der Weihe des Gotteshauses nehmen auch der Präsident des Zentralrats der Juden in Deutschland, Paul Spiegel, und der sächsische Ministerpräsident Georg Milbradt teil. Darüber hinaus werden auch ehemalige jüdische Einwohner der Stadt begrüßt, die heute in Argentinien, Israel und den USA leben.

5. Juni 2002

Für ein neues Textil-Kaufhaus von Peek & Cloppenburg wird Am Neumarkt neben der „Galerie Roter Turm" der Grundstein gelegt.

13. Juni 2002

Die sechs Bronzefiguren für das Figürliche Glockenspiel im Alten Rathausturm sind fertiggestellt und in Chemnitz eingetroffen. Sie wurden vom Plauener Künstler Johannes Schulze gefertigt und symbolisieren die geschichtliche Entwicklung der Stadt seit 1136.

14. Juni 2002

Für den Neubau eines Pflegeheimes der Heim gGmbH wird in Harthau der Grundstein gelegt. Das bisher bestehende, über 50 Jahre alte Gebäude wird im Anschluss saniert und mit 16 Appartements ausgestattet.

21. Juni 2002

Gerhard Meyer, von 1966 bis 1989 Generalintendant der Städtischen Theater Karl-Marx-Stadt, stirbt im Alter von 86 Jahren. Unter seiner Leitung gehörte das Ensemble zu den couragiertesten und leistungsfähigsten Theatern der DDR.

Das 2002 übergebene Rettungszentrum in der Aue/Schadestraße

25. Juni 2002

Über 4.000 Mitarbeiter und Studenten demonstrieren vor dem Rathaus gegen die Haushaltssperre und den Einstellungsstopp an der TU Chemnitz. Grund für den Unmut sind die Folgen des radikalen Sparkurses an sächsischen Hochschulen.

30. Juni 2002

Zum letzten Mal öffnet die Schwimmhalle „Am Harthwald" ihre Pforten. Trotz vieler Bürgerproteste wird sie aus Kostengründen geschlossen.

13. Juli 2002

Eine neue vorgefertigte Stahlbetonbrücke für die Verbindungsstraße zwischen Zwickauer- und Neefestraße wird unter die Bahnlinie Dresden–Nürnberg geschoben.

19. Juli 2002

Der neue Südring-Abschnitt zwischen Reichenhainer Straße und Bernsdorfer Straße wird für den Verkehr frei-

Das 2002 übergebene Türmer-Geschäftshaus

Die 2002 eingeweihte Richard-Hartmann-Halle an der Fabrikstraße

gegeben. Seit August 2001 erfolgten Bauarbeiten an den jeweils zwei Spuren pro Richtung.

30. Juli 2002

Der Chemnitzer Schwimmer Stev Theloke erkämpft bei den Schwimm-Europameisterschaften in Berlin die Goldmedaille über 100 Meter Rücken in Europarekordzeit.

31. Juli 2002

Mit einer Abschiedsfahrt stellt die CVAG ihre letzte Tatra-Straßenbahn der Modellbaureihe T3D außer Dienst. Fahrzeuge dieser Art hatten 33 Jahre lang den Chemnitzer Nahverkehr geprägt und legten rund 150 Millionen Kilometer zurück, was etwa 3.750 Erdumrundungen entspricht.

5. August 2002

Im Gebäude Hohe Straße 35 wird nach zweijährigem Umbau ein neuer Schulteil des Gymnasiums Hohe Straße eröffnet. In der ehemaligen Bezirksverwaltung des MfS werden die Schüler der Klassen 5 bis 7 unterrichtet.

8. August 2002

Das unter Denkmalschutz stehende Gebäude des ehemaligen Gymnasiums an der Lutherstraße wird als Berufliches Schulzentrum Wirtschaft übergeben. Die 1960 erbaute Schule wurde rekonstruiert und umgebaut.

12. August 2002

Sintflutartige Regenfälle versetzen ganz Sachsen in den Ausnahmezustand und erstmals seit 1990 wird in Teilen des Landes Katastrophenalarm ausgelöst. So erreicht der Pegel des Chemnitzflusses an der Müllerstraße am späten Abend 3,37 Meter und es wird Alarmstufe 4 ausgerufen. In nur zehn Stunden fallen in der Stadt nahezu 40 Liter Regen pro Quadratmeter. Wiesen, Grundstücke und Keller sind überflutet.

13. August 2002

Bei einem Pegelstand von über vier Metern überflutet die Chemnitz am Morgen die Annaberger Straße bis kurz vor den Moritzhof, zu einem Übergreifen der Wassermassen auf die Innenstadt kommt es glücklicherweise nicht. Gegen 16.00 Uhr sinkt der Pegelstand auf 2,98 Meter, die Alarmstufe 4 wird aufgehoben. Dennoch kommt es zur Vollsperrung von 30 Straßen im Stadtgebiet sowie mehreren Brücken, die als einsturzgefährdet gelten. Bis zum Abend wird die Feuerwehr zu 390 Einsätzen gerufen. Weniger Glück haben viele Bewohner in den Stadtteilen Klaffenbach, Einsiedel, Harthau, Altchemnitz, Wittgensdorf und Glösa-Draisdorf. Der Unterricht in allen Chemnitzer Schulen wird abgesagt.

16. August 2002

Die neue Vierfeld-Sporthalle an der Fabrikstraße wird nach zweijähriger Bauzeit ihren neuen Nutzern übergeben. Mit der Richard-Hartmann-Halle sollen sich vor allem die Bedingungen im Schulsport der umliegenden Schulen verbessern.

August 2002

Die im Jahre 1999 begonnene Erneuerung der Gablenzsiedlung (1915–1937 erbaut) wird abgeschlossen.

10. September 2002

Auf der Baustelle des künftigen Geschäfts-, Büro- und Wohnkomplexes der sogenannten Mittelstandsmeile wird Richtfest gefeiert.

22. September 2002

Bei der Bundestagswahl kann die Koalition von Rot-Grün einen knappen Vorsprung gewinnen und ihre gemeinsame Regierung für die kommenden vier Jahre fortsetzen. Mit 35,53 Prozent der Stimmen ist die SPD auch in Chemnitz die stärkste Partei.

30. September 2002

Mit veränderten Buslinien und neuen Taktzeiten, aber auch mit der Einstellung und Reduzierung einiger Ange-

Die bis 2002 sanierte ehemalige Juri-Gagarin-Oberschule in der Lutherstraße, jetzt Berufliches Schulzentrum für Wirtschaft I

bote, reagiert die CVAG auf die zum Teil stark zurückgegangenen Fahrgastzahlen im Stadtgebiet.

4. Oktober 2002

Das Gymnasium Hohe Straße erhält den Namen Karl-Schmidt-Rottluff-Gymnasium. Der bedeutende Maler des Expressionismus war Schüler der Einrichtung und legte 1905 hier sein Abitur ab. 1946 erhielt er die Ehrenbürgerschaft der Stadt Chemnitz.

10. Oktober 2002

Die 1928 in Chemnitz geborene Künstlerin und Kunstliebhaberin Ruth Leibnitz trägt sich in das Goldene Buch der Stadt ein. Sie hat sich insbesondere mit dem nach ihr benannten Preis Verdienste in der Förderung junger Bildhauer erworben.

19. Oktober 2002

Unter dem Titel „Picasso et les femmes" („Picasso und die Frauen") öffnet am Abend eine große Ausstellung mit 215 Werken des Künstlers in den Kunstsammlungen Chemnitz. Die Retrospektive rankt sich um 36 Damen,

Die sanierte Gablenzsiedlung an der Geibelstraße im November 2002

die Pablo Picasso gemalt oder gezeichnet hat. Vier von den noch lebenden sechs Frauen kommen zur Eröffnung nach Chemnitz.

25. Oktober 2002

Nach zweijähriger Bauzeit wird das Altenpflegeheim der Stadtmission „Am Zeisigwald" in der Fürstenstraße 264 eingeweiht.

31. Oktober 2003

Das Figürliche Glockenspiel im Turm des Alten Rathauses erklingt erstmals im Beisein von Hunderten Besuchern.

14. November 2002

Das Berufliche Schulzentrum für Gesundheit und Sozialwesen An der Markthalle 10 wird nach umfassender Sanierung an die Nutzer übergeben.

30. November 2002

Die Chemnitzer Tanzlehrerin Hildegard Köhler verstirbt im Alter von 84 Jahren. Seit den 1930er-Jahren haben bei ihr Generationen von Chemnitzern das Tanzen, aber auch gutes Benehmen und Umgangsformen gelernt.

9. Dezember 2002

Die Stadt Chemnitz nimmt ein computergestütztes Parkleitsystem in Betrieb.

14. Dezember 2002

Nach fast zehn Jahren Planungs- und Bauzeit rollt zum ersten Mal eine Chemnitzer Straßenbahn bis zum Bahnhof nach Stollberg und zurück. Mit diesem sogenannten Chemnitzer Modell wird ein S-Bahn-ähnlicher Nahverkehr ohne Umsteigen in modernen Zügen zwischen dem Oberzentrum Chemnitz und seinem Nachbarkreis Stollberg möglich. Die erste Strecke ist 23,2 Kilometer lang, 6,6 Kilometer davon entfallen auf das Stadtgebiet von Chemnitz als Teil des Straßenbahnnetzes. Den Rest legen die Züge auf einem nun elektrifizierten Eisenbahnabschnitt der gleichen Spurbreite zurück.

19. Dezember 2002

Das gesamte druckgrafische Werk von Wolfgang Mattheuer geht in den Besitz der Stadt Chemnitz über. Anlass dafür war die umfangreiche Retrospektive des Künstlers in den Kunstsammlungen, wo die Sammlung auch ihren Platz finden wird.

18. Januar 2003

Mit zwei Tagen der offenen Tür öffnet die neue Chemnitz-Arena mit 13.000 Steh- oder 7.000 Sitzplätzen als größte Veranstaltungshalle Ostdeutschlands. Der Umbau der ehemaligen Industriehalle 25 der Wanderer-Werke, in der Flugzeugmotoren und später Hydrauliktechnik produziert wurden, hatte etwas über ein Jahr gedauert.

1. Februar 2003

Mit einem Boxkampf um den Europameistertitel besteht die Chemnitz-Arena ihre erste Feuertaufe. Rund 4.000 begeisterte Zuschauer verfolgen den Kampf zwischen Danilo Häußler und Glenn Catley, den der deutsche Profiboxer nach Punkten für sich entscheidet.

8. Februar 2003

Zu einer friedlichen Demonstration gegen Rechtsextremismus kommen in der Innenstadt rund 6.000 Chemnitzer zusammen. Sie protestieren damit gegen ca. 500 Rechtsextremisten, die in der Stadt gegen die seit dem 7. Februar im Schloßbergmuseum gezeigte Wehrmachtsausstellung aufmarschiert sind.

5. März 2003

Der Chemnitzer Stadtrat beschließt, das Sommerbad in Altchemnitz in diesem Jahr nicht wieder zu öffnen. Die Entscheidung fällt zugunsten des Bernsdorfer Bades, das ursprünglich für eine Schließung vorgesehen war. Grund für die Änderung ist die Lage des Altchemnitzer Bades im Überschwemmungsgebiet der Chemnitz.

11. März 2003

Der Verein Neue Chemnitzer Kunsthütte präsentiert sich erstmals mit einer Ausstellung in seinen neuen Räumen auf der Straße der Nationen 33.

20. März 2003

Mehr als 2.000 Chemnitzer versammeln sich am Abend in der Innenstadt, um gegen den am Morgen begonnenen Krieg der USA gegen den Irak zu protestieren.

22. März 2003

Die in der Innenstadt neu errichtete Rathaus-Passage öffnet am Wochenende ihre Pforten. Der einst als Mittelstandsmeile bezeichnete Geschäfts-, Büro- und Wohnkomplex zwischen Innerer Klosterstraße, Jakobikirche und Rathaus gilt mittlerweile als Schlüsselentscheidung für die weitere Entwicklung des Stadtzentrums. Nach

Das bis 2003 sanierte Siegert'sche Haus am Markt

knapp zweijähriger Bauzeit wurden mehr als 20 neue Geschäfte sowie Restaurants geschaffen und 54 Wohnungen errichtet.

24. März 2003

Nach mehr als zweijähriger Vorbereitungszeit konstituiert sich das Kuratorium der Kinder- und Jugendstiftung „Johanneum". Die Stiftung will Angebote auf dem Gebiet der Jugendhilfe in Chemnitz fördern. Das Geld stammt aus dem Verkauf des ehemaligen Kinderheimes „Johanneum" in Harthau im Jahre 1998.

31. März 2003

Der Chemnitzer Schwimmer Stev Theloke erhält das „Silberne Lorbeerblatt", die höchste deutsche Auszeichnung für überragende sportliche Leistungen.

12. April 2003

Nach über vier Jahren Sanierungszeit öffnet das Industriemuseum Chemnitz am neuen Standort Zwickauer Straße 119 für die Besucher. Das Museum beherbergt Zeugnisse aus 200 Jahren sächsischer Industriegeschichte. Außerdem entstanden neben rund 4.000 Quadratmetern Ausstellungsfläche eine Halle für Sonderschauen, Räume für die Fahrzeugsammlung und Museumspädagogik.

17. April 2003

In der Chemnitzer Motorenfertigung der Volkswagen Sachsen GmbH läuft der sechsmillionste in Sachsen gefertigte VW-Motor vom Band. Dieser 1,6-Liter-FSI-Motor gehört zu einer neuen Generation, die sich durch sparsame Technik auszeichnet und im Jahr

Das am 12. April 2003 eröffnete Industriemuseum an der Zwickauer Straße

2000 erstmals im Chemnitzer VW-Werk in Produktion ging.

31. Mai 2003

Zum 18. Europäischen Türmertreffen weilen rund 100 Nachtwächter und Türmer in Chemnitz. Tausende Einwohner säumen die Straßen, um die Gäste bei ihrem farbenprächtigen Umzug durch die Innenstadt zu begrüßen.

4. Juli 2003

Nach zweijähriger Bauzeit wird im Gelände des Krankenhauses Bethanien am Zeisigwald ein sechsgeschossiger Neubau übergeben. Das Gebäude enthält die Notaufnahme, die Endoskopie sowie die Fachbereiche Chirurgie, Urologie und Anästhesie.

7. Juli 2003

Der 900 Meter lange Innere Stadtring wird für den Autoverkehr freigegeben. Er schafft eine direkte vierspurige Verbindung zwischen Annaberger- und Zwickauer Straße. Das Projekt umfasst auch eine Brücke über die Chemnitz und eine Überführung für Radfahrer und Fußgänger, wodurch eine direkte Verbindung zwischen Stadtpark und Innenstadt entstand.

Das spätbarocke Siegert'sche Haus am Markt wird von der GGG nach umfassender Restaurierung im Altrosa-Originalfarbton und mit den restaurierten historischen Figuren auf dem Dach übergeben.

21. Juli 2003

In neuen Räumen am Markt 1 öffnet die Chemnitzer Touristinformation ihre Pforten. Sie zog damit vom bis-

Das DRK-Krankenhaus in Rabenstein, Luftaufnahme von 2003

herigen Standort im ehemaligen „Hotel Continental" an der Bahnhofstraße in das Stadtzentrum zurück.

28. Juli 2003

Die gesamte Neefestraße wird durchgängig für den Verkehr freigegeben, womit der letzte Abschnitt des 1993 begonnenen Baus beendet ist. Grundhaft ausgebaut wurde die Straße nun auch zwischen Solaristurm und Lützowstraße mit vier Spuren und einem befestigten Mittelstreifen. Eingebunden waren auch die Erneuerung des Geh- und Radweges sowie der Straßenbeleuchtung.

4. August 2003

Mit der Eröffnung eines neuen Aldi-Marktes ist der Umbau und die Sanierung des Ikarus-Gebäudekomplexes an der Stollberger Straße abgeschlossen. Anfang 2003 war mit der Umgestaltung des historischen ehemaligen Flughafengebäudes begonnen worden.

14. August 2003

Nach dem kompletten Umbau des Knotenpunktes Carola-/Bahnhofstraße durch die CVAG beginnt die Stadt mit der Neugestaltung des Bahnhofsvorplatzes.

25. August 2003

Nach Abschluss der Gleisbauarbeiten am Falkeplatz rollen die Straßenbahnen der Linie 1 wieder auf der Strecke zwischen Hauptbahnhof und Schönau. Mit den Bauarbeiten schuf die CVAG die Voraussetzungen für die Anbindung der künftigen Straßenbahnlinie 4 von der Stollberger Straße an die Zwickauer Straße.

27. August 2003

Der Chemnitzer Stadtrat stimmt dem Stiftungsvertrag zu, der die dauerhafte Präsentation der über 2.300 Gemälde des Münchner Galeristen Alfred Gunzenhauser in Chemnitz festschreibt. Die Bilder sollen ab 2005

Im Jahre 2003 übergebener Abschnitt des Inneren Stadtrings zwischen Zwickauer und Annaberger Straße

im eigens dafür umgebauten ehemaligen Sparkassen-Gebäude am Falkeplatz zu sehen sein. Der Oberbürgermeister und Dr. Alfred Gunzenhauser hatten am 29. Juli ein entsprechendes Vertragswerk paraphiert.

3. September 2003

Das Unternehmen Peek & Cloppenburg eröffnet ein neues Modehaus am Chemnitzer Neumarkt.

8. September 2003

Das Chemnitzer Staatsarchiv öffnet nach umfangreicher Modernisierung wieder seine Pforten. Neben dem neu gestalteten Foyer und dem Aufenthaltsbereich stehen den Benutzern zwei neue Lesesäle zur Verfügung. Grund für die umfangreiche Neugestaltung sowie für die Erweiterung der Magazinflächen um rund 800 Quadratmeter war die Übernahme von 1.500 Meter Akten der Region Chemnitz, die bisher im Hauptstaatsarchiv Dresden lagerten.

30. September 2003

Die Feierlichkeiten zum 110. Geburtstag der Bauhauskünstlerin Marianne Brandt am 1. Oktober beginnen am

Die Stadthalle im Zeichen des 74. Deutschen Archivtages

Vorabend mit einem Festakt, bei dem die Studienräume der Marianne-Brandt-Gesellschaft im Geburtshaus der Künstlerin auf der Heinrich-Beck-Straße 22 eingeweiht werden.

Der 74. Deutsche Archivtag findet bis 3. Oktober in Chemnitz statt. Rund 800 Teilnehmer aus allen Teilen Deutschlands sowie Gäste aus dem Ausland werden zu den Fachvorträgen sowie einem umfangreichen Rahmenprogramm erwartet.

1. Oktober 2003

Der neue Rektor der Technischen Universität Chemnitz, Prof. Dr. Klaus-Jürgen Matthes, wird feierlich in sein Amt eingeführt.

9. Oktober 2003

Dem Vorsitzenden der Jüdischen Gemeinde Chemnitz, Siegmund Rotstein, wird in Dresden das Bundesverdienstkreuz verliehen. Mit dieser Ehrung findet das langjährige Bemühen des 78-Jährigen für den Erhalt und die Pflege der jüdischen Religion und Kultur seine Würdigung.

15. November 2003

Zu einer großen Abschiedsfeier vor dem Abriss lädt das Klubhaus „8. Mai" junge und jung gebliebene Chemnitzer ein. Bereits am Nachmittag ist für alle Interessenten bei freiem Eintritt geöffnet, am Abend spielen zehn Chemnitzer Bands zum Tanz auf.

10. Dezember 2003

Zwanzig Jahre nach der Aufnahme von Partnerschaftsbeziehungen erneuern Chemnitz und die englische Stadt Manchester ihre Beziehungen. Die Stadt Chemnitz passt derzeit alle ihre vor Jahrzehnten geschlossenen Städtepartnerschaften den neuen politischen und wirtschaftlichen Rahmenbedingungen an, nachdem bereits die Verträge mit Mulhouse und Tampere sowie Lodz erneuert wurden.

15. Januar 2004

Für den Bau eines Hospizes Am Karbel in Altendorf wird der erste Spatenstich vollzogen.

18. Februar 2004

Per Kran beginnt der Abbau der demontierten Einzelteile des 290 Millionen Jahre alten Steinernen Waldes von der Giebelwand des König-Albert-Museums. Sie werden anschließend einer Grundreinigung mit Sandstrahler und Lösungsmitteln unterzogen und danach im Lichthof des künftigen Kulturkaufhauses DAStietz wieder aufgestellt.

26. Februar 2004

Die älteste Stadtteilbibliothek „Georg Weerth" in der Lutherstraße 20 schließt. Sie war 1960 eröffnet worden.

5. März 2004

Erstmals wird am Abend der Chemnitzer Friedenspreis übergeben. Er ist verbunden mit einer Skulptur des Chemnitzer Künstlers Erik Neukirchner und einem Geldbetrag von 300 Euro. Den ersten Preis nehmen Luise Doye und Matthias Kühne von der Evangelischen Jugend der Dietrich-Bonhoeffer-Gemeinde entgegen. Einen Ehrenpreis erhält Studentenpfarrer a. D. Hans-Jochen Vogel für sein jahrzehntelanges Engagement für den Frieden. Gestiftet wird der Friedenspreis vom Bürgerverein FUER CHEMNITZ.

17. März 2004

An den beiden Schornsteinen des alten Chemnitzer Heizkraftwerkes I beginnt der Rückbau. Dabei wird jeder Turm einzeln, von oben beginnend, mit einem Bagger abgetragen. Eine Sprengung war nicht möglich, da sich sensible Technik auf dem Gelände befindet.

Studentenpfarrer Hans-Jochen Vogel bei einer Friedensdemonstration gegen den Golfkrieg am 18. Januar 1991 vor dem Rathaus

Luftaufnahme eines Teils der Chemnitzer City 2004

*750-Jahr-Feier in Einsiedel am
20. Juni 2004*

20. März 2004

Die Straßenbahnlinie 4 nimmt den durchgehenden Fahrbetrieb vom Hutholz bis ins Stadtzentrum auf. Im November 2003 fiel der Startschuss zum Bau des vierten und letzten Abschnittes zwischen Goethestraße und Falkeplatz.

25. März 2004

Die Chemnitzer Eiskunstlauftrainerin Jutta Müller wird in die Ruhmeshalle (Hall of Fame) des amerikanischen Eiskunstlaufs aufgenommen.

24. April 2004

Auf dem Gelände des ehemaligen Heizwerkes an der Müllerstraße wird ein neues Autozentrum eröffnet. Bisher einmalig ist dabei das Konzept der Unternehmerfamilie Haustein aus Marienberg, Fahrzeuge von sechs verschiedenen Herstellern anzubieten.

30. April 2004

Die Chemnitzer Tafel verlässt die Räume in der Lohstraße 1, wo der Verein fast sieben Jahre eine Lebensmittelausgabe und eine Kleiderkammer für Bedürftige betrieb. Der neue Standort befindet sich ab 4. Mai in der Tschaikowskistraße 2.

7. Juni 2004

An der Ecke Webergasse/Jakobikirchplatz wird eine Gedenktafel zu Ehren des Chemnitzer Pädagogen Christian Friedrich Scheithauer enthüllt. Dank seines Engagements kam es 1831 zur Gründung einer allgemeinen Bürgerschule, als Amateurastronom entdeckte Scheithauer zudem mehrere Kometen.

13. Juni 2004

Bei den Kommunalwahlen in Chemnitz steigt die PDS, für die sich 27 Prozent der Wähler entscheiden, zur stärksten Fraktion im Stadtrat auf. Für die CDU stimmen 24,5 Prozent und für die SPD 18 Prozent. Bei der am gleichen Tag durchgeführten Europawahl gewinnt in der Stadt ebenfalls die PDS vor der CDU und der SPD.

20. Juni 2004

Tausende Einwohner und ihre Gäste säumen den großen Festumzug zum Ortsjubiläum „750 Jahre Einsiedel". In 47 Bildern wird die Ortsgeschichte dargestellt, auf die sich die Bewohner dieses Chemnitzer Stadtteils monatelang vorbereitet hatten.

26. Juni 2004

Unter dem Namen „Turm-Brauhaus" öffnet am Neumarkt das erste Chemnitzer Brauhaus seine Pforten.

28. Juni 2004

Das Sozialamt der Stadt Chemnitz befindet sich jetzt im Technischen Rathaus an der Annaberger Straße. Zuvor war die Behörde in der Goethestraße 5 untergebracht.

30. Juni 2004

Das älteste sächsische Fabrikgebäude, die Bernhard'sche Spinnerei im Stadtteil Harthau, wird von der Stadt an die Pro Civitate gGmbH Bochum/Halle übergeben. Der Investor will das Gebäude zu einem Altenpflegeheim umbauen.

3. Juli 2004

Die Stadtbibliothek zieht von ihrem bisherigen Standort in der alten Aktienspinnerei in das neue Haus DAStietz an der Bahnhofstraße um. In dem alten Domizil am Schillerplatz hatte die Bibliothek seit 1950 ihren Sitz.

6. Juli 2004

An den Folgen seiner schweren Krankheit verstirbt der ehemalige Pfarrer der Pauli-Kreuz-Gemeinde, Mathias Wild. Mit ihm verliert auch der Chemnitzer Stadtrat eines seiner engagierten Mitglieder. Seit 1990 war er Abgeordneter für die Bündnisgrünen. Anfang der 1990er-Jahre gründete Pfarrer Wild eine Arbeitsgruppe der Deutsch-Israelischen Gesellschaft in Chemnitz und initiierte das Festival „Tage der jüdischen Kultur".

10. August 2004

Vor dem Chemnitzer Rathaus protestieren rund 2.000 Einwohner gegen das Hartz IV-Gesetz, das ab 2005 in Kraft treten soll. Das Reformvorhaben der Regierung bringe für viele Arbeitslose drastische Kürzungen ihrer bisherigen Bezüge, beinhalte aber nicht die Schaffung neuer Arbeitsplätze. Auch sechs Tage später versammeln sich Tausende Chemnitzer zu einer Protestkundgebung in der Innenstadt.

27. August 2004

Wittgensdorf feiert sein 750. Ortsjubiläum. Bis zum 29. August laden zahlreiche Veranstaltungen wie historischer Festumzug, Ausstellungen zu Kirche und Schule sowie sportliche Wettbewerbe zu einem Besuch ein.

31. August 2004

Der in den zurückliegenden zwölf Monaten umgebaute Bahnhofsvorplatz wird freigegeben. Die große Fläche präsentiert sich bis zu den Haltestellenbereichen, auf denen sich vorher der Taxistand befand, völlig neu als steinerner Platz.

4. September 2004

Nach Abschluss der zweijährigen Bauarbeiten wird das Sportgymnasium an der Reichenhainer Straße einge-

Pinguingruppe vor dem Restaurant „Brazil" an der Inneren Klosterstraße

*Das am 23. Oktober 2004 eröff-
nete Kulturkaufhaus DAStietz*

weiht. Zum Festprogramm gehört eine Sportgala in der Leichtathletikhalle mit Nachwuchsathleten aus den Sportschulen der Stadt.

19. September 2004

Die Regierungspartei CDU muss bei den Landtagswahlen Verluste hinnehmen. Auch in Chemnitz verliert die CDU 12 Prozent an Stimmen, wird aber dennoch stärkste Partei, gefolgt von PDS und SPD.

Die beliebte Traditionsgaststätte „Adelsbergturm" empfängt nach sechs Jahren Schließung und Sanierung wieder die ersten Gäste.

25. September 2004

Unter dem Motto „Schöner leben ohne Naziläden" findet eine Demonstration statt, die von Kirchen, antifaschistischen Jugendverbänden, der PDS und Gewerkschaften initiiert worden war. Mit der Aktion soll auf rechtsradikale Einrichtungen hingewiesen werden, die es an der Robert-Siewert-Straße im Fritz-Heckert-Gebiet gibt.

14. Oktober 2004

Mit einem dreitägigen Straßenfest wird der zweite und damit abschließende Teil der Rathaus-Passage in der Innenstadt eröffnet. Nach mehr als zwei Jahren Bauzeit ist damit die Lücke zwischen Jakobikirche und Theaterstraße geschlossen.

20. Oktober 2004

Die Chemnitzer Unternehmerin Annette Spreer wird in Berlin als vorbildliche Mittelständlerin ausgezeichnet. Die Chefin der Chemnitzer Sprachheilschule darf sich damit „Mutmacherin der Nation" nennen. Sie hatte sich mit ihrer Geschäftsidee am bundesweiten Unternehmerwettbewerb beteiligt und es unter mehr als 400 Bewerbern auf den zweiten Platz geschafft. Die alleinerziehende Mutter gibt in rund 30 Kindertagesstätten der Region Chemnitz Englischunterricht.

23. Oktober 2004

Das neue Kulturkaufhaus DAStietz wird feierlich eröffnet. In dem umgestalteten ehemaligen Warenhaus finden Stadtbibliothek, Naturkundemuseum, Neue Sächsische Galerie und Volkshochschule ihr neues Domizil. Der 28 Meter hohe Lichthof bildet einen angemessenen Rahmen für die Präsentation der 290 Millionen Jahre alten Stämme des Versteinerten Waldes.

4. November 2004

Der Bürgerverein FUER CHEMNITZ enthüllt am ehemaligen Wohnhaus des Schriftstellers Stefan Heym in der Hoffmannstraße 58/60 eine Gedenktafel. Er lebte von 1913 bis 1931 auf dem Kaßberg. Die von Formgestalter Prof. Clauss Dietel gefertigte Edelstahltafel ist in Form eines aufgeschlagenen Buches gestaltet.

Versteinerter Wald im Lichthof des Kulturzentrums DAStietz

11. November 2004

Die frühere Chemnitzer Bürgermeisterin für Kultur und Soziales, Gesundheit und Sport, Barbara Ludwig, erhält ihre Ernennungsurkunde als Ministerin für Wissenschaft und Kunst des Freistaates Sachsen.

16. November 2004

Die Friedensglocke von Erfenschlag wird am Denkmal für die Gefallenen des Ersten Weltkrieges aufgestellt. Sie war 1930 geweiht worden und gehörte zu einem Dreiergeläut im Turm der Erfenschlager Schule. Am 5. März 2005, dem 60. Jahrestag der Zerstörung Erfenschlags, soll sie wieder erklingen und an alle Kriegsopfer des Ortes erinnern.

22. November 2004

Die Deutsche Bundesbank feiert die Übergabe ihres neuen Gebäudes an der Zschopauer Straße in Chemnitz.

Der VW-Konzernvorstand Folker Weißgerber wird zum Ehrenbürger der Stadt Chemnitz ernannt. Er wurde hier 1941 geboren und besuchte die Gablenzer Schule und die Humboldtschule.

26. November 2004

Ein Kunstobjekt, bestehend aus mehreren Bronze-Pinguinen, wird in der Inneren Klosterstraße/Ecke Theaterstraße eingeweiht. Das Werk stammt von dem Chemnitzer Künstler Peter Kallfels.

27. November 2004

Zum ersten Mal öffnet in der amerikanischen Partnerstadt Akron ein Weihnachtsmarkt. Insgesamt sind 60 Beteiligte aus Chemnitz und dem Erzgebirge dort tätig und bieten neben Glühwein, Stollen, Bratwürsten und Nüssen u. a. auch Holzschnitz- und Glasbläserkunst aus der Region an.

16. Dezember 2004

Edeka Nordbayern-Sachsen-Thüringen eröffnet einen neuen „Supermarkt der Generationen" an der Ecke Rudolf-Krahl-Straße/Flemmingstraße. Er erhielt eine behindertengerechte Ausstattung und ein Leitsystem für Blinde.

Dezember 2004

Der Chemnitzer Jazzclub widmet dem Thema „Jazz im Visier der Stasi Karl-Marx-Stadt" eine Ausstellung. Sie dokumentiert die umfassende Überwachung von Künstlern dieser Musikszene im Zeitraum von 1949 bis 1989.

31. Dezember 2004

Zum Jahresende hat die Stadt 246.559 Einwohner.

7. Februar 2005

An der Kreuzung Südring/Neefestraße beginnen die Arbeiten zum Bau des sogenannten Überfliegers, eines Brückenbogens mit Tunnel in Richtung Autobahn A 72.

4. März 2005

Das Seniorenzentrum „Azurit" wird im denkmalgeschützten ehemaligen Rathaus von Siegmar eröffnet.

14. März 2005

Die Minol-Tankstelle an der Kreuzung Neefe-/Goethestraße schließt. Ende 2003 wurde der aus DDR-Zeiten stammende Markenname Minol hier wiederbelebt. Betreiber dieser damals einzigen Minol-Tankstelle in Deutschland war die Total Deutschland GmbH.

1. April 2005

Die Stadtteilbibliothek „Hans Beimler" in der Hans-Ziegler-Straße 3 wird geschlossen.

23. April 2005

Im Alter von 61 Jahren stirbt der Chef der VTT Vliestextilien Euba und der PMG Spezitex Schönherrpark, Paul Plesken. Er war eine der bekanntesten Unternehmerpersönlichkeiten der Stadt. Nach der Wende hatte Plesken als Geschäftsführer großen Anteil daran, dass Malimo vom Familienunternehmen Karl Mayer übernommen und weitergeführt wurde.

Das Seniorenzentrum „Azurit" im früheren Siegmarer Rathaus in der Gaußstraße

Senioren- und Pflegeresidenz in der ehemaligen Bernhard'schen Spinnerei an der Klaffenbacher Straße

8. Juni 2005

Die erste ökologische Kindertageseinrichtung der Stadt wird in der Nevoigtstraße 42 nach der kompletten einjährigen Sanierung eröffnet. Sie profilierte sich bereits im Jahr 1994 zu einer natur- und umweltorientierten Einrichtung und ist damit beispielgebend auch über die Stadtgrenzen hinaus.

10. Juni 2005

Die SG Kleinolbersdorf-Altenhain weiht ihren neuen Fußballplatz ein. Das alte Spielfeld, mit zuletzt gemessenen 6,65 Meter Höhenunterschied über die Diagonale als „schiefster Platz Deutschlands" bekannt geworden, wird dann nur noch als Ausweich- und Trainingsplatz genutzt.

15. Juni 2005

Im wellenförmigen Glasgebäude des Modehauses Peek & Cloppenburg am Neumarkt wird das Spielcasino „Atlantis" eröffnet. In dieser modernsten Einrichtung der landeseigenen Sächsischen Spielbanken GmbH & Co. KG sind 90 Stationen aufgebaut, die klassische Spiele wie Roulette, Black Jack, Poker und Bingo auf elektronischer Basis anbieten.

22. Juni 2005

Mit dem Ehrenpreis der Stadt Chemnitz, 1998 vom Chemnitzer Künstler Carsten Nicolai geschaffen, wird der erfolgreiche ehemalige Radsprint-Olympiasieger Jens Fiedler ausgezeichnet. Im Anschluss an die Preisübergabe schreibt sich Jens Fiedler in das Goldene Buch der Stadt ein.

30. Juni 2005

Die Radrennbahn im Chemnitzer Sportforum wird nach umfangreicher Sanierung wieder zur Nutzung übergeben.

11. Juli 2005

Es erfolgt der Baubeginn für eine neue Rad- und Gehwegbrücke über die Chemnitz von der Straßburger- zur Beckerstraße. Die Baumaßnahme wird aus dem Bund-Länder-Programm zur Wiederherstellung der vom Augusthochwasser 2002 geschädigten Infrastruktur gefördert.

Mit einer Festwoche feiert Berbisdorf bis 31. Juli das 100-jährige Bestehen seiner Dorfkirche. Das Gotteshaus in dem kleinen Ort am südlichen Stadtrand von Chemnitz wurde im Jugendstil nach den Plänen des Architekten Paul Lange aus Leipzig gebaut und 1905 geweiht.

23. August 2005

Anhaltende Regenfälle lassen die Flussläufe der Würschnitz und der Chemnitz sprunghaft ansteigen. In der Stadt fallen vom 22. bis zum 23. August 58 Liter Regen pro Quadratmeter. Der Wasserstand der Chemnitz erhöht sich von 39 auf 183 Zentimeter, an der Messstelle der

Der im Februar 2005 begonnene Bau des „Überfliegers", Luftaufnahme von 2006

Würschnitz beträgt die Höhe am Mittag 166 Zentimeter. Am Nachmittag kann jedoch Entwarnung gegeben werden.

29. August 2005

Auf den Tag genau 100 Jahre nach der Einweihung der Königlichen Landeserziehungsanstalt für Blinde erfolgt durch den sächsischen Finanzminister Horst Metz die Grundsteinlegung für den Neubau der Landesblindenschule. Der Freistaat will mit dem Neubau in Altendorf die Unterrichtsbedingungen für blinde und schwerstmehrfachbehinderte Kinder verbessern.

16. September 2005

Für eine neue Werkstatt für behinderte Menschen der Stadtmission Chemnitz e. V. wird an der Christian-Wehner-Straße der Grundstein gelegt.

18. September 2005

Bei den Bundestagswahlen erreicht in Chemnitz die SPD mit 26,68 Prozent den höchsten Stimmenanteil. Knapp dahinter folgen Die Linke (26,37 Prozent) und die CDU (24,32 Prozent) vor der FDP (9,81 Prozent) und den Grünen (5,50 Prozent). Die rechten Parteien NPD und Republikaner bleiben unter fünf Prozent.

1. Oktober 2005

Das Ende der aufwendigen Sanierung der Petrikirche auf dem Theaterplatz wird mit der Aufführung der Hohen Messe in h-Moll von Johann Sebastian Bach gefeiert.

10. Oktober 2005

Im Luxor-Palast wird das 10. Internationale Kinderfilmfestival „Schlingel" eröffnet. Es präsentiert bis zum 16. Oktober mehr als 70 Filme aus 23 Ländern in vier Wettbewerbskategorien.

27. Oktober 2005

Im Naturkundemuseum wird die Ausstellung „Araucarien Zapfen. Lebende Fossilien vom andren Ende der Welt" eröffnet. Dabei handelt es sich um die ungewöhnlichsten Nadelbäume aller Zeiten.

1. November 2005

Im ältesten historischen Fabrikgebäude Sachsens, der Bernhard'schen Spinnerei in Harthau, entstand nach umfangreicher und stilgerechter Sanierung die Seniorenresidenz „Manufaktur Bernhard". Sie wird durch den Eigentümer Pro Civitate GmbH Bochum genutzt.

15. November 2005

Der TU-Professor Reimund Neugebauer erhält das Verdienstkreuz I. Klasse des Verdienstordens der Bundesrepublik Deutschland. Die hohe Auszeichnung würdigt Neugebauers Leistungen auf naturwissenschaftlich-technischem Gebiet. Er hatte u. a. das Fraunhofer-Institut für Werkzeugmaschinen und Umformtechnik Chemnitz eingerichtet.

18. November 2005

Sachsens größte Jugendfreizeitanlage, der Concordia-Park zwischen Bergstraße und Leipziger Straße, wird offiziell übergeben. In zweijähriger Bauzeit entstanden hier u. a. eine Pool-Skate-Anlage aus Beton, Streetball-Plätze, zwei Kletterwände und vier Graffiti-Säulen.

25. November 2005

Die Klinikum Chemnitz gGmbH übergibt das sanierte Gesundheitszentrum Rosenhof seiner Bestimmung. Das Gebäude wurde 1968 als Poliklinik eröffnet.

Einweihung des Concordia-Parks an der Hartmannstraße

2005 abgerissene Häuserzeile an der Mühlenstraße; an dieser Stelle entstand ein Schulsportplatz

29. November 2005

Unter dem Motto „Eine Königin für Chemnitz" wird ein Spendenaufruf zur Rettung der desolaten Orgel in der Petrikirche am Theaterplatz gestartet. Der Verein Gesellschaft Sakralbau Petri engagiert sich für die Restaurierung des 1888 von der Orgelbaufirma Friedrich Ladegast erbauten Instruments. Die Orgel erklang 1987 zum letzten Mal.

9. Dezember 2005

Ein neuer Erlebniskomplex mit Geschäften und Gaststätten öffnet unter dem Namen „Terminal 3" an der Stadthalle.

10. Dezember 2005

Die Bahn AG eröffnet die sanierte 78 Kilometer lange Strecke zwischen Chemnitz und Leipzig. Der Regionalexpress CLEX verkehrt nun in 59 Minuten zwischen den beiden sächsischen Großstädten.

13. Dezember 2005

Der Südverbund Teil II wird durch den Oberbürgermeister in Anwesenheit von Vertretern aus Politik und Wirtschaft offiziell für den Verkehr freigegeben. Diese äußere Stadtstraße wurde innerhalb von drei Jahren von der Bernsdorfer Straße bis zur Augustusburger Straße verlängert und gleichzeitig die Anschlussvoraussetzungen für die Verbindung zur Frankenberger Straße geschaffen.

27. Dezember 2005

Der langjährige Chemnitzer Studentenpfarrer, Bürgerrechtler und Friedensaktivist, Hans-Jochen Vogel, stirbt im Alter von 62 Jahren. Als Pfarrer der Evangelischen Studentengemeinde hatte er 1989 in Karl-Marx-Stadt die politische Wende mitgestaltet. Bis zuletzt galt sein Engagement vor allem der Friedensbewegung und dem Einsatz für Demokratie

31. Dezember 2005

Die Dorint AG gibt zum Jahresende den Betrieb ihres Vier-Sterne-Hotels in Chemnitz auf, weil das Haus standortbedingt das zweitschlechteste Ergebnis der Hotelkette erzielt hatte.

Im Jahresdurchschnitt gab es in der Stadt 22.416 Arbeitslose, was einer Quote von 19,4 Prozent entspricht.

18. Januar 2006

Das Chemnitzer Eiskunstlaufpaar Aljona Savchenko/ Robin Szolkowy erringt mit Silber bei den Eiskunstlauf-Europameisterschaften in Lyon seine erste internationale Medaille.

1. Februar 2006

Die Diskothek „Starlight" im Gebäudekomplex Terminal 4 an der Brückenstraße öffnet am Abend erstmals ihre Pforten. Damit ist der Ausbau des Stadthallenanbaus an der Brückenstraße abgeschlossen.

17. Februar 2006

Der Neubau des Polizei-Reviers Chemnitz-West wird offiziell eingeweiht. Bereits Mitte Dezember 2005 bezogen 100 Beamte und Mitarbeiter das neue Gebäude in der Jagdschänkenstraße 56.

25. Februar 2006

Nach mehr als einem Jahrhundert öffnen Schloßkirche und Schloßbergmuseum die historische Pforte zwischen dem Kreuzgang des Benediktinerklosters und der gotischen Hallenkirche. Damit besteht wieder die Möglichkeit, das ehemalige Klosterensemble gemeinsam als die historische Keimzelle der Stadt zu erleben.

5. März 2006

Ein Gedenkstein für die Opfer des Zweiten Weltkrieges wird in Erfenschlag enthüllt.

12. März 2006

Mehr als 3.000 Besucher nutzen den letzten Tag der einzigartigen Cranach-Ausstellung in den Kunstsammlungen, um die 62 Gemälde der Renaissance-Künstlerfamilie zu sehen. Seit dem 13. November 2005 waren die Werke, die den kompletten Cranach-Bestand der Staatlichen Kunstsammlungen Dresden darstellen, damit von rund 60.000 Besuchern bewundert worden.

28. März 2006

Die sächsische Landesregierung entscheidet sich für Chemnitz als neuen Standort für das künftige Archäologiemuseum.

19. Mai 2006

Die „Lange Tafel" auf dem Neumarkt unter dem Motto „Essen für alle" ist der Höhepunkt des 12. Bundestreffens der Tafeln in Chemnitz.

2. Juni 2006

Für den Bettenhausanbau an der Klinikum Chemnitz gGmbH Flemmingstraße wird Richtfest gefeiert. Das 13-geschossige Haus, von Architekt Peter Koch entworfen, wird den künftigen Patienten aufgrund seiner voll verglasten Fassade einen einmaligen Ausblick auf die Stadt und das Erzgebirge bieten. In den 63 neuen Zimmern können 126 Kranke untergebracht werden.

Die 2006 übergebene Schönherr-Fabrik an der Chemnitz, die u. a. medizinische, sportliche und gastronomische Einrichtungen beherbergt

8. Juni 2006

Ein Festumzug ist der Höhepunkt der viertägigen Feiern zum 675. Jubiläum von Mittelbach. Etwa 500 Mitwirkende lassen dabei die Ortsgeschichte von den ersten Ansiedlungen in der Region bis in die Gegenwart lebendig werden.

11. Juni 2006

Bei der Chemnitzer Oberbürgermeisterwahl erreicht die SPD-Kandidatin und sächsische Wissenschaftsministerin Barbara Ludwig 38,3 Prozent der Stimmen. Auf CDU-Kandidat und Stadtkämmerer Detlef Nonnen entfallen 23,06 Prozent, gefolgt vom parteilosen Stadtwerke-Vorstand Uwe Barthel mit 19,62 Prozent, Karl-Friedrich Zais von der PDS mit 16,68 Prozent und dem Studenten Maik Bräutigam mit 2,34 Prozent. Die Wahlbeteiligung liegt bei 38,53 Prozent. Da keiner der fünf Kandidaten die absolute Mehrheit erzielt, findet am 25. Juni ein zweiter Wahlgang statt.

15. Juni 2006

Das 7. Europäische Orchestertreffen, für das Chemnitz bundesweit erstmals den Zuschlag erhalten hat, wird mit einem Konzert in der Stadthalle eröffnet.

22. Juni 2006

Klaus-Jürgen Matthes wird erneut zum Rektor der Technischen Universität Chemnitz gewählt. Der Professor für Schweißtechnik gewinnt die Wahl mit deutlicher Mehrheit.

25. Juni 2006

Die sächsische Wissenschaftsministerin Barbara Ludwig wird mit 49,65 Prozent der Stimmen im zweiten Wahlgang zur Oberbürgermeisterin gewählt.

28. Juni 2006

Auf einem der beiden noch freien Innenstadt-Grundstücke zwischen Rathaus-Passage und Stadthalle wird Baubeginn gefeiert. Bis Herbst 2007 soll hier ein Parkhaus mit 670 Stellplätzen, Geschäften und Restaurants entstehen.

2. Juli 2006

Freunde und Weggefährten verabschieden den bisherigen Generalintendanten der Theater Chemnitz, Rolf Stiska in den Ruhestand. Sie danken ihm für seinen Einsatz für das Theater. Sein Nachfolger wird Dr. Bernhard Hellmich.

6. Juli 2006

Der Chemnitzer Extrembergsteiger Jörg Stingl trägt sich während einer öffentlichen Festveranstaltung ins Goldene Buch der Stadt ein. Damit wird Stingls außergewöhnliche Leistung gewürdigt, da er als erster Deutscher in insgesamt fünf Jahren die jeweils höchsten Gipfel der sieben Kontinente bezwungen hat.

10. Juli 2006

Auf der Straße der Nationen fahren nach umfangreichen Bauarbeiten Busse und Straßenbahnen auf einer eigenen, verbreiterten Trasse. Damit werden Hauptbahnhof und Stadtzentrum noch besser miteinander verknüpft.

21. Juli 2006

Mit dem Werner-Heisenberg-Gymnasium in Markersdorf schließt das letzte der einstmals drei Gymnasien im Fritz-Heckert-Gebiet. Die Schüler, die ihr Abitur noch vor sich haben, wechseln zum neuen Schuljahr fast alle an das Goethe-Gymnasium nach Bernsdorf, wo auch ein Teil ihrer bisherigen Lehrer tätig sein wird.

28. Juli 2006

An der Villa Weststraße 13 wird die Bronzetafel wieder enthüllt, die an die Ermordung von Hermann Fürstenheim durch die Nationalsozialisten in der Pogromnacht 1938 erinnert. Hermann Fürstenheim, Geschäftsführer des jüdischen Warenhauses H. & C. Tietz, hatte die Villa Ende der 1920er-Jahre erworben und nach Plänen von Erich Basarke umbauen lassen.

6. August 2006

Der Seniorchef des Chemnitzer Buchhandels, Gottfried Müller, feiert seinen 85. Geburtstag. Für sein kulturelles Handeln erhielt er 1997 das Bundesverdienstkreuz verliehen. Nach der Wende war es u. a. auch sein Verdienst, dass Autoren wie Christa Wolf, Günter Grass, Ephraim Kishon und Stefan Heym, aber auch Bundespräsident Richard von Weizsäcker nach Chemnitz gekommen sind. Neben seiner buchhändlerischen Tätigkeit als Inhaber

Die sanierte und erweiterte ehemalige Handwerkerschule, jetzt Berufliches Schulzentrum für Technik II

der Evangelischen Buchhandlung widmet er sich auch dem Antiquariat.

10. August 2006

Knapp ein Jahr nach der Grundsteinlegung wird am Neubau der Landesblindenschule Chemnitz Richt-

2006 entstandenes Parkhaus am Hauptbahnhof

fest gefeiert. Neben dem Schulneubau werden bis 2008 weitere sieben Gebäude für Heim- und Schulzwecke saniert und umgebaut und zugleich behindertengerecht erschlossen.

6. September 2006

Mit der Einweihung des Beruflichen Schulzentrums für Technik II, der sogenannten Handwerkerschule, findet eines der umfangreichsten Sanierungsvorhaben an Schulbauten der letzten Jahre in der Stadt seinen Abschluss. In knapp drei Jahren Bauzeit wurden die denkmalgeschützten Häuser an der Promenaden- und Schlossstraße vom Keller bis zum Dach saniert. Ein neuer, zweigeschossiger Verbindungsbau mit Glasfront lässt Berufsschule, Berufsfachschule und Technisches Gymnasium nun zu einer Einrichtung verschmelzen.

11. September 2006

Für den Neubau des Instituts für Physik und einen Reinraum für das Zentrum für Mikrotechnologien wird auf dem Campus der Technischen Universität der Grundstein gelegt.

13. September 2006

Der Chemnitzer Stadtrat wählt mit großer Mehrheit Barbara Ludwig zur Amtsverweserin. 39 von 51 Stadträten geben ihr die Stimme. Barbara Ludwig war im Juni zur Oberbürgermeisterin gewählt worden, der Stadtrat Martin Kohlmann hatte diese Wahl jedoch angefochten. Solange dieses Anfechtungsverfahren läuft, kann Ludwig nur in Stellvertretung eines Oberbürgermeisters, das heißt als Amtsverweserin regieren. Sie ist damit mit allen Rechten und Pflichten eines Oberbürgermeisters ausgestattet, darf den Titel tragen, jedoch im Stadtrat kein Stimmrecht ausüben. Vom 1. August an amtierte Bürgermeister Berthold Brehm.

18. September 2006

Der Chemnitzer Fleischermeister Siegfried Lahde eröffnet in der amerikanischen Partnerstadt Akron den ersten Bratwurststand mit Namen „Siggi's German Sausage". Er hatte bereits zweimal zum Chemnitzer Christkindl-Markt in Akron geholfen, Bratwürste herzustellen.

22. September 2006

Mit einer Gala stellen sich im Opernhaus die neue Ballett-Company und ihr Leiter Lode Devos mit großem Erfolg dem Chemnitzer Publikum vor.

27. September 2006

Im Alter von 85 Jahren stirbt die Schauspielerin Bruni Löbel. Die gebürtige Chemnitzerin wuchs als Tochter eines Fabrikanten auf und stand bereits als 14-Jährige in Moliéres „Der eingebildete Kranke" in ihrer Heimatstadt auf der Bühne. Mit 17 Jahren ging sie nach München und startete ihre Filmkarriere.

Die 2006 übergebenen „Markersdorfer Terrassen"

14. Oktober 2006

Rund 700 Demonstranten beteiligen sich an der Kundgebung des Deutschen Gewerkschaftsbundes (DGB) auf dem Neumarkt und protestieren gegen die „Rente mit 67". Sie lehnen ein höheres Renteneintrittsalter ab und fordern, jungen Menschen mehr Chancen zum Einstieg ins Berufsleben zu bieten.

Unter der Losung „Schöner leben ohne Naziläden" versammeln sich rund 1.000 Personen aus ganz Sachsen zu einer Demonstration. Der Protest der von antifaschistischen Jugendverbänden und der PDS organisierten Veranstaltung richtet sich – wie schon vor zwei Jahren – gegen den Versandhandel von zwei Geschäften für Bekleidung und Musik, die vom Verfassungsschutz als rechtsextremistische Szeneläden von überregionaler Bedeutung eingestuft werden.

24. Oktober 2006

Auf der Immobilienmesse Expo Real in München erhält Chemnitz den zweiten Preis des Difa Award – der internationale Immobilienpreis der Städte – für die Entwicklung der Innenstadt. Chemnitz konnte sich damit in einem Feld von 75 europäischen Bewerbern hinter Oslo und vor Leipzig platzieren. Die Bebauung der Innenstadt fand mit dieser Auszeichnung durch die Deutscher Immobilien Fonds AG internationale Anerkennung.

26. Oktober 2006

Der ehemalige Direktor der Stadthalle, Roland Haase, stirbt im Alter von 78 Jahren. Bevor er 1974 die Leitung der neu erbauten Kultureinrichtung übernahm, war er von 1955 bis 1973 Direktor der Konzert- und Gastspieldirektion. Erst im Dezember 1999 ging Roland Haase 72-jährig in den Ruhestand. Für seine langjährige engagierte Arbeit durfte er sich im Januar 2000 in das Goldene Buch der Stadt eintragen.

8. November 2006

Die Autobahn-Wegweiser an der Leipziger Straße werden erneuert. Grund ist die Freigabe des ersten Neubau-Abschnitts der A 72. Das Autobahndreieck heißt nun Kreuz Chemnitz, die Anschlussstelle Chemnitz-Nord heißt künftig Chemnitz-Mitte. Die Abfahrt Rabenstein wird umbenannt in Limbach-Oberfrohna.

11. November 2006

Ein Haus der Ganzheitsmedizin eröffnet im sanierten Hauptgebäude der ehemaligen Schönherrfabrik seine Pforten. Im 3.000 Quadratmeter umfassenden Zentrum werden Heilpraktiker und Physiotherapeuten ihre Arbeit aufnehmen.

14. November 2006

Auf dem ersten Teilstück der neuen Autobahn A 72 Chemnitz–Leipzig rollt der Verkehr. Nach drei Jahren Bauzeit und 60 Millionen Euro Investitionen sind sechs Kilometer zwischen dem Kreuz Chemnitz und der Anschlussstelle Hartmannsdorf fertiggestellt.

24. November 2006

Die Weltmeisterschaften im Hallenradsport werden am Abend mit einer feierlichen Zeremonie in der Chemnitz-Arena eröffnet. Danach stehen die ersten Entscheidungen im Kunstradfahren der Damen und Herren auf dem Programm. Insgesamt nehmen 190 Athleten aus 19 Nationen an den Titelkämpfen teil. Bis zum 26. November verfolgen rund 12.000 Zuschauer das Geschehen.

Der langjährige Oberbürgermeister der Partnerstadt Düsseldorf, Klaus Bungert, verstirbt kurz vor seinem 80. Geburtstag. Er war seit 1991 Ehrenbürger von Chemnitz, das ihm beim Aufbau der kommunalen Selbstverwaltung in den ersten Jahren nach der Wiedervereinigung viel zu verdanken hat.

Nach dreieinhalb Monaten Bauzeit wird die Straße der Nationen wieder für den Verkehr freigegeben. Zwischen Brücken- und Carolastraße können die Autos jetzt in beiden Richtungen jeweils nur noch eine Fahrspur nutzen. Die Busse sind nunmehr auf dem neuen Gleisbett der Straßenbahn in der Mitte der Straße unterwegs.

28. November 2006

Der fünffache Diskus-Weltmeister Lars Riedel informiert seinen Verein, den LAC, über seinen Wechsel zum TuS Saulheim. Damit verlässt er Chemnitz nach 13 Jahren.

5. Dezember 2006

Der Automobilzulieferer Thyssen-Krupp Presta AG beginnt mit dem ersten Spatenstich den Bau eines neuen

„Abora 2" – der originalgetreue Nachbau eines Schilfbootes, mit dem der Chemnitzer Lehrer Dominique Görlitz das Mittelmeer durchquerte – im Oktober 2006 vor dem Einkaufszentrum „Sachsenallee"

Werkes für die Produktion von Nockenwellen an der Heinrich-Lorenz-Straße.

9. Dezember 2006

Der ehemalige Schauspieldirektor am Chemnitzer Theater, Hartwig Albiro, feiert seinen 75. Geburtstag. In einer öffentlichen Veranstaltung im Schauspielhaus werden seine herausragenden Leistungen in den Jahren 1971 bis 1997 gewürdigt. Das Karl-Marx-Städter Schauspiel brachte unter seiner Leitung große Mimen hervor. Respekt hatte sich der Jubilar auch wegen seines Einsatzes für die Friedliche Revolution 1989 erworben, wo er sich öffentlich für Demokratie und Pressefreiheit aussprach.

10. Dezember 2006

Der „Vogtlandexpress" startet seine neue Direktverbindung von Hof über Chemnitz nach Berlin und zurück.

11. Dezember 2006

Mehrere Räume des Vereins „Chemnitzer Tafel" an der Ecke Tschaikowski-/Augustusburger Straße stehen am Morgen unter Wasser. Unbekannte waren am Wochenende in die oberen Etagen des leer stehenden Hauses eingedrungen und hatten die Wasserhähne geöffnet. Ein großer Teil der Vereinseinrichtung und der Kleiderkammer sind nicht mehr benutzbar.

14. Dezember 2006

Die Stadt Chemnitz erhält vom Verein Neue Sächsische Kunsthütte rund 500 Kunstwerke geschenkt. Sie hatte die Werke sächsischer zeitgenössischer Künstler in den letzten etwa vier Jahren angekauft oder als Schenkung erhalten. Die Stadt besitzt mit dieser Sammlung einen sachsenweit einmaligen Schatz moderner regionaler Kunst und damit auch die Verantwortung der Pflege.

18. Dezember 2006

Der Umbau der Straßenbahnwendeschleife Hutholz zur Bus-Bahn-Anlage ist abgeschlossen. Neben den Straßenbahnlinien 4 und 5 erhielten hier auch die Buslinien 39 und 48 neue Abfahrtssteige. Für die Fahrgäste entstanden durch die Umgestaltung kürzere Wege und Umsteigemöglichkeiten zwischen Bus und Bahn.

Das neue Bürgerzentrum an der Leipziger Straße 39 wird unter dem Motto „Näher am Bürger und mit mehr Service unter einem Dach" eröffnet. Es vereint das ehemalige Bürgerbüro Leipziger Straße 3 und den Verein Neue Arbeit Chemnitz.

1. Januar 2007

Das bisherige Regionalschulamt Chemnitz an der Annaberger Straße wird Teil der neu gebildeten Sächsischen Bildungsagentur.

12. Januar 2007

Die Stadtmission eröffnet an der Christian-Wehner-Straße eine Werkstatt für behinderte Menschen. Die Werkstatt arbeitet für Firmen der Metallverarbeitung sowie der Autozuliefer- und Elektroindustrie.

18. Januar 2007

Der Orkan Kyrill fegt am Abend mit Spitzengeschwindigkeiten bis 200 Stundenkilometer über Deutschland hinweg und hinterlässt auch in Chemnitz zahlreiche Schäden an Gebäuden, vor allem durch umgestürzte Bäume. Drei Menschen werden verletzt, einer davon schwer. Die Chemnitzer Feuerwehr muss zu über 130 Einsätzen ausrücken.

24. Januar 2007

Das Chemnitzer Eiskunstlauf-Paar Aljona Savchenko und Robin Szolkowy gewinnt bei der Europameisterschaft in Warschau die Goldmedaille. Es ist der erste EM-Titel für Deutschland seit zwölf Jahren.

26. Januar 2007

Oberbürgermeisterin Barbara Ludwig empfängt Veteranen des antifaschistischen Widerstandskampfes und Verfolgte des Naziregimes. Sie würdigt das Engagement der zwölf betagten Chemnitzer, die mit dem Eintrag in das Goldene Buch der Stadt geehrt werden.

14. Februar 2007

Im Chemnitzer Volkswagen-Werk wird der achtmillionste Motor seit 1988 gefertigt. Jubilar ist ein 1,4-Liter-TSI-Motor mit 170 PS. In Wolfsburg wird dieser Motor in den Golf GT und in den Touran eingebaut.

22. Februar 2007

Der Autor und Kunstsammler Lothar-Günther Buchheim stirbt im Alter von 89 Jahren. Der Verfasser des weltberühmten autobiographischen Romans „Das Boot" war seit 1992 Ehrenbürger der Stadt Chemnitz, wo er mehrere Jahre seiner Jugendzeit verbrachte.

21. März 2007

Das Chemnitzer Eiskunstlauf-Paar Aljona Savchenko und Robin Szolkowy erringt bei der Eiskunstlauf-WM in Japan die Bronzemedaille.

31. März 2007

Nach längeren Umbau- und Restaurierungsarbeiten eröffnet das Schloßbergmuseum sein Erdgeschoss wieder. Neben dem „Heiligen Grab", einer seltenen plastischen Darstellung der Ostergeschichte, wird u. a. auch die Engelsfigurensammlung „Barockes Halleluja" nach konservatorischer Überarbeitung wieder der Öffentlichkeit zugänglich gemacht.

Sanierung der Zimmermann'schen Villa und Abriss des ehemaligen Carola-Hotels 2007

13. April 2007

Am Gerhart-Hauptmann-Platz auf dem Kaßberg wird eine Gedenktafel für den 2001 verstorbenen Schriftsteller und Chemnitzer Ehrenbürger Stefan Heym enthüllt. Sie erinnert an jenes im Zweiten Weltkrieg zerstörte Haus, in dem Heym am 10. April 1913 zur Welt kam.

28. April 2007

Im einstigen Gebäude der „Kammer der Technik" wird das neue Kunst- und Kulturzentrum „Weltecho" eröffnet. Die von den beiden Vereinen „Ufer" und „Oscar" betriebene Einrichtung versteht sich als Nachfolger der ehemaligen Kulturfabrik „Voxxx".

16. Mai 2007

Siegmund Rotstein wird aufgrund seiner Verdienste um die Bewahrung der jüdischen Kultur in Chemnitz zum Ehrenbürger der Stadt ernannt. Er war 40 Jahre lang Vorsitzender der Jüdischen Gemeinde der Stadt und hat sich insbesondere um den Neubau der 2002 geweihten Chemnitzer Synagoge verdient gemacht.

20. Mai 2007

Mit der Demontage des Namensschriftzuges beginnt der Abriss des ehemaligen Hotels „Carola" am Chemnitzer Hauptbahnhof.

9. Juni 2007

Aus Anlass des 75. Jahrestages der Gründung der Auto Union wird im Industriemuseum die Ausstellung „Vier Ringe für Sachsen" eröffnet. Sie entstand in Zusammenarbeit mit dem August-Horch-Museum in Zwickau und dem Verkehrsmuseum in Dresden.

21. Juni 2007

Die Direktorin der Chemnitzer Kunstsammlungen, Ingrid Mössinger, wird mit dem Bundesverdienstkreuz ausgezeichnet. Durch ihr Engagement habe sie Chemnitz „in die vordere Liga der Ausstellungsorte" Deutschlands gebracht.

Nach sechsjähriger Amtszeit als Generalmusikdirektor und Chefdirigent der Robert-Schumann-Philharmonie verabschiedet sich Niksa Bareza vom Chemnitzer Konzertpublikum. Sein Nachfolger wird Frank Beermann.

22. Juni 2007

Mit einer Festwoche feiern die Röhrsdorfer das 800-jährige Bestehen ihrer Gemeinde. Höhepunkt der zahlreichen Veranstaltungen ist am 1. Juli ein Festumzug in historischen Kostümen.

29. Juni 2007

Chemnitz ist die erste Stadt Deutschlands, die über einen oberirdischen Großkältespeicher verfügt. Aus der 17 Meter hohen Anlage an der Georgstraße können tagsüber zusätzlich fünf Megawatt Kälteleistung abgerufen werden. Die Technologie haben die TU Chemnitz und die Chemnitzer Stadtwerke gemeinsam entwickelt.

3. Juli 2007

Beim bundesweiten Leistungsvergleich der kommunalen Bibliotheken hat sich die Chemnitzer Stadtbibliothek in diesem Jahr auf Platz 5 steigern können. Damit zählt sie nun zu den besten Stadtbibliotheken im Vergleich der Städte mit mehr als 100.000 Einwohnern.

5. Juli 2007

Bildhauer Gunter Demnig setzt in Anwesenheit der Oberbürgermeisterin die ersten Stolpersteine u. a. in der Straße der Nationen Nr. 56 vor dem „Hotel an der Oper" ein. An dieser Stelle befand sich 1933 das Hansa-Haus, eine berüchtigte Folterstelle der Chemnitzer SA. Die Stolpersteine erinnern an frühere Bewohner der Stadt, die aufgrund ihres jüdischen Glaubens oder aus politischen Gründen von den Nationalsozialisten ermordet wurden.

16. Juli 2007

Mit 35,2 Grad Celsius ist der 16. Juli 2007 der heißeste Tag seit 50 Jahren in Chemnitz und der drittheißeste seit Beginn der regelmäßigen Wetteraufzeichnungen.

18. Juli 2007

Barbara Ludwig wird im Stadtrat offiziell als Oberbürgermeisterin der Stadt Chemnitz vereidigt.

22. Juli 2007

Der Schauspieler und Hauptdarsteller des mit einem Oscar ausgezeichneten Films „Das Leben der Anderen", Ulrich Mühe, verstirbt im Alter von 54 Jahren. Ulrich Mühe kam Ende der 1970er-Jahre als Student nach Karl-Marx-Stadt in das Schauspielstudio. Anschließend wurde er gleich in das Ensemble übernommen und hat in vielen Rollen („Dantons Tod", „Mutter Courage", „Der Auftrag" u. a.) auf der Bühne gestanden. 1989 gehörte er zu den Initiatoren der Demonstration am 4. November auf dem Berliner Alexanderplatz.

23. Juli 2007

Ein Großbrand im Chemnitzer Entsorgungsbetrieb (ESC) am Fischweg hat die Feuerwehr bis weit in die Nacht beschäftigt. Aus noch ungeklärter Ursache war in den frühen Morgenstunden eine zweigeschossige Lagerhalle für Plastikabfälle in Brand geraten. Die Feuerwehr kann den Brand erst nach Stunden unter Kontrolle bringen.

1. August 2007

Am Stausee Oberrabenstein wird ein Kletterwald mit 57 Aufgaben eröffnet.

25. August 2007

Der Chemnitzer Ehrenbürger Folker Weißberger, Ex-Vorstands-Mitglied des VW-Konzerns, verstirbt in Wolfsburg im Alter von 66 Jahren.

29. August 2007

Am früheren Wohnhaus von Martha Schrag (1870–1957) in der Schiersandstraße 40 hat der Bürgerverein FUER CHEMNITZ eine Gedenktafel enthüllt. Martha Schrag, die als prägend für die Chemnitzer Kunstszene nach 1900 gilt, verbrachte in diesem Haus zwischen 1946 und 1957 ihre letzten Lebensjahre. Die Künstlerin, von der zahlreiche Werke im „Dritten Reich" als „entartete Kunst" aus Museen entfernt worden waren, war eine der Mitbegründerinnen der „Künstlergruppe Chemnitz" und ist seit 1950 Ehrenbürgerin der Stadt.

20. September 2007

Auf dem alten Friedhof des Rehabilitationszentrums für Blinde und Sehbehinderte an der Flemmingstraße wird eine Gedenkstätte zur Erinnerung an die Opfer der nationalsozialistischen Herrschaft eröffnet. 270 Insassen der Anstalt waren dem Euthanasieprogramm in der NS-Zeit zum Opfer gefallen. Das von den Künstlern Frank Mai-

Das 2007 eröffnete SenVital Senioren- und Pflegezentrum „Niklasberg"

bier und Gregor-Torsten Kozik geschaffene Ensemble besteht aus einem begrünten Hügel, einem terrassenartigen Rondell und einer Stahlskulptur.

25. September 2007

Im Gebäude des ehemaligen Dorint-Hotels wird das SenVital Senioren- und Pflegezentrum „Niklasberg" seiner Bestimmung übergeben. Das Konzept der Einrichtung sieht vor, Pflege und Teilnahme am gesellschaftlichen Leben miteinander zu verbinden.

4. Oktober 2007

Das erste Chemnitzer Seniorenbüro öffnet im Bürgerzentrum Sonnenberg. Seine wichtigste Aufgabe ist die Beratung zum Thema häusliche und stationäre Pflege. Träger des Büros ist der Verein Integra 2000.

7. Oktober 2007

Mit einem gemeinsamen Singen von 4.000 Sängern aus 800 sächsischen Kantoreien auf dem Theaterplatz sind die Sächsischen Landeskirchenmusiktage zu Ende gegangen,

die seit dem 3. Oktober in Chemnitz und acht weiteren Städten der Region stattfanden. Die Veranstaltung der Evangelisch-Lutherischen Landeskirche Sachsens stand unter dem Motto „Lebensklang" und war seit 1991 das erste umfassende Kirchenmusiktreffen ausschließlich mit Gemeindechören.

22. Oktober 2007

Als identitätsstiftende Maßnahme werden alle Chemnitzer Stadtteile mit eigenen Ortseingangsschildern ausgestattet. Bisher hatten nur einige Stadtteile wie Rabenstein oder Erfenschlag ein solches Schild.

23. Oktober 2007

Die Chemnitzer Schriftstellerin Regina Hastedt stirbt im Alter von 86 Jahren. Sie arbeitete seit 1945 als Journalistin, Fotografin und Schriftstellerin in der Stadt.

6. November 2007

Die Chemnitzer Tafel bezieht in der Zwickauer Straße 247 ein neues Gebäude, das der Volkssolidarität gehört.

23. November 2007

Mit der vom Stadtarchiv gestalteten Ausstellung „Gewählt für Chemnitz – Zur Geschichte der Stadtverordneten" wird das Wirken Chemnitzer Volksvertreter unterschiedlicher Epochen dokumentiert. Anlass der Ausstellung ist die Verabschiedung der sächsischen Städteordnung vor 175 Jahren, die die Rahmenbedingungen für den Beginn der kommunalen Selbstverwaltung schuf. Die Ausstellung ist im Foyer des Hauses DAStietz bis zum 6. Januar 2008 zu sehen.

1. Dezember 2007

Im Beisein von Bundespräsident Horst Köhler und Stifter Alfred Gunzenhauser wird das Museum Gunzenhauser in Chemnitz eröffnet. Es beherbergt die

Bis 2007/08 sanierter Komplex der Technischen Universität an der Straße der Nationen

Das am 1. Dezember 2007 eröffnete „Museum Gunzenhauser" in der ehemaligen Sparkasse am Falkeplatz

Sammlung des Münchener Galeristen mit knapp 2.500 Werken deutscher Kunst des 20. Jahrhunderts. Zum Bestand gehören u. a. 300 Bilder von Otto Dix. Dies ist die weltweit größte Sammlung von Werken des Malers, die sich in öffentlichem Besitz befindet. Weitere Werke stammen u. a. von Erich Heckel, Ernst Ludwig Kirchner, Karl Schmitt-Rottluff und Conrad Felixmüller. Alfred Gunzenhauser hatte Chemnitz den Vorrang gegenüber anderen Interessenten zur Präsentation der Sammlung gegeben, da die Stadt bereit war, ein separates Haus und damit ein eigenes Museum dafür bereitzustellen. Das zentral gelegene ehemalige Sparkassengebäude am Falkeplatz wurde für ca. zehn Millionen Euro umgebaut.

14. Dezember 2007

Die Arbeiten am größten Chemnitzer Straßenbauprojekt der letzten Jahre, dem „Überflieger", sind beendet worden. Der Verkehr soll nun am Knoten Südring/Neefestraße staufrei in alle Richtungen rollen.

Dezember 2007

Im Jahresdurchschnitt waren in Chemnitz 18.230 Arbeitslose registriert, was einem Anteil von 16,4 Prozent der erwerbsfähigen Bevölkerung entspricht.

9. Januar 2008

Nach dreieinhalbjähriger Bauzeit wird der Bettenhaus-Anbau am Klinikum Chemnitz eröffnet. Er hat 63 Zimmer mit 126 Betten. Architektonischer Höhepunkt des Gebäudes ist die der Stadt zugewandte Glasfassade.

23. Januar 2008

Das Chemnitzer Paar Aljona Sawchenko und Robin Szolkowy verteidigt bei der Eiskunstlauf-Europameisterschaft in Zagreb seinen Titel.

19. Februar 2008

Im Rahmen ihrer Abschiedstour durch acht deutsche Städte tritt Katarina Witt in der Chemnitz-Arena auf und wird von 4.800 Zuschauern bejubelt.

Februar 2008

Die von dem Berliner Unternehmen B und V vor dem Abriss bewahrten und sanierten Wohnhäuser der Krenkel-Stiftung werden für den Einzug übergeben. Die historische Wohnanlage an der Altchemnitzer Straße war vor einem Jahrhundert durch Stadtbaurat Richard Möbius geschaffen worden.

5. März 2008

Mit dem Ehrenpreis der Stadt Chemnitz wird Justin Sonder, Überlebender des KZ Auschwitz, geehrt. Seit vielen Jahren leistet er auf vielfältige Art einen Beitrag zur Auf-klärung über die NS-Zeit. Den Friedenspreis erhält das Bethanien-Krankenhaus, das Kinder aus Kriegsgebieten unentgeltlich medizinisch betreut.

Erstmals präsentiert sich Chemnitz unter seinem neuen Leitspruch „Stadt der Moderne" auf der Internationalen Tourismusbörse Berlin.

9. März 2008

Zur Erinnerung an den vor 75 Jahren ermordeten sozialdemokratischen Funktionär Georg Landgraf wird an dessen einstiger Wirkungsstätte als Geschäftsführer der „Volksstimme" an der Dresdner Straße 38 eine Gedenktafel enthüllt.

19. März 2008

Bei den Eiskunstlaufweltmeisterschaften in Göteborg erringt das Chemnitzer Paar Aljona Savchenko und Robin Szolkowy erstmals den Titel im Paarlauf.

30. März 2008

Die CVAG vollzieht ihre größte Netzveränderung seit vielen Jahren. Dabei wurden Wohngebiete neu angeschlossen, die Hauptlinien verkehren im Zehn-Minuten-Takt.

3. April 2008

Der Neubau des Instituts für Physik der TU auf dem Campus an der Reichenhainer Straße wird eingeweiht.

2008 eröffnetes Park- und Geschäftshaus Am Wall

Bis 2008 sanierte Wohnhäuser der Krenkel-Stiftung an der Altchemnitzer Straße

Die Frankenberger Straße in Hilbersdorf, wo 2008 neue Grabungen nach versteinerten Hölzern begannen

4. April 2008

In Stadtteil Hilbersdorf beginnt die erste wissenschaftliche Grabung nach dem Versteinerten Wald.

7. April 2008

Nach 96 Jahren wird die Überdeckung des Chemnitzflusses an der Falkestraße wieder geöffnet.

14. April 2008

Erstmals erfolgt die Verleihung des Internationalen Stefan-Heym-Preises der Stadt Chemnitz. Preisträger ist der israelische Autor Amoz Oz.

20. April 2008

Der dem Chemnitzer Athletik-Club angehörende Superschwergewichtler Matthias Steiner erringt bei den Europameisterschaften im Gewichtheben einen kompletten Medaillensatz. Dabei gewinnt er die Goldmedaille in der Disziplin Reißen.

26. April 2008

Erstmals führt die Stadtverwaltung einen Tag der Offenen Tür durch. Die Bürger haben die Möglichkeit, das Rathaus und weitere Verwaltungsgebäude zu besuchen und sich über die Arbeit zu informieren. Viele städtische Ämter bieten Sonderprogramme an. Etwa 2.400 Bürger nehmen das Angebot wahr. Besonders gefragt sind das Rathaus und die Feuerwache.

14. Mai 2008

Der Zug der Erinnerung zum Gedenken an die Kinder und Jugendlichen, die Opfer des Holocaust wurden, macht für zwei Tage im Hauptbahnhof Station. Ein umfangreiches Begleitprogramm erinnert vor allem auch an das Schicksal der Chemnitzer jüdischen Bürger.

15. Mai 2008

Der sächsische Wirtschaftsminister Thomas Jurk und Oberbürgermeisterin Barbara Ludwig legen den Grundstein für ein neues Gründerzentrum für Mikrosystem-

Eingang des rekonstruierten Karl-Schmidt-Rottluff-Gymnasiums an der Hohen Straße

technik. Das Zentrum entsteht in unmittelbarer Nähe zur TU und zum neuen Fraunhofer-Institut. Chemnitz wird damit zu einem bedeutenden Hochtechnologie-Standort.

20. Mai 2008

Die scheidende Schauspieldirektorin Katja Paryla steht zum letzten Mal in einem Stück auf der Bühne des Schauspielhauses. Das Publikum feiert sie stürmisch.

7. Juni 2008

Am Wasserschloß Klaffenbach wird die neu gebaute 9-Loch-Golfanlage eröffnet. Damit erfolgte eine Erweiterung der Anlage zur 18-Loch-Meisteranlage.

17. Juni 2008

Studenten der Fachrichtung Angewandte Kunst aus Schneeberg haben das Karl-Marx-Monument verhüllt. Der so entstandene Innenraum ist begehbar. Dem Besucher soll damit die Möglichkeit gegeben werden, die Bronzeskulptur aus nächster Nähe zu betrachten.

21. Juni 2008

Zum 200. Geburtstag des französischen Grafikers Honoré Daumier wird in den Kunstsammlungen die weltweit größte Ausstellung zu dessen Werk gezeigt. Der französische Botschafter nimmt an der Eröffnungsfeier teil und überreicht Ingrid Mössinger, der Direktorin, den Orden eines Ritters der Ehrenlegion.

Der erste Präsident der Handwerkskammer Chemnitz nach der Wende, der Konditormeister Walter Hartwig, Träger des Bundesverdienstkreuzes, stirbt im Alter von 88 Jahren.

28. Juni 2008

Das auf dem vorletzten freien Baufeld in der City errichtete Parkhaus wird eröffnet. Zugleich geht die Solarstromanlage ans Netz.

1. August 2008

In Sachsen tritt die Verwaltungsreform in Kraft. Damit übernimmt die Stadt Aufgaben vom Freistaat. Das betrifft u. a. die Zahlung des Eltern-, Erziehungs- und Blindengeldes sowie die Feststellung der Schwerbehinderung.

19. August 2008

Der Superschwergewichtler Matthias Steiner erringt im Gewichtheben-Zweikampf in Peking die olympische Goldmedaille.

27. August 2008

Die Bundeswehr schließt ihr Versorgungszentrum an der Glösaer Straße. Nach 364 Jahren ist Chemnitz kein Garnisonsstandort mehr.

29. August 2008

Die Städtepartnerschaft zwischen Chemnitz und Wolgograd wird aus Anlass des zwanzigjährigen Bestehens

Die rekonstruierte Wohnsiedlung Helenenhof auf dem Kaßberg, Luftaufnahme von 2008

Empfang einer Chemnitzer Delegation am 5. September 2008 im Sitzungssaal der Wolgograder Stadtduma: 1. Stellvertreter des Oberbürgermeisters Sergey Sokolov übergibt eine Plastik der „Mutter Heimat" an das Chemnitzer Stadtoberhaupt Barbara Ludwig

erneuert. Dazu weilt eine Delegation aus Wolgograd in Chemnitz. An der Arno-Schreiter-Straße wird aus Anlass des Jubiläums ein Gedenkstein enthüllt.

6. September 2008

Im Industriemuseum beginnt eine gemeinsame Ausstellung mit dem Westmoreland Museum of American Art und dem Rheinischen Industriemuseum Oberhausen, die unter dem Titel „Born of Fire – Pittsburgh und Sachsen in Bildern" steht.

26. September 2008

Die erfolgreichen Chemnitzer Schwimmer Maria Götze und Swen Michaelis tragen sich nach der Rückkehr von den Paralympics aus Peking in das Goldene Buch der Stadt ein.

7. Oktober 2008

In Chemnitz werden weitere sechs Stolpersteine zur Erinnerung an Opfer des NS-Regimes verlegt. Darunter befinden sich Steine für General Friedrich Olbricht und Jankel Rotstein, den Vater Siegmund Rotsteins.

19. Oktober 2008

Mit einem Festgottesdienst wird die sanierte Ladegast-Jehmlich-Orgel der Petrikirche neu geweiht. Sie war für fast 390.000 Euro wieder hergestellt worden. Die Hälfte der Summe warb der Verein Sakralbau Petri ein. Mit der Orgelweihe ist die Sanierung der Kirche am Theaterplatz abgeschlossen, für die sich der Verein seit 1997 eingesetzt hatte.

Die am 4. Dezember 2008 über-
gebene Villa Zimmermann an der
Bahnhofstraße

5. November 2008

Der Leiterin der Kindertagesstätte „Groß & Klein", Birgit von Lienen, wird für ihr generationsübergreifendes Engagement das Bundesverdienstkreuz verliehen.

7. November 2008

Die Stadt Chemnitz erhält den französischen Preis Prix Territoria für die Gestaltung und Pflege des Bürgergartens und den Ökopreis der Deutschen Umwelthilfe für die Anlage von Blumenwiesen.

13. November 2008

Eine Tafel zum Gedenken an den in Chemnitz geborenen Philipp Dulichius wird an der Jakobikirche enthüllt. Er war einer der bedeutendsten Komponisten an der Wende vom 16. zum 17. Jahrhundert.

16. November 2008

Die Jüdische Gemeinde weiht mit einem Fest in der Neuen Synagoge eine neue Thora-Rolle. Sie entspricht den rituellen Vorschriften und gilt damit als koscher. Die Gemeinde zählt mittlerweile wieder über 650 Mitglieder.

29. November 2008

Das bislang im Komplex des Wasserschlosses Klaffenbach untergebrachte Fahrzeugmuseum wird nunmehr im Garagenhochhaus an der Zwickauer Straße eröffnet. Damit entsteht vom Museum Gunzenhauser bis zum Industriemuseum eine Museumsmeile.

4. Dezember 2008

Die Villa Zimmermann wird nach einer Komplettrestaurierung neu eröffnet. Sie beherbergt Klubs, Restaurants und Tanzflächen.

6. Dezember 2008

In der Rathaus-Passage wird die Fantasie-Welt „Pingu-Du" eröffnet. Dort können Kinder spielen und basteln und werden professionell betreut.

8. Dezember 2008

Der Leiter der Tanzschule Köhler-Schimmel, Jürgen Schimmel, trägt sich in das Goldene Buch der Stadt ein. Anlass ist der 175. Gründungstag der Tanzschule. Seit 1963 leitet er die Schule und hat viele nationale und internationale Tanzveranstaltungen in der Stadt mitorganisiert.

12. Dezember 2008

Auf Initiative des Bürgervereins FUER CHEMNITZ demonstrierten 3.000 Chemnitzer auf dem Theaterplatz für den Erhalt der Qualität der Städtischen Theater.

Die Eiskunstlauftrainerlegende Jutta Müller erhält für ihr Lebenswerk die Ehrenbürgerschaft ihrer Heimatstadt Chemnitz. Die Laudatio hält der populäre Sportreporter Heinz Florian Oertel.

31. Dezember 2008

Die Stadt zählt 241.493 Einwohner.

15. Januar 2009

Die Stadt Chemnitz und die vier Landkreise der Region haben sich zum Konvent Südwestsachsen zusammengeschlossen, um so die Interessen der Region stärker nach außen vertreten zu können.

16. Januar 2009

Das Justizzentrum auf dem Kaßberg wird offiziell übergeben. Es ist das erste und vorerst einzige auf Landesebene in Sachsen realisierte Projekt in öffentlich-privater Partnerschaft.

Das letzte Baufeld der Chemnitzer City am Düsseldorfer Platz

Beginn der Sanierung der historischen Bierbrücke im Juni 2009

Früheres Kaufhaus „Schocken" an der Brückenstraße, künftiges Haus der Archäologie

Freigelegter Chemnitzfluss am Falkeplatz im März 2009

21. Januar 2009

Zum dritten Mal in Folge werden Aljona Savchenko und Robin Szolkowy Europameister im Eiskunstlauf der Paare.

21. Februar 2009

Einen Tag vor seinem 78. Geburtstag verstirbt an seinem Wohnsitz auf Schloss Lichtenwalde der international anerkannte Kunstsammler und Mäzen Georg Brühl.

25. Februar 2009

Einer der letzten Industrieschornsteine in der Innenstadt auf dem Gelände zwischen Chemnitz, Aue und Falkestraße wird gesprengt.

26. März 2009

Erstmals seit 45 Jahren hat ein deutsches Eiskunstlaufpaar seinen Weltmeistertitel verteidigt. In Los Angeles gewinnen Aljona Savchenko und Robin Szolkowy erneut die WM-Goldmedaille.

29. März 2009

In der Messe Chemnitz wird das Festival „Pro Christ" eröffnet. Es handelt sich dabei um die größte überkonfessionelle Laienveranstaltung der Kirchen, die per Satellit in 18 Ländern Europas verfolgt werden kann.

8. April 2009

Der im Februar 2009 eingestellte „Vogtlandexpress" auf der Strecke nach Berlin nimmt wieder den Betrieb auf.

14. April 2009

Im Alter von 83 Jahren verstirbt Sanitätsrat Dr. med. Heinz Böttrich. Der bei der Bevölkerung beliebte Facharzt für Hals-, Nasen- und Ohrenkrankheiten war nach 1990 langjähriger Alterspräsident des Sächsischen Landtages und Abgeordneter der CDU.

18. April 2009

In Chemnitz wird die Internationale Stefan-Heym-Gesellschaft mit Sitz in der Stadt gegründet. Die Initiative

Neugestalteter Raum im noch umstrittenen Reitbahnviertel, einem alternativen Projekt

dazu war von der Witwe des Romanciers und Chemnitzer Ehrenbürgers Inge Heym ausgegangen. Bedeutendster Partner ist das Stefan-Heym-Archiv an der Universität im englischen Cambridge. Erster Präsident ist der Heym-Biograf Peter Hudchinson.

8. Mai 2009

Die Imagekampagne „Chemnitz – Stadt der Moderne" wird im Rathaus präsentiert. Deren Träger sind die Stadt, die CMT, die CWE und zahlreiche Sponsoren.

Dem Präsidenten der Europäischen Kommission, José Manuel Barroso, wird die Ehrendoktorwürde der TU Chemnitz verliehen. Die Laudatio hält der sächsische Ministerpräsident Stanislaw Tillich.

13. Mai 2009

Aus Anlass des 600. Jahrestages der Chemnitzer Innung werden die Chemnitzer Bäckermeister mit ihrem Obermeister Wolfgang Meyer in das Goldene Buch der Stadt eingetragen.

15. Mai 2009

In der Stadt findet der Tag des THW aus Anlass seines 20-jährigen Bestehens in den neuen Bundesländern statt. Am 16. Mai besucht Bundesinnenminister Wolfgang Schäuble die Veranstaltung, am 17. Mai weilt Bundeskanzlerin Angela Merkel in der Stadt. Sie trägt sich in das Goldene Buch ein.

16. Mai 2009

Zum zehnten Mal findet die Museumsnacht statt. Als „Besonderes Angebot" stellt sich in ihrem Jubiläumsjahr die Chemnitzer Bäcker-Innung vor. Seit dem Jahr 2000 findet dieses kulturelle Ereignis mit rund 66.600 verkauften Tickets stets eine große Besucherresonanz.

19. Mai 2009

Aus Anlass des 200. Geburtstages des Naturforschers Charles Darwin wird im Naturkundemuseum die Aus-

Anlässlich des Richard-Hartmann-Jahres 2009 nachgebaute Lokomotive der Sächsischen Maschinenfabrik

Erneuertes Langhaus der Jakobikirche

Ministerium das Engagement von Chemnitz insbesondere um die Integration ausländischer Mitbürger und gegen Rassismus.

5. Juni 2009

Erstmals findet in Chemnitz eine Nacht der Kirchen statt, zu der 22 Gotteshäuser die Besucher einladen.

7. Juni 2009

Die Kommunalwahl bringt für Die Linke und die CDU Verluste, deutliche Gewinne hingegen für die FDP und auch Zugewinne für die SPD und Die Grünen. Zehn Parteien und Vereinigungen sind nunmehr im Stadtrat vertreten, dem neben der Oberbürgermeisterin wieder 60 Räte mit folgender Sitzverteilung angehören:

Die Linke	14 Sitze	(22,20 Prozent)
CDU	14 Sitze	(21,82 Prozent)
SPD	13 Sitze	(19,82 Prozent)
FDP	7 Sitze	(11,68 Prozent)
Grüne	4 Sitze	(7,55 Prozent)
Pro Chemnitz/DSU	3 Sitze	(4,57 Prozent)
Volkssolidarität	2 Sitze	(4,23 Prozent)
Liste C	1 Sitz	(2,99 Prozent)
NPD	1 Sitz	(2,38 Prozent)
Perspektive	1 Sitz	(2,29 Prozent)

stellung „Darwin entdecken" eröffnet. Sie zeigt Werke des renommierten Tiermalers Harro Maass aus Ratingen.

25. Mai 2009

Der Stadt wird vom Bundesfamilienministerium der Titel „Stadt der Vielfalt" verliehen. Damit würdigt das

ABKÜRZUNGSVERZEICHNIS

ACC	Altchemnitz Center
AG	Arbeitsgemeinschaft
AG	Aktiengesellschaft
AGOK	Arbeitsgemeinschaft Offene Kirche
ANS/AfNS	Amt für Nationale Sicherheit
ARGE	Arbeitsgemeinschaft
ATR	ambulantes Therapiezentrum für Rehabilitation
BBS	Betriebsberufsschule
BEH.V.	Behindertenverband
BfA	Bundesanstalt für Angestellte
BJU	Bundesverband junger Unternehmer
BRD	Bundesrepublik Deutschland
BuK	Bürger- und Kulturzentrum
CDU/CSU	Christlich Demokratische Union/Christlich Soziale Union
CEBAG	Chemnitzer Bau AG
CED	Chemnitzer Entsorgungsbetrieb
CFC	Chemnitzer Fußballclub
CMT	Chemnitzer Marketing- und Tourismusgesellschaft
CPSV	Chemnitzer Polizeisportverein
CVAG	Chemnitzer Verkehrs- und Aktiengesellschaft
CVD	Chemnitzer Verlag und Druck GmbH
CWE	Chemnitzer Wirtschafts- und Entwicklungsgesellschaft
DA	Demokratischer Aufbruch
DAG	Deutsche Angestelltengewerkschaft
DDR	Deutsche Demokratische Republik
DEFA	Deutsche Filmaktiengesellschaft
DFD	Demokratischer Frauenbund Deutschlands
DFP	Deutsche Forumpartei
DGB	Deutscher Gewerkschaftsbund
DKV	Deutsche Krankenversicherung
DOP	Demokratische Oppositionelle Plattform
DSU	Deutsche Soziale Union
ESC	Entsorgungsbetrieb der Stadt Chemnitz
ESG	Evangelische Studentengemeinde
FBZ	Fortbildungszentrum
FCK	Fußballclub Karl-Marx-Stadt
FDGB	Freier Deutscher Gewerkschaftsbund
FDJ	Freie Deutsche Jugend
FDP	Freie Demokratische Partei
FSD	Freiwilliger Sozialdienst
GGG	Grundstücks- und Gebäudewirtschafts GmbH
ICE	Intercity Express
IFA	Industrievereinigung Fahrzeugbau
IG	Industriegewerkschaft
IM	Inoffizieller Mitarbeiter
ITVK	Ingenieur-, Tief- und Verkehrsbau-Kombinat
KIZ	Kultur- und Informationszentrum
KKE	„Kino! Kino! Entertainment!"
KPD	Kommunistische Partei Deutschlands
KZ	Konzentrationslager
LAC	Leichtathletik Club Chemnitz
LDP/D	Liberaldemokratische Partei Deutschlands
LPG	Landwirtschaftliche Produktionsgenossenschaft
MdI	Ministerium des Innern
MfS	Ministerium für Staatssicherheit
MHz	Megaherz
NATO	North Atlantic Treaty Organisation (Nordatlantikpakt)
NPD	Nationaldemokratische Partei Deutschlands
NS	Nationalsozialismus

PDS	Partei des Demokratischen Sozialismus
PGH	Produktionsgenossenschaft des Handwerks
POS/EOS	Polytechnische Oberschule/Erweiterte Oberschule
RAGH	Regionale Arbeitsgemeinschaft Hilfe für Behinderte
RAJV	Revolutionärer Autonomer Jugendverband
RIAS	Rundfunk im amerikanischen Sektor
SDAG	Sowjetisch Deutsche Aktiengesellschaft
SDL	Sudetendeutsche Landsmannschaft
SED	Sozialistische Einheitspartei Deutschlands
SG	Sportgemeinschaft
SPD	Sozialdemokratische Partei Deutschlands
SR	Sanitätsrat
TCC	Technologie-Centrum Chemnitz
THW	Technisches Hilfswerk
TU	Technische Universität
UFV	Unabhängiger Frauenverband
VDI	Verein Deutscher Ingenieure
VEB	Volkseigener Betrieb
VEG	Volkeigenes Gut
VPKA	Volkspolizei-Kreisamt
VS	Verband deutscher Schriftsteller
VW	Volkswagen
WM	Weltmeisterschaft
ZK	Zentralkomitee

ABBILDUNGSNACHWEIS

Berghänel, Dr. Dietmar S. 64, 72, 73, 74, 77, 78
Dahl, Ulf S. 7
Farkas, László S. 10, 27r., 28, 29, 30
Museum für Naturkunde, Foto: Jürgen Gerhardt S. 177
Reichelt, Lothar Umschlag vorn, S. 49
Stadt Chemnitz, Bürgermeisteramt, Foto: Andreas Liese S. 204
Stadtarchiv Chemnitz, Bildarchiv, Luftbild-Service Büschel, Bad Schlema S. 85, 94, 101, 103, 106, 108, 111, 113, 115, 118, 119, 124, 130, 132, 139, 154, 156, 168, 172, 181, 197, 203
Stadtarchiv Chemnitz, Bildarchiv, Foto: Werner Noll S. 2l., 67u., 70l., 70r.
Stadtarchiv Chemnitz, Bildarchiv, Foto: Gert Stadtlander S. 157o.
Stadtarchiv Chemnitz, Foto: Nino Kämpf S. 211
Stadtarchiv Chemnitz, Foto: Stephan Weingart S. 84, 86, 90, 91, 92, 93, 98, 99, 100, 104, 107, 109, 110l., 110r., 114, 120l., 120r., 121, 122l., 122r., 123, 125, 126, 127, 128, 129, 134, 135, 136, 137, 138, 140, 141, 142, 143, 144l., 144r., 145, 146, 147, 149, 151, 152l., 152r., 153l., 153r., 155, 157u., 158, 160, 161, 162l., 162r., 163, 164, 165, 166, 167, 169, 170, 171, 173, 175, 176, 179, 180, 183, 184, 186, 187, 188, 189, 191, 194, 196, 198, 200, 201l., 201r., 202, 205, 207, 208, 209l., 209r., 210, Umschlag hinten
Stadtarchiv Chemnitz, Gem. Grüna, Plakate S. 54
Stadtarchiv Chemnitz, Rat der Stadt Chemnitz/Karl-Marx-Stadt 1945-90,
Nr. 8244 S. 60
Nr. 10552 S. 31
Nr. 111015 S. 32
Nr. 111016 S. 41
Nr. 12134 S. 58
Nr. 18312 S. 53

Stadtarchiv Chemnitz, Sammlung DDR Umschlag vorn (Aufkleber), S. 55, 56, 57, 66
Stadtarchiv Chemnitz, Stadtverwaltung Chemnitz ab 1990, 1. Tagung der Stadtverordnetenversammlung vom 1. Juni 1990 S. 62
Steindecker, Frank S. 2r., 67o., 68l., 68r., 89, 102, 105, 116l., 116r., 117
Zschocke, Volkmar S. 27l.